传媒集刊

Chinese Journal of Computer-Mediated Communication

第 18 辑

# 中国网络传播研究

## 互联网法治与科学传播

夏倩芳 ◎ 主编

中国传媒大学出版社
·北京·

# 目 录

CONTENTS

## 研究论文

# 专题探讨：互联网法治

# 专题导语:持续推进网络法治

◈ 魏永征*

网络空间不是法外地带。我们国家一贯重视推进互联网领域法治,及时而持续制定有关法律法规,坚持依法治网、依法办网、依法上网,让互联网在法治轨道上健康运行。本辑论文,就是以网络法治为主题的。

互联网是人类的共同家园,但在全球范围内,发展不平衡、规则不健全、秩序不合理的问题始终存在,大国博弈十分激烈。李彦博士的《中国参与国际互联网治理制度建构的观念及话语实践》一文,以话语制度主义为理论框架,聚焦于国际互联网治理体系变革研究中被忽视的话语因素,探究了"网络主权"概念的动态形成过程,从观念和话语两个层面阐述了"网络空间命运共同体"的中国治网理念,以及与美国主导的所谓"互联网自由"概念的分歧和冲突。

对于国内,国家坚持加大依法管理网络力度。李丹林教授与她指导的博士候选人王悦合作的《传媒形态的变革与传媒监管的演进》一文,参照在2020年疫情防控初期的一项问卷调查,从传播行为关系、传播理念、传媒结构、各类媒体评价等诸多方面,多视角、全方位论证了网络时代传播形态的颠覆性变革(CNNIC的判断),移动互联网已经成为信息传播的主渠道,指出传统的传媒监管制度也应与时俱进,并提出了若干建设性意见。

任怡林研究员和牛静教授以理性行为理论为框架并结合第三人效果、刻板印象等理论,就中学生家长对政府规制网络游戏的态度进行问卷调查及研究所得出的发现,写成《家长群体支持政府规制网络游戏的条件性因素研究》一文,方法明确,推导严谨,结论可信,是一篇中规中矩的学术论文。2020年新修《未成年人保护法》,对原法有大幅度修改,包括增添了"网络保护"的专章,其中就有关于网游的条款,相信此项研究有益于推动实施法律的新规定。

网络和数字技术的发展使得个人信息保护成为一个越来越突出的问题。雷丽莉

---

* 原上海《新闻记者》杂志社法人代表兼常务副主编、主编,香港树仁大学荣休教授。

博士通过学习和研究《民法典》中有关个人信息保护的规定,参考欧盟 GDPR 的有关内容撰写的《论个人信息保护的“二元规则”》一文,论证了公权力机关和民商事主体对个人信息的处理行为分属行政法律关系和民事法律关系这样两类不同的法律关系,为维护个人信息保护的对世性,应该制定不同的规则,为此就未来的《个人信息保护法》提出了若干想法。

疫情防控期间如何遏制谣言是一个热门话题,而周丽娜博士《社交媒体虚假信息的传播与应对》一文别具视角。此文通过考察社交媒体传播形态的特征,分析了从外国到本国虚假信息在网上盛传的结构性因素,特别指出无控制的算法运作助长了虚假信息传播,在我国现有对虚假信息治理体系作出归纳的基础上,提出了补充意见。

互联网经历了从通讯介质到传播媒体到社会生活基础设施的发展过程,而今网络空间已与现实空间相互交融,俨然一体。推进网络法治,首先是指国家的基本法律原则从线下到线上应该同样适用,好比《民法典》调整平等民事主体之间的人身关系和财产关系的基本原则,《未成年人保护法》保护未成年人的基本原则,当然同样适用于网络空间。同时,由于网络运行有其独特规律和特点,所以还需要有专门规定,就如《民法典》对数据、网络虚拟财产,对网上合同,特别是对网络侵权责任,都列有专条,《未成年人保护法》则设有“网络保护”专章,我们知道现在许多法律中都有此类涉网专门规定。更不必说,对于网络的若干基础性问题,如网络安全、网络商务等,国家已经专门立法并且还将有其他专门性的基础立法出台。

网络空间与现实空间交融,法源相同,即使把网络法理解为涉网领域的专门法律规定,它也涉及现有法律体系中的所有法律部门。而本辑论文以研究网络传播为宗旨,传播法与网络法又存在交叉关系,因此,关于线下传统媒体的创制和管理以及网上不属于信息传播领域(比如网络商务等)的规范,除有必要,不在本辑论文研究范围之内。本辑五篇论文,或涉及国际网络秩序博弈,或探讨国内网络传播管理,或研究网络空间未成年人保护,或比较网上个人信息私法保护与公法保护的同异,或寻求抑制网上虚假信息的有效措施,都是网络传播领域的重要法律问题,当然也都只是宏大的网络传播法制中的个别问题。而以发展的眼光看,无论是网络法治建设,还是有关网络法治的研究,都远远未有穷期,还需持续推进,在很大程度上,这个研究领域还是一块初开垦的园地,期待有更多的同类论文专题问世。

# 中国参与国际互联网治理制度建构的观念及话语实践*

李 彦**

**摘要:**话语在国际互联网治理制度构建中的作用被有意无意忽略了。我国在对内进行互联网治理,对外参与国际互联网治理制度建构的过程中逐渐发展出并在世界互联网大会上提出"网络主权"这一概念话语,又在此基础上形成一套"网络空间命运共同体"理念指引下的"中国治网话语",成为我国对内、对外两个互联网治理场域的基石。本文借鉴了话语制度主义的相关理论资源,首先探究了我国从"互联网主权"到"网络主权"的概念演变,以及在多个互联网治理的国际制度平台上的话语实践,认为这两条话语实践路径共同促生了"网络主权"概念和世界互联网大会的创办。接着比较了"网络主权"观念与美国主导的既有国际互联网治理制度所蕴含的"互联网自由"观念,认为两者在政策、程式、哲学三个层面存在分歧和冲突。最后分析了我国在世界互联网大会上如何运用"前置话语能力",完善协调性话语以应对交往性话语的质疑,认为中国治网话语体系的建立与西方世界的质疑密不可分。

**关键词:**网络主权,互联网治理,世界互联网大会,网络空间命运共同体,话语制度主义

中国在国内外互联网治理的实践过程中一步步提炼主张,从"互联网主权"到"信息主权",最终在世界互联网大会(也称"乌镇峰会")上提出了"网络主权",并在此基础上发展出一套"网络空间命运共同体"理念指引下的"中国治网方案",成为我国对内进行互联网治理、对外参与国际互联网治理的基石。话语分析的代表性人物英国语言学家费尔克拉夫认为"语言在社会变化和文化变化中日益重要",一种重要的表现

* 本文系2018年度教育部人文社会科学研究青年基金项目"全球互联网治理规则中的中美冲突及对策研究"(项目编号:18YJC860020)、广州大学引进人才科研启动项目"国际互联网治理规则中的中美冲突与协调研究"(项目编号:27000503173)阶段性成果。

** 李彦,广州大学新闻与传播学院教师。

就是“设计变化方向的各种尝试越来越包括改变话语实践的努力”①。“语言具有政治性、权力性和建构性特点”②，通过话语构建制度，这在国际网络治理中体现明显。中国的治网方案外在化为一套“中国治网话语”。在运用话语推动国际互联网制度变革的进程中，也遭遇到美国主导的既有互联网治理话语体系的质疑和挑战。但也正是在回应质疑、应对挑战的过程中，我国提出了一套既符合我国国家利益，又可能被国际社会所接受的国际互联网治理的话语体系，提升了“中国治网方案”的逻辑自洽程度和国际影响力。

## 一、文献综述与分析框架

本文不仅关注“网络主权”等相关治网话语在我国变革国际网络治理制度过程中的作用，还注意到话语表述场所的重要影响，因此本文将乌镇峰会等制度平台作为“中国治网话语”生产、交换和消费的场所予以关注。

### 1.中国参与国际互联网治理的既有研究

自 1998 年国际电信联盟正式提出“互联网治理”（Internet Governance）概念，中外学术界开始关注这一议题。“9·11”事件后，美国出于对国家安全的担忧，借助自身优势加强对全球互联网的控制，各国要求变革美国主导的互联网治理体制的呼声日渐高涨。2010 年前后，中美两国网络冲突加剧，谷歌以拒绝审查搜索结果为由退出中国大陆，美国时任国务卿希拉里在有关“互联网自由”的演讲中多次指责中国。中国不赞同美国国内组织——互联网名称与数字地址分配机构（Internet Corporation for Assigned Names and Numbers，ICANN）对全球互联网进行的私营部门、网络社群主导的治理制度，并在联合国框架下的信息社会世界峰会（World Summit on the Information Society，WSIS）、互联网治理工作组（Working Group on Internet Governance，WGIG）和互联网治理论坛（Internet Governance Forum，IGF），以及乌镇峰会等制度平台倡导“扩大主权国家政府在互联网治理中的作用”。相关研究按照涉及的制度平台可分为三类：一是对中国参与美国主导创建的网络治理机构的相关活动的研究③；二是对中国参与联

① 费尔克拉夫.话语与社会变迁［M］.北京：华夏出版社，2003：6.

② 孙吉胜.国际政治语言学［M］.北京：世界知识出版社，2017：5.

③ 邹军.全球互联网治理的模式重构、中国机遇和参与路径［J］.南京师大学报（社会科学版），2016，（3）：57-63；方兴东，陈帅.中国参与 ICANN 的演进历程、经验总结和对策建议［J］.新闻与写作，2017，（6）：26-33；Xue H. The voice of China：a story of Chinese-character domain names［J］.Cardozo Journal of International and Comparative Law，2004，（12）：559-592.；等.

合国框架下网络治理组织的相关活动的研究①;三是对中国自主创办的网络治理制度的研究。最后一类中,Mueller,M.L.②和 Hong Shen③ 分析了中国反对美国主导的既有网络治理机制、推进主权观念和建立政府间管理机构的各种尝试;支振锋④、王春晖⑤认为中国在乌镇峰会上提出的互联网全球治理法治化的"中国方案",有着充分的现代国际法基础与依据,应成为全球准则。2016 年 10 月 1 日,美国政府正式将对 ICANN 的管理权移交"赋权社群",但其他主权国家政府被进一步边缘化。而近期,因贸易摩擦、新冠疫情,中美间网络争端加剧,特朗普政府利用外交、司法等手段全面打压中国科技行业。⑥ 这些研究关注到了中国参与国际互联网治理的历程、涉及的机构、相关的议题等方面,运用了多学科理论、从多个视角进行研究,形成了丰富的研究成果,但或多或少都忽略了话语因素——制度制定过程中,行为体在传达观念、表达和论证己方主张时不使用话语是无法想象的。政治学建构主义流派的玛莎·芬尼莫尔和凯瑟琳·斯金克分析了劝服、讨论、辩论等话语实践在规范兴起、普及和内化的三阶段生命周期中的作用。⑦ 陈拯认为规范不是某种稳定、坚实和确定的实体,而是一种流动的"过程性"存在,他在政治学建构主义实践和话语转向的基础上总结出说辞策略理论的基本主张:行为体能够通过有意识的话语表达,借助特定的社会情境来影响其他行为体并达成自身的社会主张。⑧ 因此,本文尝试引入相关理论资源研究"中国治网话语"在我国参与国际网络治理制度建构过程中的作用。

### 2.话语制度主义的分析框架

话语制度主义是政治学新制度主义的流派之一,将观念和话语视为制度建构、维

---

① 胡启恒.互联网治理技术专题[J].电信网技术,2005,(10):1;方兴东,陈帅,许祎玥.中国参与信息社会世界峰会的演进历程、经验总结和对策[J].新闻与写作,2017,(8):25-31;鲁传颖.网络空间治理的力量博弈、理念演变与中国战略[J].国际展望,2016,(6):117-134;等.

② Mueller,M.L.China and Global Internet Governance:A Tiger by the Tail[M]//Access Contested:Security,Identity and Resistance in Asian Cyberspace.MIT Press,2011:177-194.

③ Hong Shen.China and global internet governance:toward an alternative analytical framework[J].Chinese Journal of Communication,2016,(9),304-324.

④ 支振锋.为互联网的国际治理贡献中国方案[J].红旗文稿,2017,(2):30-32.

⑤ 王春晖.互联网治理四项原则基于国际法理应成全球准则[J].南京邮电大学学报(自然科学版),2016,(1):8-15.

⑥ 李彦,曾润喜.新冠疫情会成为国际互联网治理制度变迁的新节点吗?——制度变迁、中美冲突与国家安全因应[J].情报杂志,2020,(9):110-115.

⑦ 玛莎·芬尼莫尔,凯瑟琳·斯金克.国际规范的动力与政治变革[M]//彼得·卡赞斯坦,罗伯特·基欧汉,斯蒂芬·克拉斯纳.世界政治理论的探索与争鸣(秦亚青等译).上海:上海人民出版社,2006:304.

⑧ 陈拯.说辞政治与"保护的责任"的演进[M].上海:上海人民出版社出版,2019:49.

持和变迁的核心概念。1984 年,马奇和奥尔森《新制度主义:政治生活中的组织因素》①一文拉开了新制度主义研究的序幕。新制度主义三个主要流派——历史制度主义、理性选择制度主义和社会学制度主义都将制度视为过于静态并遵循外部规则的路径依赖、激励结构或是文化框架,没有能够深入解释制度变化的内在动力机制。② 而作为新制度主义后发流派之一的话语制度主义拒绝将制度看作遵守外部规则系统的一般结构,而是认为制度对能动者具有的外在结构和内在建构的双重属性。这一流派高度重视观念和话语在制度动态演变过程中的作用,认为行动者关于制度观念的话语互动及其合法化的过程就是制度变迁的过程。这与新制度主义其他流派研究者虽长期关注观念与话语的解释力,但忽略话语互动过程的研究范式相区别。话语制度主义的代表人物维维恩·A.施密特认为:1.观念有政策性、纲领性和哲学性三个层面的意义,可分为认知的观念和规范的观念两种类型,分别指涉"是什么"和"应是什么"的问题;2.话语是一个内涵极为复杂的概念,可分为协调性与交往性两类,前者集中体现在政策建构活动中,后者则主要表现为将协调性话语所产生的结果交于公众探讨和审议的话语;3.行动者既可运用背景性观念能力创设并维持制度,又可以凭借前景性话语能力改变或维持其制度,通过将两者结合起来,以建构论的方式将观念转化为话语,并以此解释了结构性变革的动态机制。③ 在这两种观念能力中,前置话语能力对于理解制度变化来说至关重要。通过对话,行动者能够跳脱出他们所处的制度环境,去思考、说话、说服他人,通过达成一种新的观念,从而导致制度变化。④ 总之,话语制度主义将制度既看成内在于行动者的因素,又看成约束行动者的结构和由这些行动者创设和改变的建造物,将能动性重新纳入制度变迁之中。⑤

话语制度主义的上述观点与本文的研究思路相契合。本文借鉴这一理论资源,关注观念和话语在国际互联网治理制度构建中的作用,先回顾了我国从"互联网主权"到"网络主权"的话语变迁,和多个国际互联网治理制度平台上的话语实践。再分析比较了"网络主权"观念与既有国际互联网治理制度的"互联网自由"观念,在政策、程

---

① 詹姆斯·G.马奇,约翰·P.奥尔森.新制度主义:政治生活中的组织因素[M]//何俊志等.新制度主义政治学译文精选.天津:天津人民出版社,2007:19-45.

② 彼得·豪尔,罗斯玛丽·泰勒.政治科学与三个新制度主义(何俊智译)[J].经济社会体制比较,2003,(05):19-28.

③ 维维恩·施密特.认真对待观念与话语:话语制度主义如何解释变迁(马雪松译)[J].天津社会科学,2016,(01):65-72.

④ 肖晞.政治学中新制度主义的新流派:话语性制度主义[J].华中师范大学学报(人文社会科学版),2010,(02):23-28.

⑤ 维维恩_A.施密特.话语制度主义:观念与话语的解释力(马雪松,田玉麒译)[J].国外理论动态,2015,(07):10-19.

式、哲学三个层面的分歧和冲突。最后分析了我国乌镇峰会上如何运用"前置话语能力",完善协调性话语以应对交往性话语的质疑,建立起一整套"中国治网话语"。

## 二、促生"网络主权"的话语实践

"网络主权"这一概念,一方面是从我国互联网的治理实践中生发出来的,经历了从互联网主权到信息主权,再到"网络主权"的演变和完善过程。另一方面,我国在参与国际互联网治理的过程中,经历了从倡导扩大政府作用到主张政府发挥主导作用,再到提出"网络主权"的过程。国内国外两种实践相互作用,最终促成了"网络主权"概念的提出,成为我国对内进行网络治理,对外参与国际互联网治理制度建构的基石。

1.从"互联网主权"到"网络主权"概念演进

"中国治网话语"的输出离不开一系列新概念的生产实践。概念构成了话语表达的主体内容,一定程度上决定了话语的言说能力和劝服效果。① 1994 年我国互联网领域首部行政法规《中华人民共和国计算机信息系统安全保护条例》中就规定了公安部主管"中华人民共和国境内的计算机信息系统的安全保护",这表明我国自始便认为国境内的互联网处于主权管辖范围之内,但这种观念的概念化先后经历了互联网主权、信息主权、网络主权、网络空间主权的演变,这些概念的出现和更替与一些事件的推动密不可分。

"互联网主权"这一概念,是在我国 2010 年 6 月发布的《中国互联网状况》白皮书中提出的。这背后与中美间日渐升温的网络冲突有关。当年 1 月谷歌称受到攻击和监视,决定不再继续审查 Google.cn 的搜索结果。稍后几天,美国国务卿希拉里在演讲中多次指责中国进行互联网审查。② 我国外交部回应称中国依法管理互联网,禁止黑客攻击行为。但根据白皮书中的表述,"互联网主权"概念主要针对的是作为"国家重要基础设施"的互联网,白皮书认为中国境内的互联网处于主权管辖范围之内,我国的互联网主权应受到尊重和维护。③

"信息主权"这一概念则是 2014 年 7 月习近平总书记在同为发展中国家的巴西

---

① 刘涛.新概念 新范畴 新表述:对外话语体系创新的修辞学观念与路径[J].新闻与传播研究,2017,(2):7-20.

② Hillary Clinton. Internet Freedom. Foreign Policy[EB/OL].(2010-1-21)[2019-9-15].https://foreignpolicy.com/2010/01/21/internet-freedom/.

③ 中华人民共和国国务院新闻办公室.中国互联网状况[R/OL].(2010-6-8)[2020-9-15].http://www.gov.cn/zwgk/2010-06/08/content_1622866.htm.

进行国会演讲,在倡导“建立多边、民主、透明的国际互联网治理体系”时提出的。① “信息”不只存在于互联网上,但习近平总书记是在谈及互联网时使用“信息主权”的,这表明了互联网带来的信息跨国流动,使得主权国家的信息安全遭受冲击。因此这一概念主要针对以信息流为主的网络空间,将主权的范围由物理层面的互联网基础设施扩展至以信息流为主的网络空间。②

“网络主权”(即网络空间主权的简称)是2014年11月习近平总书记在致首届乌镇峰会的贺词中提出的,此后,在对内和对外的政策法律、战略文件中加以落实,但使用的是更为正式的“网络空间主权”——将网络视为陆海空天以外的“第五空间”。作为人类生存生活的新空间,网络空间不但包含物理层面的通信设施,也包括在其中传输、存储的内容信息,还包含无数行为体生产、交换和消费信息的行为。因而“网络主权”概念是随着互联网自身的发展、随着互联网介入现实世界的程度日益深入、两者有机融合而产生的。这一概念的提出突破了“互联网主权”“信息主权”对国家主权的限制,更加全面地表达了我国关于互联网治理的诉求。

从互联网主权到网络空间主权,概念演变的背后是互联网自身从物理基础设施到人类活动空间的转变,反映的是我国对互联网、网络空间及其与国家主权之间关系认知的发展。我国最初的有关互联网处于主权管辖范围以内的观念通过外在概念话语的更迭逐渐清晰起来,这对于我国参与国际互联网治理制度建构至关重要。

2.多个国际制度平台上的话语实践

“网络主权”概念也是我国在参与国际互联网治理制平台的活动中逐渐生发出来的。国际关系学者注意到了“各种论坛”对国家和行为体“展示自己的观点……扩大或缩小追求自身优势的最大化”③的影响,不同的话语场所很大程度上影响着话语的生产、交换和分配方式。我国在多个国际制度平台上的话语实践经历了从倡导扩大政府角色在互联网治理中的作用、倡导政府在互联网治理中发挥主导作用,到以主权国家身份与其他国家建立双边或多边机制,再到明确提出“网络主权”的过程。

互联网最早诞生在美国,美国逐渐建立起一套以所谓的互联网自由话语体系为表征的治理制度。从互联网前身阿帕网建立的1969年,直到1993年克林顿政府实施“信息高速公路”计划,互联网的日常管理是由科学家波斯特尔及其领导的互联网号

---

① 习近平.弘扬传统友好 共谱合作新篇[EB/OL].(2014-7-18)[2020-9-15].http://opinion.people.com.cn/n/2014/0718/c1003-25298501.html.

② 黄旭.十八大以来我国网络综合治理体系构建的逻辑起点、实践目标和路径选择[J].电子政务,2019,(1):48-57.

③ 罗伯特·基欧汉,约瑟夫·奈.权力与相互依赖(门洪华译)[M].北京:北京大学出版社,2003:34-35.

码分配局(IANA)自治的。后来美国政府将商业力量引入互联网世界与IANA分享治理职权引发了不满。1998年,美国政府在多方博弈中创设ICANN作为国际互联网治理的核心机构,通过与之签订合同实施控制,借助这一民间非营利机构在政府不亲自介入的情况下便能最大限度地确保其国家利益。2016年美国政府迫于斯诺登事件的压力将ICANN的监管权移交到多利益攸关方的赋权社群。但这套制度并没有根本性改变,而"互联网自由""多利益攸关方治理"等为这套制度合法性背书的自由主义话语仍然具有决定性影响力。

中国自1994年全功能接入国际互联网后,便处于美国主导建立的这套互联网治理制度的框架之中,中国明确主张扩大互联网治理中的政府作用。但现有这套制度的运转是由私营部门、技术社群和公民社会主导,自下而上形成政策、标准进行治理。美国凭借强大的互联网企业和科学家群体以及社会组织,可以在政府不直接出面的情况下就实现国家利益,但其他国家政府只能在ICANN下设的政府咨询委员会(GAC)充当咨询角色。在这种情况下,中国的倡导性话语并未取得显著效果。

2003年起,联合国分两个阶段召开WSIS。当互联网治理成为主要议题后,中国主张互联网治理应回归政府间国际组织框架下的全球治理传统模式,积极倡导各国政府在国际互联网治理中发挥主导作用,形成了"与互联网有关的公共政策问题的决策权是各国主权"的共识,但并未根本性地改变美国主导的互联网治理。

中国还以主权国家身份参与共建双边或多边机制:通过对话谈判、共建圆桌会、发表联合声明、订立国际条约等方式,分别与美英法韩等发达国家,以及俄罗斯、巴西等发展中国家共建双边机制,与上合组织成员国、金砖国家成员共建多边机制来建立互联网治理的相关制度。但在上述三种制度平台上,我国的自主性或多或少都受到限制,所以自2014年起我国连续举办乌镇峰会,明确提出了"网络主权",发出我国关于国际互联网治理的主张和声音。

## 三、"网络主权"与"互联网自由"的观念冲突

话语制度主义在三个层面使用"观念"这一概念,每个层面有着不同的评价标准。第一个层面体现在具体的政策和实施方案当中,可以通过分析使政策得到贯彻或发生改变的因素进行评价。但人们往往只以成败为标准,将取得了成果的观念视为成功的,因而无法解释为什么那些好的观念无法进入政策或具体方案当中,有时反而是坏的观念做到了。第二个层面体现在使政策性观念得以巩固的更为深层次的程式当中,是政策性观念背后的理念范式。程式性观念是否成功,取决于相应的程式是否是有效

的解决方案,还取决于这些解决方案能否增进政治共同体的基本价值。第三个层面的观念更为抽象,是作为政策性观念和程式化观念基石的哲学性观念。哲学性观念为行动者提供行动向导,而且成为行动者行为正当与合法与否的价值标尺。这种观念要透过具体的政策方案和行动者的语言予以观察。①

中国治网观念中最为核心的便是"网络主权",这一观念认为"网络主权"是国家权力在网络空间的自然延伸,即国家对本国境内的网络空间享有的独立权、平等权、自卫权和管辖权。② 这一观念得到了俄罗斯、巴西等一些发展中国家的支持。尽管一些互联网发达的美欧国家在实践中也是如此,但在话语层面仍然坚持"互联网自由"。由于现行网络空间秩序的主导者美国的反对,"网络主权"并未成为国际互联网治理的主导观念,但可从我国国内网络治理状况和这一观念在国际发展的初步情况予以观察,并分析其与现行主导观念之间的矛盾。

从政策和具体实施层面来看,我国自始便在国内互联网治理中坚持贯彻了"网络主权"。1994 年颁布的《计算机信息系统安全保护条例》中规定公安部主管"中华人民共和国境内的计算机信息系统的安全保护"工作,明确规定了国家主权同样适用于互联网。在我国互联网发展的不同阶段,根据互联网自身的发展阶段、社会背景与互联网治理制度之间的互动关系,互联网治理机构、治理依据和治理方式不断演进,③在 2014 年前后取得了"网络空间日益清朗"的显著成效。这些举措与美国"互联网自由"观念影响下的国际互联网治理有着巨大差异。以核心组织 ICANN 为例,存在着三类主要政策:与全球互联网唯一标识符系统相关的正式政策、操作政策和一般性措施。正式政策是由私营部门、网络社群等组成通用名称支持组织、国家和地区名称支持组织、地址支持组织,根据 ICANN 章程由自下而上地制定的;操作政策规定了 ICANN 作为一个组织应当如何运作,这些政策通常是通过征求赋权社群的意见而制定的;一般性措施则依赖于许多既定的做法。④ 总之,强调由多元主体自下而上、以共识为向导来制定政策,主权国家政府则是被边缘化的。

从程式层面来看,中国与现行国际互联网治理的不同集中体现在对政府作用的观念差异上。我国政府在接入国际互联网、规划和建设骨干网络等关键基础设施的过程中发挥了不可替代的作用,在后续的互联网治理中占据绝对的主导地位,互联网企业、

① 维维恩_A.施密特.话语制度主义:观念与话语的解释力(马雪松,田玉麒译)[J].国外理论动态,2015,(07):10-19.

② 方滨兴,邹鹏,朱诗兵.网络空间主权研究[J].中国工程科学,2016,18(6):1-7.

③ 李彦,曾润喜.历史制度主义视角下的中国互联网治理制度变迁(1994—2019)[J].电子政务,2019,(6):32-40.

④ ICANN.Developing Policy at ICANN[R/OL].(2020)[2020-7-13].https://www.icann.org/policy#what_is_policy.

社会组织和网民等其他行为体根据自身角色发挥各自的作用。在国际互联网治理中,中国积极倡导主权国家政府发挥作用,使互联网治理回到联合国框架内,WSIS《日内瓦原则宣言》《日内瓦行动计划》《突尼斯议程》等成果性文件中都规定互联网的国际治理应是多边、透明和民主的,强调政府相对于私营部门、民间团体和国际组织等治理主体的优先地位。中国主张"网络主权"符合联合国宪章"主权平等"的原则,有利于增进国际政治共同体的基本价值。但美国建立的国际互联网治理则是竭力避免主权国家政府施加影响,在1998年组建新的治理机构和2014年被迫决定移交ICANN监管权时都拒绝联合国等政府间组织的介入,因为如果由这些多边机构接手,各国不管实力强弱,均处于平等地位,但如果由私营机构和网络社群等主导,美国政府就可以不用亲自出面便掌控网络世界,最大限度地实现国家利益。因而两种观念在程式层面分歧巨大,美国不遗余力地阻止主权国家政府在国际互联网中扩大影响力。

从哲学性观念来看,"网络主权"蕴含的是1640年威斯特伐利亚体系确立的国家间主权平等的现代国际秩序的理念,遵循的是国际事务由民族国家治理的传统。国际互联网成为人类共同的活动空间,其秩序建立就不能由一国或少数几国垄断。而美国作为互联网的诞生地奉行的自由主义观念先是将网络空间界定为"全球公域"(Global Commons)①,后又提出"全球连通域"(Globally Connected Domain)②,使其既可享有自卫权又能在网络空间自由通行、实施网络霸权。"互联网自由"听上去很美,其实掩盖了美国政府将本国内部机构的规则树立为全球互联网秩序的实质,③斯诺登等事件揭示了这套话语的伪善之处。人类社会的发展证明了尊重主权是国际体系和平与安全所必需的基石。中国主张"网络主权"是一个负责任的新兴大国在网络时代履行国际法基本准则和联合国宪章、维护国际体系安全与稳定的表现。

从上文可以看出,中国倡导的"网络主权"观念与既有"互联网自由"的观念在政策、程式、哲学三个层面都存在着分歧和冲突。自20世纪90年代中期以来,各国便开始了建立全球互联网治理体制的努力,期间经历了互联网名称与数字地址、联合国信息社会高峰论坛,但在达成各国认可的国际协议方面进展甚微。穆勒等指出造成这种结果的原因不只由于利益之争更是因为观念的分歧——绕过了体制建设的基础性工

---

① U.S.Department of Defense.The National Defense Strategy of the United States of America[EB/OL].(2005-05-07)[2020-06-02].https://www.hsdl.org/? view&did=452255.

② U.S.Department of Defense.National Military Strategy of the United States of America 2011:Redefining America's Military Leadership[EB/OL].(2011-06-10)[2020-06-20].https://www.hsdl.org/? abstract&did=10755.

③ 李彦,曾润喜.中国参与互联网治理国际制度建构的议程设置策略[J].当代传播,2020,(03):71-76.

作,因此在建立全球性的规则和程序时无法达成共识。① 这说明了提出一个能够被各方所接受的观念对国际互联网治理的重要性。

## 四、乌镇峰会上的话语互动

新观念的产生是制度变迁的前提,但观念还需通过话语得以表达和传播,并获得更多行动者的支持和认同。话语是一个内涵丰富的概念,观念在特定的制度平台被以某种话语传递给特定的对象,从话语互动的角度我们可以更为深入地理解为何观念会被接受或拒绝。话语联通了观念和制度,所以说话语互动使得制度形成成为可能。

话语不仅包括具体的说话内容,还包含话语发生的场所,不同的场所因素会影响话语表达的内容和方式。在国际层面,一项新的议程被提出首先面临的一个问题是"在哪说"。斯蒂芬·利文斯通提出了"切入点(access points)"的概念,这一概念是指某一行为体构建己方议题的场所,认为国际议程的设置是通过"议程切入点进行的,也是通过切入点来进行议程控制的"②。中国参与了 ICANN 大会及 IGF 的活动,讨论的议题都与互联网治理高度相关,但中国表达自己主张的诉求得不到满足。这是因为,ICANN 大会中美国占据绝对主导地位,组织内部绝大多数利益相关者来自商业部门和技术部门,占领导人总数的 80%。而 IGF 中欧洲占据优势,45.20%的会议组织者来自公民组织(civil society),这些公民组织包含了学术团体和网络人权组织。③ 中国作为发展中国家,政策制定由国家主导,而 ICANN 大会和 IGF 的主导力量和背后的组成决定其无法满足中国话语表达的诉求,因而自主创办新的平台便成了必须,乌镇峰会应运而生。我国作为主办方,在确定主题、设置议程等方面具有自主优势,其最大的特点在于搭建了一个自主建章立制的话语平台。

话语制度主义将话语分为协调性话语(coordinative discourse)和交往性话语。协调性话语由处于制度建构活动核心位置的行为体所表达,他们参与协调性话语的提出、论述及辩护。政治领导是议程设立过程的重要因素,④习近平作为国家代表通过在乌镇峰会历次大会开幕式上的演讲、视频演讲和贺信,提出、建构和阐释着国际互联网治理的"中国方案"。他在致第一届大会的贺词中提出了"互联网……让国际

---

① 米尔顿·穆勒,约翰·马西森,汉斯·克莱因.互联网与全球治理:一种新型体制的原则与规范[J].国外理论动态,2016(9):71-81.

② Steven G.Livingston.The Politics of International Agenda-Setting:Reagan and North-South[J].International Studies Quarterly,1992(3):314-326.

③ 方兴东,徐济涵.互联网的十大发展趋势——从第三届世界互联网大会来看[J].新闻与写作,2017(1):26-31.

④ 詹姆斯·E.安德森.公共政策制定[M].北京:中国人民大学出版社,2009:107.

社会……成为……命运共同体”和“尊重网络主权”,①这些表述蕴含了我国关于国际互联网治理的核心主张。协调性话语提出后,具有共同或近似观念的国际行为体通过互动在松散的联盟内部形成一个共同的制度目标。中国设置的议题作用于峰会参会者的认知和讨论,在话语实践层面得到与会的国家领袖、国际组织负责人与企业家、科学家等群体的认可。出席峰会的国家元首基本来自实行与我国类似的网络治理方式的国家,国际组织的参会代表多为在这些组织中担任职务的中国公民或华裔。这些国际制度网络的行动者分享着有关国际互联网治理的相近观念和获益机会,通过协调彼此的活动寻求在政策性观念上达成共识。而美国对乌镇峰会采取抵制态度,从未派高级官员参会,并对美国企业的积极参与颇有微词。② 因此,能在下文交往性话语的分析中看到美国等一些西方国家媒体和学界的质疑。

交往性话语(communicative discourse)将政治精英运用协调性话语拟定的政治议程和实施方案传递给受众,交由其进行探讨和审议,由其进行反馈以及决定是否接受。交往性话语并不完全按照协调性话语所设定的基调进行,尤其是在国际层面,一个行为体提出的话语主张往往通过其他国家的媒体和研究机构进行传播和解读。在“中国治网话语”的国际传布和接受过程中,媒体和学界起到了重要作用。然而占据国际传播优势地位的发达国家媒体和拥有国际学术话语影响力的学者对此并未过多关注,或因观念冲突进行了负面解读。这些交往性话语很大程度上反映了西方主要互联网发达国家的观念,也是其国际政治权力在话语领域的反映,而这些质疑性负面解读促使“网络主权”进一步发展成一套完整的“中国治网方案”。

交往性话语与协调性话语相互作用,回应西方国家的质疑,我国在“网络主权”基础上,将建立共享共治的“网络空间命运共同体”作为国际互联网治理的目标,形成了一整套中国治网方案。习近平在“命运共同体”和“网络主权”这两个概念的基础上完整地提出了国际互联网治理的“中国方案”。③ 这一方案由目的、原则、理念和手段共同构成:方案的目的在于“共同构建网络空间命运共同体”——回应了国际社会对实施“网络主权”会分裂全球互联网、中国借机扩大地缘政治影响力的担忧;原则是指推进全球互联网治理体系变革应该坚持尊重“网络主权”、维护和平安全、促进开放合作、构建良好秩序的“四项原则”——仍将“网络主权”放在首位,但突出安全、合作与

① 习近平.致首届世界互联网大会贺词[EB/OL].(2014-11-19)[2020-6-15].http://politics.people.com.cn/n/2014/1119/c1024-26054227.html.

② 鲁传颖.中美关系中的网络安全困境及其影响[J].现代国际关系,2019,(12):16-22.

③ 习近平.在第二届世界互联网大会开幕式上的讲话[EB/OL].(2015-12-16)[2020-6-20].http://www.xinhuanet.com/politics/2015-12/16/c_1117481089.htm.

秩序也是题中应有之意;手段是指构建网络空间命运共同体应加快全球网络基础设施建设促进互联互通,打造网上文化交流共享平台促进交流互鉴,推动网络经济创新发展促进共同繁荣,保障网络安全促进有序发展,构建互联网治理体系促进公平正义的“五点主张”——强调共建共享共治。这些表述在第三到第六届大会的贺信中不断被重申和进一步演绎。

行动者在运用话语构建制度的过程中凭借的是“背景观念能力”(background ideational abilities)和“前置话语能力”(foreground discursive abilities)。“背景观念”有利于维持一种制度,是行为体活动的背景性、结构性因素,但并非不可改变,否则也就无法解释制度变迁了。现行的国际互联网治理秩序是美国推行“互联网自由”的“背景观念能力”维持的,也制约着我国提出的治理方案,但我国也可以在这套制度之外去思考和说话、去说服人、去为新观念进行辩护,这种能力就是制度变革的“前置话语能力”。中国“网络主权”的新观念通过话语得到传达,推动既有秩序向前变革。这些“前置话语能力”集中体现在:合理恰当地提出“中国治网方案”,话语能够保持一致性和连贯性,具有可信度和说服力;能够在峰会主题确定、分论坛设置和参会者讨论中得到贯彻;能够促成共识达成并写入成果性文件。

## 五、结语

2010 年中美网络冲突日渐明显以来,尤其是斯诺登事件后,中国逐步走出战略模糊阶段,开始以网络大国身份迈入国际体系,表现出了开放自信的大国心态和深度参与网络空间治理的意愿。① 通过话语创新、概念迭代和国际制度平台上的话语实践,我国最终在世界互联网大会上系统地提出了以“网络主权”观念为核心的中国治网方案。“网络主权”以联合国宪章为基础,但在政策、程式和哲学层面与既有国际互联网治理观念存在矛盾。我国运用“前置话语能力”不断完善交往性话语,“网络空间命运共同体”的提出回应了质疑,得到了有共同诉求国家的认可,形成了较大范围的共识。

“中国治网方案”有望替代现行互联网国际治理的话语体系,成为世界各国在国际网络治理中形成互惠共赢局面、公正合理治理机制的基础,但还有待进一步完善。从话语的对象来看,应将发展中国家作为主要的说服对象,这些国家与我国一样,都面临着发展与稳定的问题:相较于运用互联网与国际联通发展经济、社会各项事业,避免互联网可能造成的不稳定是这些国家更为关注的。峰会还要进一步吸引在国际互联

① 蔡翠红.全球大变局时代的网络空间治理[J].探索与争鸣,2019(1):24-27.

网治理中发挥重要作用的发达国家、国际组织派出代表参与对话。其实,欧美国家在其国内的互联网治理实践中也都默认了“网络主权”,从冷战中美国军方组建互联网的前身阿帕网,到20世纪90年代美国政府一手推动“信息高速公路”的建设,再到欧美各国陆续建立网络部队,管制数据跨境流动,实施“数字主权”,均体现了这一点。

从话语的内容来看,要进一步明晰“中国治网话语”的内涵。上文提到的质疑带有一定西方意识形态的偏颇,但如果不能进一步完善和深入阐释“网络主权”,消除“中国治网方案”的歧义和西方主流国家的误解与质疑,最终可能限制其扩散。网络与主权在内涵上还有三对未解矛盾:互联网的开放性、虚拟性与国家主权封闭性之间的矛盾;互联网的超地域性与主权地域性之间的矛盾;互联网的多中心性与国家主权单一性之间的矛盾。① 改善不成熟、碎片化、多样化的网络主权话语才能解放中国为全球网络空间提供可替代规范的能力,将其应用于全球网络空间治理。②

从话语可信度的角度来看,在当代内政外交界限逐渐模糊的情况下,要进一步改善国内互联网治理,避免国际社会在“网络主权”与威权主义间产生不当联想,而使之真正成为一个对内各方善治、对外进行利益动员和促成共识形成的令人信服的概念。此外,世界互联网大会要突出特色,并与ICANN、WSIS和IGF,以及各种双、多边制度间建立互补关系,服务国际社会对网络空间和平发展的诉求③;进一步完善世界互联网大会的制度平台,通过设立常设机构,改进会议组织工作,以此提高跨国行动能力,落实会议宣言。

中国提出的“网络主权”基础上“中国治网方案”的国际互联网话语体系,还处于推动既有制度朝着更加公正合理方向发展的初始阶段,学理的研究有待进一步深化。从上文的分析来看话语制度主义作为框架能够使我们关注到之前被忽视的话语在制度建构过程中的作用,但研究面临着分析文本单一、解释过度等问题,因此本文中引入“网络主权”话语的竞争性话语——“互联网自由”话语,但还是存在过多关注于宏观话语的问题,难以展示从具体话语到制度结构的传导链条的细节,引入话语分析方法也许是出路之一,这也是后续研究将要展开的。

---

① 高奇琦,陈建林.中美网络主权观念的认知差异及竞合关系[J].国际论坛,2016(05):1-7.

② Zeng J,Stevens T,Chen Y.China's Solution to Global Cyber Governance:Unpacking the Domestic Discourse of "Internet Sovereignty"[J].Politics & Policy ,2017,45(3):432-464.

③ ICANN新章程规定:主权国家政府要向董事会提出建议,必须事先在政府委员会内部达成“全体共识”(旧章程中只要求达到“大多数共识”),而董事会只需要60%的票数就能否决这一建议。

# 传媒形态的变革与传媒监管的演进

◈ 李丹林　王　悦*

**摘要:** 传媒形态是指一定时期基于技术应用与社会整体环境影响,所形成的传播特点、传受关系、传媒组织结构、传媒制度等方面的总体情形。传媒监管是基于特定的目的,国家通过立法及其他强制性手段对于与内容相关的传播行为及行为主体的规范和约束。不同的政治制度决定着传媒监管制度的理念,技术、文化、社会、经济等因素影响着监管的原则、体制、机制、方法的选择和使用。具体监管模式则是根据特定的传媒形态产生和变化。从监管角度研究传媒形态,就是观察影响决定传媒监管制度的传媒的具体情形。伴随网络技术、数字技术、人工智能技术的发展和应用,伴随我国整体的改革开放带来的社会转型,传媒形态相比较于以往发生了颠覆性的变化。而我国传媒监管的许多方面还依然未能做出与时俱进的调整。未来传媒监管的改革和完善,需要从理念、认识、准入、内容标准等诸多方面考虑进行。

**关键词:** 传媒形态,传媒监管,传播特征,传媒结构,新闻规律

信息技术的发展、社会的变迁,所带来传媒形态的变化,可以从各个不同的视角去认识。若从传媒监管的角度来认识,那就要从引发和影响建立特定传媒监管制度的传播特点①、宏观政治制度和文化背景,也即相关价值观念②、传媒结构③等方面来进行。从这一角度认识传媒形态的目的,是为了更好地认识特定历史时期传媒监管制度的特征,并对其作出分析评价,在此基础上,基于一定的战略目标来思考未来传媒监管完善

---

* 李丹林,教授、博士生导师,中国传媒大学文化产业管理学院法律系教师。王悦,中国传媒大学传播研究院传播学专业 2018 级博士研究生。

① 如基于一对多的双向的大众传播关系建立的对于平面传媒和电子传媒的监管制度,基于传播的方式和符号形态、利用资源和技术手段、文化传统等不同而建立的不同的监管机制的平面传媒监管制度和电子媒体监管制度。

② 政治制度的核心价值,决定着传媒监管制度的理念和原则。

③ 这是指传媒的主体是个体还是组织,是主要运用何种技术和介质进行传播,是何种产权性质的传播主体等。

的思路和具体方式。思考研究这些问题,可以运用不同的学科理论去表述这种认识,就本文研究而言,需要运用相关传播学、法学、政治学、社会学的理论和范式将所观察的景象予以表达并进行相应的思考。

在观察当下传媒形态的具体时间节点上,遇到席卷全球的新冠肺炎疫情,[①]疫情使全社会乃至全球进入一种非常时期。在这一时期,传媒作用凸显,传媒存在的问题也凸显,这为我们观察传媒形态和思考传媒监管改革问题提供了新的机会和现实依据。

## 一、网络空间的传媒形态观察

根据中国互联网信息中心(CNNIC)2020 年 9 月 29 日发布的第 46 次《中国互联网络发展状况统计报告》,截至 2020 年 6 月,我国网民规模达 9.40 亿,较 2020 年 3 月增长 3625 万,互联网普及率达 67.0%,网民用手机上的比例达到 99.2%。每一个网民就是网络传播的一个节点。互联网如此普及,为我们观察网络空间的传媒形态提供了宏观背景。

### (一)从传播角度来看

#### 1.传播关系主体多重

随着人工智能技术的不断升级,现在,算法运用成为整个内容信息传播活动中的核心环节。[②] 以往基于内容生产者和传播者合一的形态而形成的提供者和收受者之间的双方传受关系,变成了算法利用者(信息内容的提供者)、算法的开发者(信息内容的传播者)和内容信息收受者三方之间的传受关系。如今,传统大众传媒时代的建立于传者与受众之间的双方单向之间的关系,不再是唯一的传播关系类型。

#### 2.传播系统泛化

随着网络的发展,传播主体从新闻媒体向商业网站、行业网站、政府网站、电商平

① 2020 年在武汉因疫情封城期间,本文作者所在团队进行了一个项目研究:自 2020 年 1 月 23 日上午 10 时至 2020 年 4 月 8 日 0 时持续进行相关舆情事件进行跟踪观察和研究,并进行了一项问卷调查。其中问卷调查的基本情况是:调查主题为以“新闻认知与消费习惯调查”为名制作了调查问卷。问卷的问题分为四个方面:公众认知与媒介形态、公众新闻消费、疫情期间信息消费行为以及新闻从业者的新闻认知与态度。自北京时间 2020 年 4 月 2 日上午 9 时 37 分第一个问卷调查信息发出,至北京时间 2020 年 4 月 4 日上午 9 时 37 分截止,期间为 48 小时。计入统计的问卷数为 956 份。本文运用的数据,无特别说明来源的部分,都是本次问卷调查的结果。

② 杨保军,李泓江.论算法新闻中的主体关系[J].编辑之友,2019(08):5-11.

台、"两微一端"、各类公众号扩散；接收从报、刊、收音机、电视机向集多功能于一体的PC端、移动接收终端、穿戴式接收端转移，呈融合交叉之势；传播渠道、平台、终端多种多样，即时即景在线，信息内容传播以互动式、服务式、体验式场景渗透到社会生活的方方面面。我们已经进入一个即时、移动、互动、分享、体验、扁平、机器智能为主要特征的智慧融媒体时代，形成了复杂多样、不断"出圈"的泛化信息传播系统。大众传播内容的传播和接受不再仅仅依托于专门的传播介质。在前述提到的调查中，95.82%的受调查者将手机、平板电脑等移动设备作为获取新闻信息的主要渠道，电脑则为44.87%，电视为36.4%，报纸杂志为15.17%，广播为14.75%。在移动设备上，公众获取新闻信息的端口，微信公众平台（包括朋友圈、公众号、微信群）占62.45%，微博（占50.52%）等社交软件及微信群、朋友圈、QQ群、QQ空间等社交平台（55.23%）成为公众获取新闻信息的主要端口。具有互联网新闻信息服务一类资质的新闻客户端（48.64%）也占有一定比重。

3.传播机制智能

如今，对一条新闻从生产到分发再到构成舆情的组成部分，每一个阶段每一个环节都可以运用AI技术分析得到相关数据，因而可以被监控和跟踪。人机协同，内容生产各个环节（采集、加工、集成、分发）都不再是盲目的、粗放的。同时，机器的深度学习会根据人生活中的一切行为和信息接受习惯进行此时、此地、此景的精准推送。① 从机器学习到深度学习，从指令判断到意图判断，机器行为由智能发展到了智慧。② 以往根据把关人机制建立的内容选择与传播机制，不再是唯一的方式。

4.新型拟态环境

如今，社会成员、受众、网民，都可以借助自身所拥有的端口，直接表达自己的意见和诉求。普通网民的意见，通过网络形成切实的舆论呈现，对于其中关涉的公共利益问题的走向和发展变化、处理和应对，都会产生直接的影响。网络环境下人们通过网络完成各种社会行为（如工作、交易、各种生活安排等），媒介世界和网民自身所处的客观世界的同构性程度在增强。由于传播的圈层化、智能化，也会造成不同人、不同人群所处的拟态环境、信息环境完全不同，即使两个人可能是处于同一个物理空间。

以往由专业机构（即传媒组织）借助其所拥有的传播渠道、传播媒介进行单向传播，专业媒体机构及其背后的内容决定者通过大众传播机构建构的统一的拟态环境，

---

① 彭兰.万物皆媒——新一轮技术驱动的泛媒化趋势[J].编辑之友，2016(03)5-10.

② 段鹏，文喆，徐煜.技术变革视角下5G融媒体的智能转向与价值思考[J].现代传播（中国传媒大学学报），2020，42(02)：29-34.

几乎不复存在。拟态环境的建构因素,更多是来自社交媒体、自媒体、即时通信工具形成的小群体,以及基于信息技术的各种应用带来的内容和信息。这既提高了受众的理性程度、辨别信息真假的意识和能力,同时也在某种程度上引发舆论的撕裂、冲突。

### (二)价值观念

#### 1.新闻观念的变化

新闻作为沟通人与事实世界最新变动情况的中介,①其本质是事实信息,应该说对于这种事实信息的传播是任何人都可以为之的事情。但是在大众传播成为社会的政治经济文化信息主要的传播渠道的时候,对于何为新闻信息和谁可以采集传播新闻信息的问题,不同国家则通过建立相应的监管制度,对于新闻信息的采集和传播规定了不同的制度和标准。在很长一段时期,特定的传播技术所决定的传媒形态,新闻成为合法建立的新闻媒体专属采编和报道的内容,报刊广播电视成为人们获取新闻信息的唯一来源。如今,在智能融媒体时代,人们获得的新闻信息,即使是属于“时政新闻”,也不再仅仅是由主流新闻媒体提供、专业新闻机构来生产,也不再仅仅是由拥有自身传播渠道的专业机构来传播。此外,新闻的采集制作传播除了人本身的劳动,机器、人工智能和算法也发挥着越来越重要的作用。从信息接收来看,用户获取新闻信息的媒介边界在不断弱化,社交媒体、自媒体在新闻获取和传播过程的影响力不断扩大。新闻仅仅被看作配合党和政府的政治领导和社会管理的工具,看作宣传的观念在大部分人的观念中已经淡化。

#### 2.用户价值凸显

当前,传统的“受众”转变为“(网络)用户”,用户成为网络环境构成的所有节点。大数据和人工智能为支撑的算法,对用户进行画像,内容生产者和传播者依据用户的需求和偏好进行精准分发。与此同时,用户在接受信息方面,对于内容的选择、接受内容方式的选择,都有了前所未有的自主性和独立性。现在,新闻信息如何生产、如何传播,用户和技术的影响越来越大,新闻的定义权和价值评估权转移到用户,②“你关注的,才是头条(新闻)”。③ 因此,受众作为用户,成为传播关系的核心;作为粉丝,成为传播者必须注重其需求、感受和意见的群体。在新型经济业态下,作为粉丝的用户的

---

① 杨保军.论作为“中介”的新闻[J].中州学刊,2020(01):165-172.

② 刘鹏.用户新闻学:新传播格局下新闻学开启的另一扇门[J].新闻与传播研究,2019,26(02):5-18,126.

③ 魏永征.传统传播形态的颠覆和新闻传播法的架构——写于《新闻传播法教程》第六版出版之际[J].青年记者,2019(25):71-75.

经济价值也前所未有地提升。于是,传统的"媒介为中心"转向了"用户为中心"。现实情景还在强化"以用户为中心"的观念和现实选择。

3.引发舆论热点的不再仅仅是专业媒体的"议程设置"

根据"议程设置"理论,大众传播媒体可以通过议程设置,来形成某种舆论并发挥舆论引导作用。如今,传统的"议程设置"理论局限性开始出现。随着信息内容传播途径的多样化、拟态环境的单一性不复存在,新技术的应用带来的人们接受内容和消费信息的自主性,导致传统的大众传播媒介(在我国语境下的主流新闻媒体)依靠把关人和报道策略进行议程设置的影响力被消解,依循旧有路径,进行议程设置、舆论引导的做法难以奏效了。

在新的传媒形态下,某一个内容生产者,如一个社交媒体账号、一个自媒体公号、一个直播博主,可能会因为某个特定的事件,一时成为用户关注的焦点。疫情期间持续发了六十篇的某人"日记"①,其传播特征以及引发的舆论对立及热度,在很大程度上反映了当今的传播形态。这再一次说明了,由于新闻信息泛化,引起舆论热点的要素,不再仅仅是获得新闻采编特许的主流新闻媒体的议程设置导致,而呈现一种由个体议程(冲突诉求)、媒体议程、公众议程和政策议程相互作用的形态。②

4.公众的新闻选择趋于多元和理性

不同于以往单一拟态环境下,受众对于媒体信息的全盘接受,如今,公众对于从外界获取到新闻信息的态度也呈现为多元。对于传统主流媒体、市场化专业媒体及知名公众人物发布的信息,分别有占比68.62%、80.54%、76.15%的受调查者认为需要结合自己已掌握的知识、信息,思考判断是否相信,公众对于新闻信息的选择逐渐趋于理性。此外,有20.4%的受调查者对传统主流媒体的报道给予充分信任,高于受调查者对市场化媒体的充分信任程度(12.66%)。同时,有7.11%的受调查者对传统主流媒体的报道持质疑态度,这一比例高于受调查者对市场化专业媒体的质疑态度(2.62%)。这一矛盾反映传统主流媒体在占据公信力优势的同时,其报道内容也可能因其预设立场等因素受到公众质疑。

---

① 孙国瑜在微信公众号"八分斋"于2020年3月28日发表文章显示:有关"日记"的信息,海内外合计13.7亿。按照长尾数据计算,则超过30亿条。截至目前,定向精准统计,报道"日记"内容的海外媒体,含美国之音共计417家,国内媒体网站新闻共计有4761条,推特上的相关信息15278条,国内参与的头部账号有3479条。长尾搜索,百度有11800000万条。按照该公号文章当时所列的信息,对日记的质疑和力挺概览:力挺的媒体,以美国之音中文网、工人日报、中新社、财新网等为主。质疑方属于信息游击队,虽然有自发的联动,但整体信息力量悬殊。至本文写作时,"日记"引发的话题依然存在。

② 戴海波,杨惠.分析媒体与冲突关系的三个关键词:建构、弥合与延伸——基于议程设置理论的探讨[J].传媒观察,2020(07):78-85.

## (三)传媒结构

### 1.媒体类型多元共存

中华人民共和国成立后到改革开放之后的一段时间,曾经是党媒一统天下。如今在网络空间则表现为“党媒、民媒、自媒三足鼎立”[①]或是主流网络新闻媒体、商业媒体及依托于各类平台的个人和机构的自媒体“四分天下”的格局。根据我国《互联网信息服务管理规定》(2000)、《互联网新闻信息服务管理办规定》(2005、2017),从事新闻采编、转载和聚合服务,必须获得相应许可。目前在网络空间,构成我国信息内容传播生态的支柱性主体的,除了前两类新闻信息服务提供者,还有网络视听服务提供者,网络出版服务提供者、非媒体机构的自媒体以及网民个人的自媒体。具体列述如下:

第一,互联网新闻信息服务单位。这是指由新闻单位或新闻宣传主管部门所建立的具有新闻信息采编发布资格的互联网新闻服务单位。这类单位在实践中也被称为“一类资质互联网新闻服务单位”,也即我们所称的网络环境下的主流新闻媒体,简称主流新闻媒体。

第二,其他互联网新闻新服务单位。是由非新闻单位或新闻宣传主管部门设立的能够进行新闻信息转载、平台服务的主体。实践中或称为“二类资质”新闻服务单位,或称为“商业媒体”。[②]

第三,视频网站和网络出版机构。这是根据《互联网视听节目服务管理规定》申请获得《信息网络传播视听节目许可证》的网络媒体机构。

第四,非媒体机构的网站及其在社交媒体和各类平台上开设的账号、移动应用程

---

① 李良荣,袁鸣徽.中国新闻传媒业的新生态、新业态[J].新闻大学,2017(03):1-7,146.

② 根据网信办2020年5月7日发布的《互联网新闻信息服务单位许可信息》,截至2020年4月30日,经各级网信部门审批的各类互联网新闻信息服务单位总计1329家。其中,具有新闻采编发布资质的互联网新闻信息服务单位1256个(包括中央新闻信息服务单位149个,其余为地方各级单位),其他互联网新闻信息服务单位73个。具体服务形式包括:互联网站1142个,应用程序1031个,论坛139个,博客25个,微博客4个,公众账号3871个,即时通信工具1个,网络直播20个,其他30个,共计6263个服务项。2019年10月9日国家互联网信息办公室公布的数据,当时的服务单位数是999,其中具有采编发布资质的是975个。其中大幅增加的原因是一些省份对于县级融媒体颁发了新闻信息采编许可证。中国互联网信息办公室.互联网新闻信息服务单位许可信息[EB/OL](2020-00-09)[2020-10-02].http://www.cac.gov.cn/2020-05/09/c_1590570905456168.htm.

序等。如今各类政务新媒体以及包括企事业单位、社会团体自办的新媒体①越来越多地成为新闻性信息、资讯的生产者。在前互联网时代,政府部门、社团与企业主要通过大众媒体完成信息传播。但在用户迁移至新媒体的今天,政府与企业绕过传统媒体这个中介,转移至新媒体,直接与用户沟通。②

第五,个人及其在各类平台上注册和使用的账号。

上述第四类和第五类也称作"自媒体"。最早自媒体源自对"we media"的翻译。它是针对借助网络技术,个人(包括非媒体机构)可以自主进行与传统大众传播媒介同样的一对多的内容和信息的传播,所提出的一种新型的内容信息传播主体。不同时期,基于网络技术发展的阶段性特征,自媒体的类型在不断发展演变中。最早,博客、跟帖是自媒体的主要形式,后来,贴吧、论坛、网络社区、即时通信工具中的交流,在微博、微信、短视频、直播等平台上注册的账号,客户端等,都被称为"自媒体"。③ 2020年7月28日,国家互联网信息办公室召开的专项部署会,就加强"自媒体"规范管理工作进行全面部署。这里所指的"自媒体"主要就是指个人或机构在社交媒体平台、聚合平台上开设的各种账号。

综上,可见我国曾经的新闻媒体"一统天下"的格局已被打破。在当下,人们可以通过上述各类媒体随时获得客观世界发生的信息,也就是实质上的新闻信息。除了通过获得许可的互联网新闻信息服务许可的主体,人们更多从各类自媒体获得新闻信息。虽然依靠监管制度,将新闻信息的采编转载的资质只授予少数主体,但是这不能改变人们已经可以通过多种主体、多种途径获取新闻信息的事实。

---

① 2017年9月7日国家互联网信息办公室发布《互联网用户公众账号信息服务管理规定》第四条第二款规定:鼓励各级党政机关、企事业单位和人民团体注册使用互联网用户公众账号发布政务信息或公共服务信息,服务经济社会发展,满足公众信息需求。

② 在政务新媒体方面,到2020年3月,我国在线政务服务用户规模达6.94亿,微信城市服务累计用户6.2亿。2019年12月,我国共有各级各类政府网站14474个。经新浪平台认证的政务机构微博达到13.9万,政务头条号82937个、政务抖音号17380个。政府网站,主要是信息公开、网上办事、政务动态三类内容。其中信息公开占66.4%,政务动态占13.5%。参见:CNNIC:第45次互联网络发展报告。问卷调查数据显示,69.67%的受调查者将传统主流媒体作为获取疫情相关新闻的主要媒介,同时,也有51.67%的人是通过市场化专业媒体、48.01%的人通过政务新媒体获取与疫情相关的新闻信息。

③ 参见:张彬.对"自媒体"的概念界定及思考[J].今传媒,2008(08):76-77.;王冰.自媒体的"歧路花园"——博客现象的深层解读[J].学术论坛,2005(01):165-168.;邓新民.自媒体:新媒体发展的最新阶段及其特点[J].探索,2006(02):134-138.崔秀丽.自媒体勃兴时代的危机传播[D].苏州:苏州大学,2007.;张名章.谈网络传播中自媒体新闻的繁荣[J].宁波广播电视大学学报,2007(04):11-13+20.;张莹.浅析"自媒体"的特点[J].科教文汇(中旬刊),2008(02):202.;叶捷思.浅论"自媒体"的法律规制[J].法治研究,2009(11):87-90.;代玉梅.自媒体的本质:信息共享的即时交互平台[J].云南社会科学,2011(06):172-174.;胡菡菡.自媒体语境下"法治传播"研究的概念使用和理论路径[J].中国网络传播研究,2013:221-232.;秦萌,李震.自媒体时代文化创意产业发展浅析[J].大众文艺,2014(24):191-192.;何文玲.自媒体时代传统新闻媒体面临的挑战及对策[J].新闻研究导刊,2016,7(21):84.

2.传媒产权结构多元

不同产权属性的媒体相互融合,相互依赖,以混合所有制为标志的传媒新体制基本成型。现在,传统媒体中属于党的喉舌性质的报纸、广播、电视仍坚持国家所有,但它们通过组建集团在采编业务领域以外的其他下属组织中以各类方式与民营资本合作合营。而在网络媒体中,内容的提供者和传播者几乎都有民营资本参与其中,著名的如人民网、新华网等成功上市,在国有资本控股前提下吸取社会资本。以 BAT 为代表的民营资本在政策许可的范围内,以参股、合作、战略协作、收购等多种方式在传统媒体和新媒体领域积极布局。由新闻单位或新闻宣传部门主管的互联网新闻信息服务和其他互联网新闻信息服务机构及其他们所属的互联网公司之间的各种业务活动和资本往来,已经是千丝万缕的关系。① 几乎所有的主流媒体的新媒体项目,都有来自商业媒体的资本投入。②

3.商业媒体市场优势明显

在如今的新闻资讯市场,以腾讯新闻为代表的商业媒体组织的用户,其数量、黏性等远远超过"一类资质"媒体。在传播渠道,根据我国的相关规定,在资本准入方面,不要求必须是国有资本,因此,技术开发者通过民营资本的支持在这一领域打开天地。如今,具有海量用户、占据头部位置的传播渠道都是民营属性。头部自媒体、平台媒体正在崛起。从市值、用户的角度来看,民营资本控制的传媒机构占据绝对比重。③ 2020 年 4 月 15 日 ALEXA 中文网站的排名,在前一百名网站中,提供内容和信息生产、搜索、聚合、平台服务的商业性网站占据绝对多数,④约占传媒业市场的八成。⑤各类新型媒体用户快速增长,截至 2019 年底,抖音的日活过 4 亿,快手日活突破 3 亿。根据最新的统计数据,截至 2020 年 8 月,抖音月活用户已超过 6 亿。传统媒体的受众流失甚为严重,互联网媒体的用户则快速增加。根据中国有线电视行业 2019 年第二

---

① 2012 年今日头条问世之后,2014—2015 年传统媒体机构为了寻求转型突破,依托政府支持和互联网资本力量的加入,推出一系列数字原生新闻品牌,新闻 APP。其中有"新闻与思想的最大平台"的"澎湃新闻"、"读赚天下"的"并读新闻"、"力争上游"的"上游新闻"、"故事从新开始"的"无界新闻"、"资讯奔流,激越中国"的"九派新闻"、"你关心的才是头条"的"今日头条"等,一时间形成了"东澎湃,南并读,西封面,北无界,中九派"的格局,这些传统媒体开发的新闻资讯的新媒体项目,几乎都是传统媒体与商业媒体或其他互联网公司在资本方面合作的结果。其中"无界新闻"背后是财讯、新疆和阿里,"封面新闻"背后是川报、四川和阿里。有评论称这些"新的网络原生新闻品牌一来到人间,每个毛孔都充满着资本的气味。"对传统媒体来说,借力资本、技术寻求发展的模式,机遇与挑战并存。参见:李良荣,郭雅静.三足鼎立下的网络媒体的态势及其治理之策[J].国际新闻界,2019,41(10):6-22.笔者按:上述无界新闻已经停办。

② 李良荣,袁鸣徽.中国新闻传媒业的新生态、新业态[J].新闻大学,2017(03):1-7,146.

③⑤ 国家信息中心.2019 中国网络媒体社会价值白皮书[R/OL].(2020-04-13)[2020-04-20].http://www.sic.gov.cn/News/79/10458.htm.

④ 数据来源:ALEXA。

季度发展报告显示，2019年上半年，我国有线电视用户总量净减少385.6万户，降至2.19亿户，有线电视在中国家庭电视收视市场的份额降至49.02%。

### （四）不同媒体的品格及其社会评价

二十世纪九十年代对于新兴的网站进行新闻信息的采编未有限制。2000年《互联网站从事登载新闻业务管理暂行规定》发布并实施之后，非新闻单位设立的网站不再具有新闻采编发布的资格，于是有了网络主流媒体和商业媒体之分。在这些专业媒体之外，各类非媒体机构的和个人的自媒体在信息内容传播方面，与专业媒体形成鼎立之势。那么，这些不同类型的媒体也展示出不同品格。这些媒体的媒体品格、影响力如何，根据本文作者团队所进行的调研和相关研究报告，呈现为如下情形。

#### 1.专业新闻机构公信力占据整体优势

对于同一事件或问题的新闻报道，60.98%的受调查者更倾向于相信传统主流媒体，56.07%的受调查者更倾向于相信市场化专业媒体，而选择相信非官方自媒体或社交平台发布的信息的受调查占比为21.76%及以下。

在对于影响媒体公信力的因素的调查中，按照影响力的强弱排序，结果如下：内容不真实；内容不客观；经常违反常识；过于强调导向和内容限制；记者专业专业能力和素质不高；缺乏人文关怀；编辑方针不符合受众需要。可见，媒体的公信力还是建立在媒体自身能够作为一个专门行业的存在的内在价值基础之上，那就是媒体报道内容的真实性、客观性、遵守基本常识。紧接着“过于强调导向和内容限制”也会加大程度损害媒体公信力程度，仍然是因为这会有损“真实”“客观”的品质。上述调查结果中，选择相信非官方的自媒体或社交平台发布的信息受众占比仅为21.76%，也说明了不具新闻资质和品格的消息来源的公信力是较低的。

#### 2.不同属性传媒机构的“四力”①形态

在整个传媒形态中，凡是以新闻性内容和信息的提供为主要服务形式的，都会涉及这个内容服务组织的“传播力”“引导力”“影响力”“公信力”问题。在“四力”中，传播力是基础，具有传播力才会有影响力。但是影响力必须与公信力结合，才能产生引导力。无论媒体的经济属性、产权归属如何，一个具有传播力、影响力、公信力的媒体，

① 2016年2月19日，习近平总书记主持召开党的新闻舆论工作座谈会并发表重要讲话，要求尊重新闻传播规律，创新方法手段，切实提高党的新闻舆论传播力、引导力、影响力、公信力。《人民日报》2016年2月20日。

无疑都是一个成功的媒体。但从我国传媒监管角度来说,我们的目标是期待网络环境下主流新闻媒体的"引导力"的实现。

2020 年 4 月 13 日,国家信息中心发布的《2019 中国网络媒体社会价值白皮书》揭示了我国媒体的"四力"情况。调查选取了包括一类资质和二类资质在内的 24 家网络媒体[①],进行调查。对于媒体社会价值的评价就是从细化"四力"方面的指标,建构评价体系为依据进行的。从其总体评价和分项评价结果中,可以看出主流新闻媒体和商业媒体在"四力"方面各有千秋。这个报告的研究发现和结论,与此前的各种相关研究报告、一些学者的观察和研究的结论具有某种共通性。[②]

这 24 家网络媒体社会价值指数平均得分为 78.8 分,在 Top10 的媒体榜单中,中央媒体占 6 席,商业媒体占 4 席。在中央媒体中,人民网、新华网、央视网分别排在第 1 位、第 2 位、第 4 位。[③] 在商业媒体中,腾讯网、新浪网、凤凰网、今日头条分别排在第 3 位、第 5 位、第 7 位、第 8 位。[④]

调查结果表明:中央媒体在重大新闻事件、突发事件、重大时政议题的传播力、影响力、引导力优势更加明显。商业媒体在事关日常生活、社会民生类的新闻事件中的传播力和整合力更为突出。在受众吸引力方面,中央媒体用户信任度高,但是用户覆盖率和影响力不及商业媒体。商业媒体用户黏性较强(粉量较高,用户覆盖率相对较高)。在社会公益性方面,Top5 中,有 4 家为商业媒体,分别是新浪网、腾讯网、搜狐网、凤凰网。新闻媒体中只有排位第四的东方网。报告认为,商业媒体在社会公益方面更加积极主动。在最具业态多样性方面,新浪网、澎湃、腾讯网、搜狐网分别位列第 1、3、4、5 位,这些商业媒体在栏目设置、登录方式、自媒体等许多方面均做出了创新。作为中央媒体的人民网,在网站的业态多样性创新中做了较多尝试,位列第二。最具媒体传播力的网络媒体 Top5 中,排名前 5 的商业媒体有 3 家,分别为腾讯网(第 1 位)、新浪网(第 2 位)、搜狐网(第 3 位)。新华网与中国网分别位列第 4 位、第 5 位。而值得思考的是,在重大事件的传播力和引导力方面,作为一个没有新闻采编资质的

---

① 该报告列举的中央媒体共 12 家,具体是:人民网、新华网、东方网、央视网、光明网、环球网、中国日报、中国新闻网、中国网、国际在线;商业媒体 12 家,是新浪网、腾讯网、搜狐网、网易网、凤凰网、财新网、澎湃网、第一财经、一点资讯、今日头条、界面、财新。

② 参见:魏永征.在多样化传播背景下,关于完善新闻专业认定的建议[J].中国广播,2019(08):35-41.;李丹林.新媒体资本准入制度:传媒产业立法的核心[J].南京社会科学,2018(01):111-118.

③ 这些媒体能够位居 Top10 之内,报告给出的理由是:这些媒体充分发挥得天独厚的公信力、渠道传播等媒体平台优势,在网络平台建设、主旋律信息传播、重大事件舆论引导等方面表现突出,成为网络媒体社会价值的引领者。

④ 这些媒体能够位居 Top10 之内,报告给出的理由是:这类媒体充分发挥开放性、包容性、聚合性等平台型媒体优势,在受众吸引力、社会公益性、信息传播、业态多样性等方面表现突出,成为网络媒体社会价值的不可或缺的中坚力量。

腾讯网跻身重大事情传播力和引导力的第二位。① 报告认为,这主要得益于腾讯网针对重大事件及时、专业的报道,以及广泛的覆盖率与平台传播力,赢得了业界较高的评价。这份报告总体认为,中央媒体成为网络媒体社会价值的引领者、领跑者,而商业媒体赋予网络媒体社会价值的新视角,成为在互联网时代中不可或缺的重要力量。

## 二、既有传媒监管制度的反思

通过前述传媒形态的分析,可以发现,既有传媒监管制度建构的现实基础和国内国际环境已经发生了巨变。自印刷术而形成的大众传播延续几百年的传播格局的基本形态已被改变。世界上所有的国家都面临如何建构新的传播监管制度的问题,尽管各国在其中的价值观、战略目标各有不同。

我国既有的传媒监管制度建基于传受双方单向、线性传播的大众传播时代。监管的理念一直沿袭革命战争时代的媒体作为斗争工具的价值旨趣,强调传媒必须服务于意识形态斗争、成为社会动员的工具。受众或人民群众被看作媒体灌输、教育、接受动员的对象。在这样的时代,报纸、广播电视乃至各类图书、音像制品等,其功能就是为受众建构同一的拟态环境。因此,传媒监管制度的核心是如何确保新闻信息内容的采制和传播牢牢把握在经批准设立的传播媒体手中。具体而言,在计划经济时期,是由各级政权组织直接办报、办电台电视台、办出版社。改革开放之后,逐渐演变为通过行政许可创立、资本准入限制、内容标准和审查程序、人员资格评定、重大新闻和国际新闻统一发布、突发事件随机调控以及设定各项媒体的具体义务来实现这种管控,对于非新闻性内容和信息的制作和传播根据与新闻性内容和信息的关系紧密程度不同做出严宽程度不同的管控对待。这些制度原则既体现在各项政策文件之中,也体现在直接针对新闻传媒和网络新媒体的监管规定之中,以及对于外商投资产业的鼓励目录和负面清单、自由贸易区负面清单之中,也体现在我国对于文化产业的分类和排序之中。

虽然进入网络时代以来,传媒监管制度发生了很多变化,但是,既有传媒监管制度在内容规范方面,依然没有摆脱传统监管的思路。其表现是:第一,强调"网上网下同一把尺子"。这样要求的内在观念仍然是认为所有的内容生产传播者都应该是如主流新闻媒体一样。因为作为一个能够从事新闻信息采编和传播的专业媒体,确实无论在什么时候什么介质上传播其内容都应该有统一的标准。第二,对于内容的监管突出

---

① 其余前四位分别是人民网(第一位)、央视网(第三位)、新华网(第四位)、中国新闻网(第五位)。

政治要求,从所有的立法及政策文件中对于内容规范的表述,到最近颁行有关规章对于所有网络用户发布内容标准①。第三,为了确保内容的统一性和舆论导向的有效性,设立了大量许可、审查、安全保障、资格、技术的要求。

面对新的环境,我们需要根据执政党的奋斗目标,特别是党的十九大以来各项路线方针和政策,来确立我们对于传媒监管进行判断的价值标准。这一标准包括五个层面或不同维度的具体标准:实现民族伟大复兴;提升国家现代化治理体系和治理能力的现代化;建设现代传播体系;提升主流新闻媒体的引导力和传播有效性;大力发展包括传媒在内的文化产业。从这五个层面或价值维度来看,如今的传媒监管制度存在的问题是明显的。

1.制约了主流新闻媒体的公信力、传播力、引导力、影响力

传统新闻媒体依据监管要求,以受众为宣传对象,按照宣传要求对媒体做出内容要求。这一监管理念也延伸到对于网络主流新闻媒体的监管方面。为了保证这种要求得到贯彻,在明确新闻采编权归属的同时,主流媒体在业务范围、激励机制、对外合作方面又做出很多限制。对其营造氛围、引导舆论的要求,一些网络主流媒体仅仅成为传统新闻媒体的网络版。在获得新闻采编资质的主流媒体中,有中央和地方三级媒体的区分,还有地域限制,导致其自身原有优势难以转化为规模竞争优势。忽视举目可见、触手可及的网络舆情,缺少在新技术条件下、新的传播形态下“接地气”的议程设置能力,难以发挥占领舆论阵地的作用。② 上海报业集团社长裘新在去年初春集团年会上的讲话就坦率指出主流媒体的新闻舆论工作落后于舆情发展的“短板”:

> 搭上了新媒体传播的“快车”,主流媒体的传播力已今非昔比,但这次抗疫宣传战也显现出我们在进一步提高新闻舆论工作有效性方面的短板。
>
> 如何让我们的舆情研判领先于谣言,让舆情研判遥遥领先于谣言,让谣言没有出路,是主流媒体必须担负起的责任。新闻是对已发生事实的反映,报道客观事实是衡量所有媒体是否称职的最低标准。同时,根据事物的逻辑和传播的规律,预判可能发生的事态,预警可能发生的舆情,预设可行的应对措施,是主流媒体应该达到的更高标准。
>
> 如何让我们设置的议题能上热搜?现在往往是什么话题上了热搜,然后

---

① 参见国家互联网信息办公室2019年12月15日发布并于2020年3月1日施行的《网络内容信息生态治理规定》中第二章第四条、第五条、第六条的规定。

② 作者团队作为受众和研究者的观察和分析,发现疫情早期,疫情暴发当地的主流新闻媒体、机关报、主流新闻网站,引导力的发挥就很值得深思。

主流媒体上前澄清、证伪、辟谣。"带节奏"的能力是当前互联网舆论场上最关键的能力。主流媒体若不具备"知道你在关心什么"的议题设置能力,各种声音就会在没有河床的舆论场上泛滥。

裘新语重心长地提出:

主流媒体的"四力"——传播力、引导力、影响力、公信力,是个完整的生态体系。社会引导能力的短板,势必削弱传播力增强的优势,并降低影响力、公信力的含金量。主流媒体要提高新闻舆论工作的有效性,真正成为舆论场的主角,关键还是要解决"主动"的问题,主动预判舆情,主动设置议题,主动回应关切,主动提供解决方案。①

这一问题也被此次调查结果所证明。在问卷调查中,67.26%的新闻媒体从业者认为,要提升媒体公信力,应适当减少政策因素对报道的干预。此外,58.85%的新闻从业人员认为管理者和经营者的视野、能力和素质影响着新闻媒体的发展,有一半的新闻采编人员认为待遇和权益能否被保障也是影响媒体发展的重要因素。我国主流媒体的领导者经营者都是依据体制要求和程序遴选任命,这是国家监管制度和机制的组成部分。仅有 19.47%的受调查者认为需要强化报道刊发前的审查标准和流程。可知,新闻从业者大多认为宽松的行业政策有利于提升媒体公信力。

现行监管制度将新闻的采编权利特定化,从《互联网新闻信息服务管理规定》的内容来看,又有泛化时政新闻的举措。虽然主管部门一直在强调要把握新闻规律,但是新闻媒体往往根据其获得采编特权的地位和要求,忽视了新闻规律,也就是忘却了新闻本位。依据科层制体系设置的主流新闻媒体所服务的为相应层级政府管辖的地区的重大问题、关涉公共安全的重大问题及时报道、充分报道。新闻报道的目的不应该仅仅是为了营造"良好舆论氛围"。在疫情期间,主流新闻媒体还习惯于报喜不报忧的僵化宣传模式时,调查结果表明,受众对于疫情期间的新闻内容和信息的需求是:首要关注的信息为武汉、湖北及全国各地的防疫形势及措施(77.2%),紧接着为对于疫情暴露出的各类问题进行调查、批评、揭露和讨论(66%),以及与疫情相关的科学、医疗类信息(59%),而受到官方积极推崇的"歌颂赞扬防疫事迹,努力讲好中国故事

① 参见裘新.2020 年 2 月 28 日在上海报业集团 2020 年会上的讲话[EB/OL].(2020-02-28)[2020-03-05]. https://xueqiu.com/5172980600/142479924.

的正能量信息”获取的关注度最少(19.25%)。

由此可以推断,试图通过只赋予主流媒体新闻采编权的监管制度,并非理所当然地就能帮助主流媒体占据舆论引导的优势地位,这是未来传媒监管改革、内容规范制度要思考的问题。

2.民营商业媒体的发展机会和条件

现行传媒监管制度规定了一系列审批许可注册登记备案制度,这在对主流新闻媒体形成诸多束缚的同时,对于二类资质的商业媒体发展也有很多准入的限制。比如,若要从事网络视听内容传播,必须与国有资本合作,且国有资本要占据控股地位等。这些制度在对商业媒体的发展带来了极大限制的同时,还有三点消极后果:第一,难以促使商业媒体更好地培育和发挥其社会责任感。因为它不能从事真正的新闻业务,这使得企业自身的情怀、理想、作为社会发展的瞭望塔的自豪感、使命感、尊严感难以建立;第二,限制了其可以更好更快发展的空间;第三,经常使其存在于一种政策风险之下。

前述对于商业媒体的相关品格和“四力”的分析,即使在现有的制度和政策不承认其为一个正式的新闻媒体的情形下,他们的表现在很大程度上像一个新闻媒体,在某些方面还优于主流新闻媒体。在调研中有近半数的人认为二类资质的媒体也应该被赋予新闻媒体的地位。48.74%的受调查者认为,腾讯、新浪、字节跳动等具有互联网新闻信息服务二类资质的网络新闻平台应当与专业新闻机构在政策和观念上同等对待。

3.自媒体的秩序规范问题

政务新媒体是一种机构自媒体。现行新闻监管制度不仅对于商业媒体带来限制,同时,对于当下的政务新媒体的作用发挥也带来政策不确定性。从当前政务新媒体发布公共信息、回应社会热点、参与舆论引导等传播功能来看,其发布的内容多数属于时政类新闻,也具有引导舆论的作用。超过六成的被调查者认为政务新媒体属于新闻媒体,64.54%的受调查者认为,政务新媒体应当与专业新闻机构在政策和观念上同等对待,占据选项首位。但是按照当前的关于互联网新闻信息服务管理办法,发布政务新媒体的主体并不具有发布这类信息的资格。

自微博、微信平台等各类社交平台出现之后,自媒体已经成为内容生产和传播生态的支柱性部分。但是自媒体领域的乱象始终是一个严重的问题,成为网络治理的难点。在过多强调政治标准的情形下,普通网民或自媒体账号缺乏基本的传播伦理和媒介素养,对于内容的真实性、常识性等缺乏辨识能力,虚假信息泛滥。持续不断地扫黄打非，剑网净网行动，在版权保护、清理网络色情方面确实很有成效。但是假借正能量、恶意营销，谋取非法利益的情形呈泛滥之势。近年来，特别是疫情发生以来，网络空间经常出现以一切为敌的攻击性内容；对他人缺少基本的尊重和同情心、怜悯心的内容；以贬损他国为荣的内容。这些内容多贴着“正能量”的标签大行其道，实际上却严重损害国家了形象和利益。① 国家利益受损，最终是人民利益受损。有些一味贬低别人、文过饰非、陷入偏激的“正能量”，实际上就是只有情绪的宣泄，不能对话沟通。此外，在网络治理过程中，机械的技术应用、缺少程序意识的粗暴执法，也严重损害了公民的权益。

总体来说，传媒领域存在的问题，有传媒本身在发展和演变中不可避免地存在的，有些则是既有的监管制度、监管措施自身存在的问题以及未能与时俱进地进行调整和完善所带来的。

## 三、对未来传媒监管完善的思考与相关建议

新冠肺炎疫情的出现、发作、蔓延、肆虐，对我们的国家治理能力提出了一场大考。疫情一度使整个社会陷入停摆，而传媒在其中发挥的作用，使我们有效地控制了疫情。在疫情尚未消除的情形之下，我国在2020年二三季度的GDP环比没有下降，还有增长，②这得益于其中包含新闻信息服务在内的“信息传输、软件和信息技术服务业”的惊人表现，也说明党和政府的执政水平、社会治理能力有了前所未有的提升。时至今日，应该说，我们在这场大考中交出了合格的答卷，这其中就包括基于现代信息技术应用和传媒作用的发挥，为疫情通报、社会组织和动员、具体抗疫举措、人民生活安稳所提供的基础性、工具性支撑。但是也应该看到，既有的传媒监管制度的首要目标，也就是主流媒体的“引导力”作用的发挥，在一些地方没有很好地实现，自媒体存在的问题，也极为凸显。

2020年2月23日，习近平总书记在统筹推进新冠肺炎疫情防控和经济社会发展工作部署会议上的讲话指出：“规范和完善信息发布机制”，“及时回应社会关切特别是群众的集中诉求，不回避矛盾，积极推动问题解决”，“改进和加强对外宣传，运用多种形式在国际舆论场及时发声”，这些不仅是针对防控疫情的指示，其实，也是为未来

---

① 比如疫情期间大量出现的表达相同的不同国家的“疫情失控”的帖子；XX地区或国家“渴望回归中国”的帖子。

② 国家统计局.2020年二季度和上半年国内生产总值(GDP)初步核算[R/OL].(2020-07-17)[2020-09-18].http://www.stats.gov.cn/tjsj/zxfb/202007/t20200717_1776516.html.

传媒监管的改革指明了方向。主流新闻媒体、商业媒体以及各种内容信息主体能否及时充分发布信息、反映好人民诉求、做好外宣工作,这在很大程度上取决于传媒监管制度对于内容信息传播主体所界定的行为界限、所确立的行为标准、所提供的行为空间、所规定的责任与实施机制。

2020 年 9 月 26 日,中共中央办公厅、国务院办公厅印发的《关于加快媒体深度融合发展的意见》指出:

> 要推动主力军全面挺进主战场,以互联网思维优化资源配置,把更多优质内容、先进技术、专业人才、项目资金向互联网主阵地汇集、向移动端倾斜,让分散在网下的力量尽快进军网上、深入网上,做大做强网络平台,占领新兴传播阵地。
>
> 要推进内容生产供给侧结构性改革,更加注重网络内容建设,始终保持内容定力,专注内容质量,扩大优质内容产能,创新内容表现形式,提升内容传播效果。要深化主流媒体体制机制改革,建立适应全媒体生产传播的一体化组织架构,构建新型采编流程,形成集约高效的内容生产体系和传播链条。要发挥市场机制作用,增强主流媒体的市场竞争意识和能力,探索建立'新闻+政务服务商务'的运营模式,创新媒体投融资政策,增强自我造血机能。

结合当下的网络传播形态,以及既有传媒监管制度存在的问题,根据习近平总书记的重要讲话,以及党和国家对于加快媒体深度发展的意见,本文认为,有如下关键问题需要认真思考并在实践中推进。

### (一)更新新闻传播观念认识

#### 1.切实强化对"新闻规律"的认识,通过监管制度的引导,提升主流新闻媒体的传播力、公信力、引导力、影响力

守正创新,所守"正"之本源,就应该是规律。习总书记强调媒体要"尊重新闻规律"。尊重新闻规律,就是在与新闻相关的各种活动中坚持新闻本位。所谓新闻本位,就是新闻活动要从新闻出发,实现新闻的基本功能和基本目的。新闻本位观念,就是把新闻当作新闻的观念,新闻就是新闻,它不是宣传、公关、广告,更不是文学、艺术、历史、娱乐……新闻可以具有宣传、舆论引导、公关、广告甚至文学、审美、历史记录等功能作用,但所有这些功能作用、意义价值,不应该成为新闻的直接追求,而应该建立

在新闻的基本功能实现基础之上,这意味着人们在新闻活动中特别是在职业新闻生产传播活动中必须把报道事实、反映客观世界的真实情形作为第一位的基础工作。[①] 在传媒监管制度中,对于具有新闻信息采编和传播的业务活动,应该将真实、准确等作为核心原则,同时将维护促进公共利益作为监管的目标。如果媒体新闻信息本身失去了"真实",在如今的传媒形态下,必然会没有公信力,留不住用户,难以有吸引力。

2.与时俱进改变对主流新闻媒体的监管理念

基于传统单向传播时代的媒体监管理念应该改变:认为还可以操纵舆论的思维要改变;认为只有把产权掌握在政府手中的传媒体制才能够维护社会稳定的思维要改变;认为只有对于社会政治现实最紧密的时政新闻信息发布由国有媒体承担才是对国家管理最有利的思维要改变。与此同时,也要深化对于市场规律的认识和尊重。通过政策调控和自由的市场资源配置,实现信息传播的多层次引导。尊重市场规律,尊重传播规律,尊重主流新闻传媒的专业意识并提升其能力,是我们建构现代传播体系、真正走向世界的基础。

3.改进对于确立资本准入制度的原理的认识

传统上以资格准入为核心的内容控制体系是否还能够适应现代媒体生态的要求?目前看来,虚假新闻、各类极化观点还没有受到根本遏制,相反,持有新闻采编许可证的机构为了博点击量也逐渐被卷入标题党、假新闻、极化报道或评论的潮流中去了。[②] 所以,对于社会资本过度严格的准入政策,既对整个传媒行业的发展活力受限,也没有对于控制不良违法信息起到切实作用。

疫情的发生以及抗击的过程再一次给我们的深刻启示就是,资本是社会发展、经济发展、国家建设的血液,不管它归谁所有。进一步而言,无论是疫情期间还是平时,人们获取内容和信息的渠道,以移动端上的社交媒体、即时通信、自媒体的端口进入,都是民营机构建构提供的传播渠道。调查表明,内容的传播,不在于渠道的开发和运营由谁进行,决定的因素还是内容本身,即这些内容是否为受众所需要。受众欢迎的内容,并非都是低俗、猎奇、标题党之类。人们更多关心和喜欢的是和民生相关的、对于疫情、对于为解决社会公共利益的问题而进行的追问和调查。国家信息中心的调查同样表明,一些商业媒体在"四力"表现方面,有的非常突出,不仅不输于主流新闻媒体,甚至更好。这说明,解决传媒领域存在的内容问题,不应是以限缩民营资本的进入领域为路径。

---

① 杨保军.新闻规律观念:"马新观"的基础观念[J].国际新闻界,2020:1-14.

② 魏永征.发布少年自杀影像顶级媒体何以违背新闻伦理[J].新闻界,2019(08):10-14.

## （二）以法治保障传媒监管制度的完善

2016年《网络安全法》通过，并于2017年6月施行。2020年5月《民法典》通过，并于2021年1与1日施行。习近平总书记指出民法典的制定和实施，对于对推进全面依法治国、加快建设社会主义法治国家具有重大意义。① 这两部法律对当今传媒形态的传媒监管的完善提供了法治保障基础，也提出了具体完善的要求。《网络安全法》是我国网络领域第一部全面规范网络安全的基础性法律，在移动互联网成为信息传播的主渠道的情势下，《网络安全法》的颁行，意味着传媒法治建设登上了一个新台阶。但是依据法治要求，我们在传媒监管方面还存在的问题，必须改变。

1.网络传播内容标准要进一步系统化、科学化、逻辑化。将位阶较低的法律文件中规定的内容标准与上位法有相违背、不协调的地方理顺；对于下位法中规定的缺少上位法依据的执法或治理措施，要进行清理。对于不适宜以法律形式规定的问题，应该转变为政策引导，通过行业自律、群组自律、用户自律、平台规则去发挥作用，由此，避免有法不依、有法难以、法律尊严受到损害，妨碍监管目标的实现。

2.行政机关在具体执法方面，特别是对于网络内容秩序维护方面的执法，要注重执法程序，要完善有效的救济机制。在追求执法效率的同时，也要审慎考虑是否符合目的性、合比例原则。行政机关要认识信息传播、各类内容的传播规律，既要及时遏制虚假信息及各种违法有害信息的生产传播，又要避免因执法不当造成信息公开受阻、公民知情权及其他权益的损害。2020年2月4日到2020年4月17日，最高人民检察院公布了十批妨害防控的典型案件。通过对十批案件的统计分析，其中涉及与网络信息内容传播的有关案件，占比甚低，在很大程度上说明“在疫情防控过程中，法律惩罚的违法犯罪行为主要并不是造谣；谣言的负面影响主要也并不是依靠法律惩罚加以消除和防范的”。② 这对于我们如何依法、理性、合理执法提出了很好的启示。

3.确保司法维护传播秩序的功能。

《民法典》第999条、第1025条③都有关涉新闻报道、舆论监督的行为及其私法属性。在当前的传媒形态下，民法典实施过程中，如何确定新闻报道行为、舆论监督行

---

① 习近平.充分认识颁布实施民法典重大意义 依法更好保障人民合法权益[EB/OL].(2020-06-15)[2020-09-10].http://www.gov.cn/xinwen/2020-06/15/content_5519578.htm.

② 魏永征.疫情防控和依法惩谣——对最高检十批妨害疫情防控典型案例通报的分析[J].青年记者，2020(16):74-75.

③ 第999条：为公共利益实施新闻报道、舆论监督等行为的，可以合理使用民事主体的姓名、名称、肖像、个人信息等；使用不合理侵害民事主体人格权的，应当依法承担民事责任。第1025条：行为人为公共利益实施新闻报道、舆论监督等行为，影响他人名誉的，不承担民事责任，但是有特定情形之一的除外。

为;何为进行新闻报道、舆论监督的行为主体,这些行为主体能否成为相关侵权诉讼的适格主体,还是一个需要学术界、行业、监管机构以及司法机关通过司法实践形成共识的问题。应该说未来,不宜对报道主体按照是否获取相关许可证为依据做过窄范围的界定。[①] 而应该根据行为主体在一定时期内是否将与公共利益相关的内容生产作为一项经常性的活动为准。与此同时,在新闻侵权纠纷举证责任方面,切实落实《民法典》确立的一般过错责任原则,也是一个需要在实践中明确的问题。

### (三)审时度势,平衡协调好各种价值目标和利益关系

1.在新的传媒形态之下,由疫情引发的非常时期的国内国际环境,或许如今的非常情形就会成为今后的常态,传媒监管要平衡好传媒作为公共交流空间、舆论工具、产业主体的价值诉求,要针对各种内容信息生产和传播主体,根据其本质特征,建构相适应的监管引导机制。

具体而言,就是整合调整主流新闻媒体的体制,促使其成为一个有品质的真正的新闻媒体;对于商业媒体通过制度改革使之真正成为具有新闻媒体品格的媒体;明晰新闻信息、时政新闻的范围,[②]"政治与政务新闻"新闻的采编可以实行特许制,以应对当下传媒形态带来的新闻信息观念的变化以及新闻信息的泛化。对于其他会经常生产和发布非自身活动的新闻内容,关涉公共利益的网络内容生产主体都纳入传媒监管的范围;对于内容标准,在坚持把好政治观的同时,更加细化、科学化、理性化其规范条款。

2.强化对平台机构权力的科学界定。

平台作为互联网时代所产生的新型组织,其私主体属性但是又具有广泛的社会控制力,成为对法治建设、公民权益会产生巨大影响的力量。在对于疫情期间的舆情事件的观察中,人民出版社主办的《人物》杂志一篇人物通讯上网被删而引出的"108 种演绎法"[③],给人们留下深刻记忆。如今,该文以及相关版本仍留存于网络可查。一家合法期刊发布的一篇文章在网上却毫无理由被反复删除,这种线下出版线上否决的行

---

① 新的传播形态能从实际上进行新闻信息生产传播的民事主体类型,参考魏永征.《民法典》中"新闻报道"行为的主体[J].青年记者,2020(19):71-74.

② 在 2005 年、2017 年发布的《互联网新闻信息服务管理规定》中,对于要获取采编资质的内容客体表述不同。2005 年规定表述为"时政类新闻信息",2007 年规定表述为"新闻信息",在实践当中都难以明确界定其范围。如果将需要通过特许方式获得采编资质的内容客体,界定为"政治和政务信息",政治信息就是关于执政党的信息,政务信息就是政府机构的信息,再进一步而言就是省级以上的党的领导机构的成员、政府行政首长的活动信息,可操作性较强。

③ 参见公众号"Python"2020 年 3 月 11 日文章《"发哨子的人"108 种演绎法》。

为,对于网络内容监管机构和平台的公信力、权威性带来的消极影响无疑是巨大的,与我们正致力于国家治理能力和治理体系现代化的建设很不匹配。平台作为内容的把关者、主要的治理主体、监管措施的执行者,往往是通过大量的一般文化水平和缺少专业素养的人员手动和技术自动审查或过滤来实现内容监管,能否切实胜任平衡好专业性的、高标准的内容审查和各方面权益的平衡工作,是需要认真考虑的。

3.在以往以行政为主导的监管模式的基础上,切实转向多元共治的方向。在此情形下,应注重传媒内容规范体系的整体性。内容规范应该是法律规范、技术规范、媒体伦理和道德、特定群体行为准则、公民媒介素养、一般社会行为准则共同构成的有机统一的集合。这些不同性质和类型的规范内在协调一致,但是要以宪法和法律规范为基础标准。要把政府、行业组织、平台、各种利益团体、用户等各类主体的能动性协调好;在手段方面要注意法律手段、行政手段、技术手段、纪律手段、道德手段的结合。

## 四、结语

如今,虽然国际局势风云变幻,但是疫情的蔓延,使得“人类命运共同体”思想更加彰显其时代意义。我们应该以更加开放的意识、更为理性的态度,完善我们的传媒监管制度,促进各类媒体都能够健康发展,各类内容和信息的生产者都能够依循应有的行为准则,提升媒体特别是主流新闻媒体的影响力、引导力、公信力。

# 家长群体支持政府规制网络游戏的条件性因素研究*

## ——基于理性行为理论的探讨

任怡林 牛 静**

**摘要**:本文基于理性行为理论(TRA),并结合第三人效果理论和刻板印象,研究中学生的家长(N=515)支持政府规制网络游戏的意向及其影响因素。本研究发现:家长对政府规制网络游戏的态度在主观规范、第三人效果、刻板印象与家长支持政府规制网络游戏意向的关系间发挥中介效应,家长调解有效性在态度与行为意向间发挥调节作用。本研究的理论意义在于创新性地证实:主观规范正向影响态度,主观规范、第三人效果、刻板印象对行为意向的影响并非直接的,而是呈现为一个中介效应模型,这些发现在一定程度上丰富了 TRA 模型。此外,本研究基于家长视角研究政府规制问题,有助于全面地评价政府对网络游戏规制的动因与影响。

**关键词**:理性行为理论,刻板印象,第三人效果,行为意向,家长调解有效性

## 一、引言

网络游戏改变着人们的娱乐方式,尤其是21世纪以来,移动互联网的飞速发展和智能手机的普及,降低了网络游戏的使用门槛,网络游戏玩家的数量激增。“截至2020年3月,我国网络游戏用户规模达5.32亿,占网民整体的58.9%。”[①]未成年网络

* 本研究为国家社会科学基金资助项目《多元视角下社交媒体中的自我表露与意见表达研究》(19FXWB008)的成果。

** 任怡林,武汉传媒学院新闻传播学院研究员。牛静,通讯作者,华中科技大学新闻与信息传播学院教授。

① 中国互联网络信息中心.第45次中国互联网络发展状况统计报告[R/OL].(2020-04-28)[2020-06-21].http://www.cnnic.net.cn/hlwfzyj/hlwxzbg/.

游戏用户占比较高。“2019 年我国未成年网民规模为 1.75 亿……其中使用网络游戏的未成年人比例为 61.0%,超过 1 亿人。”①这一系列数据表明,使用网络游戏在未成年人群体中是一种较为普遍的娱乐行为。

然而,未成年人网络游戏使用过程中存在着诸多不良问题,例如:过度使用游戏而荒废学业,模仿游戏画面的不良情节造成的暴力犯罪,为获取金钱充值引发的盗窃行为等,这些不良后果引发家长群体甚至社会各界的关注。为此,文化部、新闻出版总署、公安部等相关部门自 2000 年起便开始出台一系列措施规制网络游戏。2018 年,《绝地求生》《英雄联盟》《王者荣耀》因画面过于暴力、“团队斗殴”的游戏模式、女性角色过于暴露和颠倒历史人文观念等原因被相关部门责令整改,整改后再次上线的游戏受到各方争议,一方面,网络游戏玩家认为整改后的游戏带来的用户体验不佳,游戏论坛里怨声载道。另一方面,未成年玩家的家长对孩子游戏行为的担忧并未减弱。

针对政府规制网络游戏这一问题,国内学者多倾向于研究中国规制网络游戏的发展历程、规制措施以及相关法律内容,缺乏对政府规制网络游戏这一行为所影响到的人的研究。政府规制网络游戏的主要目的是为了保护未成年人的安全及身心健康,而未成年游戏玩家和其家长是政府规制效果的主要感知者。本研究以中学生家长作为研究对象,基于理性行为理论模型,结合第三人效果理论、刻板印象等因素分析家长支持政府规制意向的条件性因素研究,从而有助于更全面地对政府规制进行评价。

## 二、概念界定及理论框架建构

本研究主要关注家长群体对政府规制网络游戏的态度和支持规制的意向。以往研究使用了理性行为理论来探究家长对审查的支持意向时,忽略了除主观规范和态度以外其他因素对意向的影响,也未证实自变量对行为意向产生影响的机制。因此,本研究探究主观规范、第三人效果、刻板印象等条件性因素对家长支持规制意向的影响及其机制,证实家长调解有效性对态度和支持规制意向关系的调节作用,试图建构支持规制意向的研究模型。

### (一)理性行为理论

理性行为理论(Theory of Reasoned Action,TRA)通常被用来解释个体的行为意向

① 共青团中央维护青少年权益部,中国互联网络信息中心.2019 年全国未成年人互联网使用情况研究报告[R/OL].(2020-05-13)[2020-06-21].http://www.cnnic.net.cn/hlwfzyj/hlwxzbg/.

或预测个体的行为,该理论假设人们在决定是否参与特定行为时会做出理性选择,这种理性的行为是由行为意向驱动的。① "行为意向是指人们想要实现某种行为时,愿意付出多大的努力或计划付出多少努力。相比态度、感觉和信念等因素,行为意向可以更准确地预测行为主体未来的行为,如果想要判断行为主体在未来的时间内采取某种行为的可能性有多大,最佳的办法就是了解行为主体的行为意向。"②Peter 等学者认为行为意向也可以称为行为倾向,是指行为主体在未来可能采取某种行动的意愿或倾向的程度,行为意向可以是连接行为主体目前状况和未来行为的桥梁。③ 综上所述,行为意向是众多影响行为的因素中最为重要的一个因素,在行为决策过程中扮演着至关重要的角色,因此,了解家长支持政府规制网络游戏的意向有助于解释家长支持政府规制网络游戏的决策机制。本研究中的行为意向是指中学生家长支持政府规制网络游戏行为的意向,具体而言,包括家长对政府规制网络游戏所采取的措施和出台的法律法规条文的支持意向。

TRA 认为一个行为是由执行该行为的意向所决定的,一个人的意向又取决于他对行为的态度和他的主观规范。④ Ajzen 认为个体的态度是个体对某种特定行为所形成的正面或者负面感觉的概念化结果。⑤ 人格心理学学者 Allpor 认为态度是主体在所处的情景中产生的一种反应,是心理和神经的一种准备状态,这种状态形成依赖于个体以往的经验。⑥ 但认知心理学学者 Bruner 对态度的定义与 Allpor 不同,Bruner 认为态度是根据人们当前的经验产生的而不是以往的经验产生的,个体态度是基于个体对某种行为的动机、情感以及知觉而形成的。⑦ 虽然不同的学者对态度的定义有所不同,但大多数研究者认为,一个人对某种行为的态度代表了他对这一行为所产生的结果的评估。本研究中的态度主要是指家长对政府规制网络游戏这一行为所形成的感觉的概念化结果。

---

① FISHBEIN M, AJZEN I. Belief, attitude, intention, and behavior: An introduction to theory andresearch[M]. Reading, MA: Addison-Wesley, 1975.

② AHZEN I. The theory of planned behavior[J]. Organizational Behavior & Human Decision Processes, 1991, 50(2): 179-211.

③ PETER J P, OLSON J C. Consumer Behavior, SixthEdition[J]. McGraw-Hill, 2001.

④ AJZEN I, FISHBEIN M. Attitude-behavior relations: A theoretical analysis and review of empirical research[J]. Psychological Bulletin, 1977, 84(5): 888-918.

⑤ AJZEN I, DRIVER B L. Prediction of leisure participation from behavioral, normative, and control beliefs: An application of the theory of planned behavior[J]. Leisure Sciences, 1991, 13(3): 185-204.

⑥ ALLPORT G. A handbook of social psychology[J]. The Journal of Nervous and Mental Disease, 1935, 82(3): 86-86.

⑦ BRUNER J S, SMITH M B. Theory and problems of social psychology[J]. The Jornal of Abnormal & Oalyhology, 1949 (2): 3-28.

主观规范被定义为个人对他人是否认为应该执行该行为的看法,即感知到的(不)从事某种行为的社会压力。[①] 这种社会压力可能来自同伴、家庭、学校或工作场所。而家长们的主观规范主要是来自朋友或身边的人对政府规制网络游戏这一行为的倾向判断,即个人对他人是否认为应该支持政府规制网络游戏的看法。

TRA 经常被用来研究网络采纳与使用、消费者购买意向等问题,而在研究民众支持政府规制网络游戏的问题时尚无人使用,但关于网络内容审查的研究发现,主观规范正向影响网民支持审查网络内容的意向。[②] 人们对网络恶搞内容的态度影响其支持内容规制的意向,也就是说,对网络恶搞内容持有负面态度的受访者,更愿意支持政府规制网络恶搞内容。[③] Lambe 研究人们色情内容审查时发现,对色情内容持有负面态度的人更支持对色情内容的审查。[④] 虽然,TRA 并没有研究态度和主观规范之间的关系,但在后来的研究中有学者发现,消费者的主观规范正向影响其购买产品的态度,[⑤]以及主观规范对行为意向的影响会通过态度间接实现。[⑥] 鉴于此,本研究提出如下研究假设和研究问题:

H1:家长的主观规范正向影响其支持规制的意向。

H2:家长对政府规制网络游戏的态度正向影响其支持规制的意向。

H3:家长的主观规范正向影响其对政府规制网络游戏的态度。

RQ1:家长对政府规制网络游戏的态度是否在其主观规范与支持规制的意向关系中发挥中介作用?

### (二)第三人效果与行为意向

支持规制的意愿研究往往与第三人效果有着密切的联系。第三人效果(Third person effect,TPE)由美国哲学家戴维森提出,指人们倾向于认为媒体内容对他人的影响要大于对自己的影响。[⑦] 戴维森提出的第三人效果的概念实则包括两个相互关联

---

① AJZEN I,DRIVER B L.Prediction of leisure participation from behavioral,normative,and control beliefs:An application of the theory of planned behavior[J].Leisure Sciences,1991,13(3):185-204.

② GUO S,FENG G.Understanding Support for Internet Censorship in China:An Elaboration of the Theory of Reasoned Action[J].Journal of Chinese Political Science,2012,17(1):33-52.

③ 禹卫华.中国大众媒介信息流程中的第三人效果研究[D].上海:复旦大学,2007.

④ LAMBE J L.Dimensions of Censorship:Reconceptualizing Public Willingness to Censor[J].Communication Law and Policy,2002,7(2):187-235.

⑤ 胥琳佳.品牌国际传播中消费者的态度和行为研究——基于理性行为理论(TRA)模型的实证研究[J].现代传播(中国传媒大学学报),2015,37(02):123-128.

⑥ MCKNIGHT D H,Choudhury V,Kacmar C.Developing and Validating Trust Measures for e-Commerce:An Integrative Typology[J].Information Systems Research,2002,13(3):344-359.

⑦ PHILLIPS D W.The Third-Person Effect in Communication[J].Public Opinion Quarterly,1983,47(1):1.

的假设,一是人们倾向于认为大众媒体对他人的影响大于对自己的影响,二是这种感知上的差异可能会产生重要的行为后果。目前,大部分关于第三人效果的研究都是围绕这两个假设展开。本文中的第三人效果是指中学生的家长认为网络游戏带给孩子的不良影响大于对自己的不良影响。

已有研究证明了第三人效果会影响人们支持审查制度或支持限制媒体内容的意愿,这种影响可能是直接,也可能是间接的。有研究表明,认为电视暴力内容对孩子产生了不良影响比对自己产生的不良影响大的父母,支持政府审查暴力内容的行为意向越高。① Shin 等人研究发现,韩国大学生认为电影中摆放酒可能会鼓励他人喝酒而不是自己,因此,为了他人健康,他们愿意支持审查电影中出现的有关酒品的镜头。② 另一项研究则表明,第三人效果通过态度间接影响人们的行为意向,换言之,态度在第三人效果感知和支持规制意向的关系中扮演中介作用。③ 鉴于此,本研究将第三人效果纳入研究模型中,并提出如下研究假设和研究问题:

H4:家长对网络游戏的第三人效果正向影响其对政府规制网络游戏的态度。

H5:家长对网络游戏的第三人效果正向影响其支持规制的意向。

RQ2:家长对政府规制网络游戏的态度是否在第三人效果和支持规制的意向关系中发挥中介作用?

### (三)刻板印象与行为意向

谈及网络游戏,多数人持负面评价,这是否在一定程度上影响着人们对政府制度的支持意向?对这一问题的回答需要将 TRA 理论与刻板印象相结合进行分析。李普曼将“刻板印象”(stereotype)描述为“笼罩在我们脑海中的图片”,这幅“图片”可以概括某个社会群体的特征和行为,“人们由于生活在比较狭小的一隅,对该环境中生活的某一类人或某一类事会形成固定、概括、笼统的看法。”④从认知视角来看,刻板印象是在人脑保存和加工信息的过程中自然形成的结果,被定义为一种涉及知觉者的关于某类人群或事件的知识、观念与预期的认知结构。⑤

---

① HOFFNER C, BUCHANAN M. Parents' Responses to Television Violence: The Third-Person Perception, Parental Mediation, and Support for Censorship[J]. Media Psychology, 2002, 04(3): 231-252.

② SHIN D H, KIM J K. Alcohol Product Placements and the Third-Person Effect[J]. Television & New Media, 2011, 12(5): 412-440.

③ ZHAO X, CAI X. From Self-Enhancement to Supporting Censorship: The Third-Person Effect Process in the Case of Internet Pornography[J]. Mass Communication & Society, 2008, 11(4): 437-462.

④ 李普曼.舆论学[M].林珊,译.北京:华夏出版社,1989:78-90.

⑤ 夏倩芳,张明新.新闻框架与固定成见:1979—2005 年中国大陆主流报纸新闻中的党员形象与精英形象[J].新闻与传播研究,2007(02):29-41,95.

拟态环境理论进一步解释了刻板印象形成的机理。在复杂和庞大的社会体系中，人们亲身接触外部环境的机会越来越少，更无法保证经验性接触，更多时候是通过媒介去了解外部环境的。在这种情况下，人们的行为并不是对外部环境客观存在的反应，而是对新闻提示的某种“拟态环境”的反应。① 所以，人们的认知很大一部分是来源于媒体报道。那么，关于未成年网络游戏玩家的媒体报道是怎样的？有学者对2002 年至 2012 年十年间人民网对未成年网络游戏玩家的报道进行研究，结果显示：10 年间人民网关于网络游戏青少年的报道呈现出急剧增加的状态，负面新闻报道占比高达 90%，在报道过程中将网络游戏的危害放大，将网络游戏青少年玩家的形象妖魔化。② 那么，人们对未成年网络游戏玩家的刻板印象可能是消极的。因此，本文中研究的刻板印象主要是指中学生的家长对使用网络游戏的中学生的固定的或笼统的认识。

已有学者研究发现，刻板印象会影响态度和行为意向。有研究证实消费者对产品来源国的刻板印象正向影响其购买产品的行为意愿。③ 城市居民对农民工的刻板印象越负面，其对农民工入户政策就越可能持反对的态度。④ 张雷在研究香港青年与内地居民交往时发现，对内地居民持积极刻板印象的香港青年，支持香港面向内地开放的政策，反之则倾向于反对香港面向内地开放的政策。⑤ 故本文提出如下研究假设和研究问题：

H6：家长对中学生网络游戏玩家的刻板印象正向影响其对政府规制网络游戏的态度。

H7：家长对中学生网络游戏玩家的刻板印象正向影响其支持规制的意向。

RQ3：家长对政府规制网络游戏的态度是否在其对中学生网络游戏玩家的刻板印象与支持规制的意向关系中发挥中介作用？

### （四）家长调解有效性

“父母调解”一词首次出现是在 20 世纪 80 年代，当时美国放松管制，儿童电视内容的标准很低，因此，媒体效应研究者提出了父母调解理论。⑥ Warren 在研究父母调

① 李普曼.舆论学[M].林珊，译.北京：华夏出版社，1989：78-90.

② 燕道成.网络暴力游戏对青少年的涵化研究与引导机制[M].北京：知识产权出版社，2015：116-122.

③ 张婷.来源国刻板印象对消费者留学目的国选择行为的影响研究[D].广州：广东外语外贸大学，2015.

④ 蒋和超.利益风险、刻板印象与公共态度——城市居民对待农民工入户政策的态度[J].南京农业大学学报（社会科学版），2018，18(02)：85-97，160.

⑤ 张蕾.刻板印象视角下的地域冲突、责任归因与个体态度——基于香港与广州青年群体的实证研究[J].暨南学报（哲学社会科学版），2016，38(05)：59-67，130.

⑥ MENDOZA K.Surveying Parental Mediation：Connections，Challenges and Questions for Media Literacy[J].Journal of Media Literacy Education，2009，1-15.

解孩子观看电视行为时将“父母调解”定义为父母用来控制、监督或解释内容的任何策略。① Clark 认为父母调解是指父母为减轻媒体对孩子潜在的负面影响所做的努力。② 学者们将父母调解作为一种行为研究时,根据调解方式的不同,将父母调解分为限制性调解、主动性调解和共同使用活动调解三种方式。限制性调解是指对孩子们观看电视的时间和节目内容进行控制;主动性调解主要是指与孩子一起观看电视或者讨论、评论节目内容,例如,当父母表达了对一项计划的认可而对另一项计划的不赞成时,这种评论往往具有评估性和指导意义,旨在帮助儿童理解电视节目;共同使用活动调解方式主要是指父母与孩子一起看电视,在看电视的过程中对孩子进行有意识的观看指导。③

中国相当一部分留守儿童并不是由父母教养的,因此,本研究使用“家长调解”这一概念更符合现状。本研究中的家长调解是指家长为减弱网络游戏对孩子的负面影响所做出的努力,主要指家长对孩子的限制性调解,如:限制游戏设备、游戏时间等。家长调解有效性是指家长对限制性调解效用的认识,即家长认为自己对孩子网络游戏使用行为做出的限制性调解在防止孩子过度使用网络游戏中发挥多大的效用。

过去关于父母调解的研究集中在儿童电视观看上,近年来,对父母调解进行研究的视角转向了互联网使用,但多数研究是探讨父母对互联网的态度与其调解行为之间的关系。例如:Nikke 等人研究发现父母对孩子游戏行为的负面态度正向影响其对孩子游戏行为的调解方式,即对孩子游戏行为持负面态度的父母更倾向于使用限制性调解的方式对孩子进行管控。④ 管理学领域常对管控措施的有效性进行研究,刘少波将管控有效性作为调节变量,研究管控有效性在高管权力与腐败行为关系中发挥的作用。⑤ 本研究希望探索家长调解有效性在家长对政府规制网络游戏的态度与其支持政府规制网络游戏的行为意向的关系中发挥的作用。故提出如下研究假设:

H8:家长调解有效性在家长对政府规制网络游戏的态度与支持规制意向之间发

---

① WARREN R.In Words and Deeds:Parental Involvement and Mediation of Children’s Television Viewing[J].Journal of Family Communication,2001,1(4):211-231.

② CLARK L S.Parental Mediation Theory for the Digital Age[J].Communication Theory,2011,21(4):323-343.

③ AUSTIN E,BOLLS P,FUJIOKA Y,et al.How and why parents take on the tube[J].Journal of Broadcasting and Electronic Media,1999,43:175-192.

④ NIKKEN P,JANSZ J.Parental mediation of children’s videogame playing:a comparison of the reports by parents and children[J].Learning,Media and Technology,2006,31(2):181-202.

⑤ 刘少波.高管权力强度与高管腐败的关系研究[D].长春:吉林大学,2016.

挥着调节作用。

至此,本研究共提出4个研究问题和10个研究假设,其模型如下图所示:

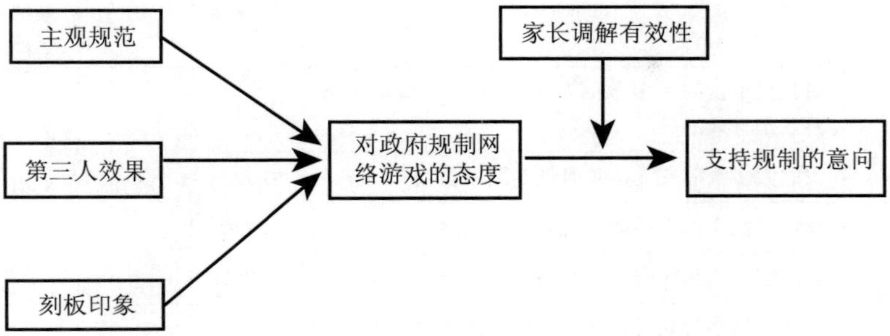


**图 研究模型**

## 三、研究方法与研究设计

### (一)问卷设计与信效度检验

本研究采用分层抽样法和配额抽样法,抽取河南省高中生和初中生的家长为填写问卷的对象。根据2018年教育统计数据,河南省2018年在校初中生人数为451.881万,在校高中人数为210.0552万,初中生和高中生的比值约为2:1。[①] 因此,本研究选定4所初中的8个班级和两所高中的4个班级,将填写问卷的初中生家长和高中生家长人数的比值尽量控制在2:1的范围内。

本研究共设立6个独立量表,所有变量均采用4级量表,每个选项赋值1到4,从非常不同意、不同意、同意到非常同意,具体的变量测量题项和来源如下表1所示。

整体量表的Cronbach's α系数为0.899,各变量的Cronbach's α系数均大于0.813,(表1)根据对信度的判别标准,量表具有非常好的内部一致性信度。本量表的KMO值为0.903,Bartlett球状检验中P值均为0.000。根据Kaiser给出的KMO检验统计量的标准[②]以及Bartlett球状检验中P值小于0.05的标准来看,本研究的数据非常适合进行因子分析。随后,进行了探索性因子分析,根据因子载荷≥0.50的标准,所有因子载荷均符合标准,且所有变量的累积方差解释率均大于60%。证明本研究所有题

① 中华人民共和国教育部.2018年教育统计数据[EB/OL].(2019-08-08)[2020-06-21].http://www.moe.gov.cn/jyb_sjzl/.

② KMO>0.9表示非常适合进行因子分析,KMO为0.8-0.9表示很适合,KMO为0.7-0.8表示适合,KMO为0.6-0.7表示不太适合,KMO<0.5表示非常不适合。

项可以用于进一步的分析（见表7）。

**表1　变量测量及信度与效度**

| 变量 | 题项 | 因子载荷 | KMO值 | 累积方差解释率（%） | α值 |
|---|---|---|---|---|---|
| 主观规范① | 对我很重要的大多数朋友都认为政府监管网络游戏是合理的 | 0.814 | 0.814 | 85.012 | 0.941 |
| | 我的大多数朋友支持政府规制网络游戏 | 0.723 | | | |
| | 我们一家人都支持政府规制网络游戏 | 0.730 | | | |
| | 我的家人认为政府监管网络游戏是合理的 | 0.761 | | | |
| 第三人效果②③ | 我认为网络游戏对我产生了较大的不良影响 | 0.855 | 0.723 | 78.690 | 0.861 |
| | 我认为网络游戏对我的孩子产生了较大的不良影响 | 0.739 | | | |
| | 我认为网络游戏对青少年产生了较大的不良影响 | 0.912 | | | |
| 刻板印象④⑤ | 我认为爱玩网络游戏的青少年是成绩差 | 0.869 | 0.730 | 78.397 | 0.862 |
| | 我认为爱玩网络游戏的青少年是不求上进 | 0.884 | | | |
| | 我认为爱玩网络游戏的青少年是不务正业 | 0.903 | | | |
| 态度⑥⑦ | 我认为政府应该对违反规定的游戏公司进行处罚 | 0.916 | 0.855 | 84.988 | 0.940 |
| | 我认为政府应该强制要求游戏公司上线未成年人防沉迷系统 | 0.896 | | | |
| | 我认为政府应该对网络游戏公司进行监管 | 0.942 | | | |
| | 我认为政府应该对网络游戏的画面、语言进行审查 | 0.932 | | | |

① SILK K J, WEINER J, PARROTT R L. Gene Cuisine or Frankenfood? The Theory of Reasoned Action as an Audience Segmentation Strategy for Messages About Genetically Modified Foods[J]. Journal of Health Communication, 2005, 10(8): 751-767.

② GUO S, FENG G. Understanding Support for Internet Censorship in China: An Elaboration of the Theory of Reasoned Action[J]. Journal of Chinese Political Science, 2012, 17(1): 33-52.

③ ZHAO X, CAI X. From Self-Enhancement to Supporting Censorship: The Third-Person Effect Process in the Case of Internet Pornography[J]. Mass Communication & Society, 2008, 11(4): 437-462.

④ NIEMANN Y F, JENNINGS L, ROZELLE R M, et al. Use of Free Responses and Cluster Analysis to Determine Stereotypes of EightGroups[J]. Personality and Social Psychology Bulletin, 1994, 20(4): 379-390.

⑤ 刘德寰，陈斯洛，王汉生.教师对青少年网络游戏的认知、态度及其影响因素研究[J].广告大观（理论版），2015(03): 43-53.

⑥ 张明新，廖静文.健身运动APP使用对用户跑步意向的影响——以计划行为理论为视角[J].新闻与传播评论，2018, 71(02): 85-98.

⑦ WU D. Empirical study of knowledge withholding in cyberspace: Integrating protection motivation theory and theory of reasoned behavior[J]. Computers in Human Behavior, 2020, 105: 106-229.

续表

| 变量 | 题项 | 因子载荷 | KMO 值 | 累积方差解释率(%) | α 值 |
|---|---|---|---|---|---|
| 家长调解有效性①② | 我认为限制孩子玩游戏的时长是有效的 | 0.625 | 0.739 | 66.297 | 0.828 |
| | 我认为限制孩子接触游戏设备(电脑、手机、平板电脑)是有效的 | 0.753 | | | |
| | 我认为限制孩子与玩游戏的孩子交往可以有效防止孩子玩游戏 | 0.711 | | | |
| | 我认为限制孩子的零花钱可以有效地防止孩子玩游戏 | 0.563 | | | |
| 支持规制的意向③ | 我支持政府相关部门对网络游戏内容上线前的审查 | 0.916 | 0.912 | 87.504 | 0.964 |
| | 我支持政府相关部门对网络游戏内容违规行为的处罚力度 | 0.941 | | | |
| | 我支持政府相关部门要求网络游戏公司加强对未成年人的保护 | 0.936 | | | |
| | 我支持政府相关部门对网络游戏内容进行的不定期检查 | 0.936 | | | |
| | 我支持政府相关部门对网络游戏进行严格的管理 | 0.948 | | | |

### (二)样本构成

本研究得到515份有效问卷。样本的性别、年龄、学历分布情况如表2所示。受访者的性别比例略微失衡,这与父母在孩子成长过程中扮演的角色有关。一般来说,在中国家庭中,父亲是子女社会行为与品行的塑造者,而母亲负责孩子的饮食起居、物质保障等。④ 孩子的日常学习也主要由母亲负责。因此,样本中女性的比例高于男性符合现实情况。除了调查人口统计学的因素以外,本研究还调查了受访者孩子的网络游戏使用情况(见表2)。

① HOFFNER C,BUCHANAN M.Parents'Responses to Television Violence:The Third-Person Perception,Parental Mediation,and Support for Censorship[J].Media Psychology,2002,04(3):231-252.

② 刘德寰,李雪莲,肖铁,彭雪松.家长群体对青少年网络游戏使用的认知与管理行为——一项基于全国调查的实证报告[J].北京青年研究,2015,24(03):33-43.

③ HOFFNER C,BUCHANAN M.Parents'Responses to Television Violence:The Third-Person Perception,Parental Mediation,and Support for Censorship[J].Media Psychology,2002,04(3):231-252.

④ 缪建东.家庭教育社会学[M].南京:南京师范大学出版社,1999:216-217.

**表 2　样本特征**

| 样本特征 | 分类 | 人数 | 占比(%) | 样本特征 | 分类 | 人数 | 占比(%) |
|---|---|---|---|---|---|---|---|
| 性别 | 男 | 175 | 34 | 孩子的游戏使用情况 | 玩 | 314 | 61 |
| | 女 | 340 | 66 | | 不玩 | 201 | 39 |
| 年龄 | 30 岁以下 | 37 | 7.2 | 孩子的网络游戏使用频率 | 每天玩 1 次以上 | 101 | 19.6 |
| | 30-45 岁 | 347 | 67.4 | | 每天玩 1 次 | 58 | 11.3 |
| | 46-60 岁 | 130 | 25.2 | | 每周周末玩 1 次 | 82 | 15.9 |
| | 60 岁以上 | 1 | 0.2 | | 每周周末玩 2 次 | 57 | 11.1 |
| 学历 | 小学 | 36 | 7.0 | 孩子的网络游戏使用时长(每次) | 每月玩 1 次 | 16 | 3.1 |
| | 初中 | 153 | 29.7 | | 1 小时以下 | 122 | 23.7 |
| | 中专 | 56 | 10.9 | | 1-2 小时 | 130 | 25.2 |
| | 技校 | 11 | 2.1 | | 2-3 小时 | 28 | 5.4 |
| | 高中 | 79 | 15.3 | | 3-4 小时 | 10 | 1.9 |
| | 大专 | 79 | 15.3 | | 4-5 小时 | 11 | 2.1 |
| | 本科 | 86 | 16.7 | | 5 小时以上 | 13 | 2.5 |
| | 硕士研究生及以上 | 15 | 2.9 | | | | |

# 四、研究发现

## (一)变量均值与相关性分析

家长支持政府规制网络游戏的意向的均值在所有变量中最高为 3.48,接近 4,其标准差在所有变量中最低为 0.599。(表 3)这表明绝大多数在政府规制的支持意向上具有较高的一致性,即普遍支持政府规制网络游戏。

家长对网络游戏的中学生刻板印象的标准差最大为 0.755,且均值为 2.31,仅稍高于中位数 2,证明刻板印象这一变量的离散程度较高。

**表 3　变量的均值和标准差**

| | 主观规范 | 第三人效果 | 刻板印象 | 态度 | 家长调解有效性 | 支持规制的意向 |
|---|---|---|---|---|---|---|
| 均值 | 3.20 | 2.95 | 2.31 | 3.42 | 2.87 | 3.48 |
| 标准差 | 0.692 | 0.726 | 0.755 | 0.672 | 0.620 | 0.599 |

对变量进行皮尔逊相关分析,由表4可知,主观规范(r=.529,p<0.001)、第三人效果(r=.374,p<0.001)、刻板印象(r=.202,p<0.001)与家长对政府规制网络游戏的态度呈正相关,主观规范(r=.531,p<0.001)、第三人效果(r=.354,p<0. 001)、刻板印象(r=.201,p<0.001)、家长对政府规制网络游戏的态度(r=.719, p<0.001)与支持规制的意向呈正相关,因此,可以对H1、H2、H3、H4、H5、H6、H7做进一步回归分析验证其是否成立。

**表4 各变量间的相关性分析**

| | 主观规范 | 第三人效果 | 刻板印象 | 态度 | 行为意向 |
|---|---|---|---|---|---|
| 年龄 | 0.069 | .119** | -.021 | .094* | .123** |
| 性别 | -.069 | -.051 | -.060 | -.019 | .059 |
| 学历 | .111* | -.021 | -.054 | .124** | .111* |
| 主观规范 | 1 | .284*** | .226*** | .529*** | .531*** |
| 第三人效果 | .284*** | 1 | .246*** | .374*** | .354*** |
| 刻板印象 | .226*** | .246*** | 1 | .202*** | .201*** |
| 态度 | .529*** | .374*** | .202*** | 1 | .719*** |
| 支持规制的意向 | .531*** | .354*** | .201*** | .719*** | 1 |

注:* 表示在0.05的水平上显著;** 表示在0.01的水平上显著;*** 表示在0.001的水平上显著。

## (二)回归分析

在进行回归分析时,本研究控制了被访者的孩子网络游戏使用情况、使用频次、使用时长以及被访者的年龄和学历。结果发现(见表5):只有年龄和学历影响家长对政府规制网络游戏的态度,其余控制变量对因变量均不产生影响。如从表5回归分析的结果可知,家长的主观规范的回归系数为0.517,p值为0.000,小于0.001,这表明主观规范正向影响家长对政府规制网络游戏的态度,回应了H3;第三人效果的回归系数为0.369,p值为0.000,小于0.001,这表明第三人效果正向影响家长对政府规制网络游戏的态度,回应了H4;刻板印象的回归系数为0.210,p值为0.000,小于0.001,这表明刻板印象正向影响家长对政府规制网络游戏的态度,回应了H6。

**表5 家长对政府规制网络游戏态度影响因素的回归分析**

| 模型 | 未标准化系数 | | 标准化系数 | t | 显著性 |
|---|---|---|---|---|---|
| | B | 标准错误 | Beta | | |
| 孩子的网络游戏使用情况 | -0.277 | 0.256 | -0.201 | -1.080 | 0.281 |
| 孩子的网络游戏使用频次 | -0.023 | 0.031 | -0.099 | -0.761 | 0.447 |

续表

| 模型 | 未标准化系数 | | 标准化系数 | t | 显著性 |
|---|---|---|---|---|---|
| | B | 标准错误 | Beta | | |
| 孩子的网络游戏使用时长 | -0.025 | 0.031 | -0.100 | -0.834 | 0.405 |
| 年龄 | 0.120 | 0.054 | 0.098 | 2.240 | 0.025 |
| 学历 | 0.041 | 0.014 | 0.131 | 2.977 | 0.003 |
| 主观规范 | 0.502 | 0.037 | 0.517 | 13.668 | 0.000 |
| 第三人效果 | 0.342 | 0.038 | 0.369 | 9.029 | 0.000 |
| 刻板印象 | 0.187 | 0.038 | 0.210 | 4.91 | 0.000 |

因变量:家长对政府规制网络游戏的态度。

以家长支持规制的意向作为因变量,控制被访者孩子的网络游戏使用情况、使用频次、使用时长以及被访者的年龄和学历。结果发现:只有年龄和学历影响家长支持政府规制网络游戏的意向,其余控制变量对因变量均不产生影响。如从表6回归分析的结果可知,家长对政府规制网络游戏的态度的回归系数为0.709,p值为0.000,小于0.001,这表明家长对政府规制网络游戏的态度正向影响家长支持规制的意向,回应了H2;家长的主观规范的回归系数为0.516,p值为0.000,小于0.001,这表明主观规范正向影响家长支持规制的意向,回应了H1;第三人效果的回归系数为0.343,p值为0.000,小于0.001,这表明第三人效果正向影响家长支持规制的意向,回应了H5;刻板印象的回归系数为0.208,p值为0.000,小于0.001,这表明刻板印象正向影响家长支持规制的意向,回应了H6。

**表6 家长支持政府规制网络游戏的意向影响因素的回归分析**

| 模型 | 未标准化系数 | | 标准化系数 | t | 显著性 |
|---|---|---|---|---|---|
| | B | 标准错误 | Beta | | |
| 孩子的网络游戏使用情况 | -0.271 | 0.227 | -0.221 | -1.192 | 0.234 |
| 孩子的网络游戏使用频次 | -0.031 | 0.027 | -0.148 | -1.144 | 0.253 |
| 孩子的网络游戏使用时长 | -0.002 | 0.027 | -0.009 | -0.078 | 0.938 |
| 年龄 | 0.139 | 0.048 | 0.127 | 2.907 | 0.004 |
| 学历 | 0.033 | 0.012 | 0.119 | 2.727 | 0.007 |
| 主观规范 | 0.447 | 0.033 | 0.516 | 13.703 | 0.000 |
| 第三人效果 | 0.284 | 0.034 | 0.343 | 8.342 | 0.000 |
| 刻板印象 | 0.165 | 0.034 | 0.208 | 4.861 | 0.000 |
| 态度 | 0.632 | 0.028 | 0.709 | 22.849 | 0.000 |

因变量:家长支持规制的意向。

至此,H1、H2、H3、H4、H5、H6、H7 均被证实是成立的。

### (三) 中介效应

本研究选用偏差校正的非参数百分位 Bootstrap 法检验中介效应。通过 SPSS26.0 软件中的 PROCESS 宏命令实现。非参数百分位 Bootstrap 检验法通过从样本数据中重复抽样,根据每次抽样对直接效应和间接效应进行估计,从而建立置信区间,当置信区间不包含 0,且 P 值小于 0.05 时,则说明中介效应是显著的。中介效应比则是指间接效应占总效应的比值,这个值越大证明中介变量在自变量与因变量的关系中发挥的作用越大。

中介检验的结果如表 7 所示,家长对政府规制网络游戏态度在其主观规范、第三人效果、刻板印象与其支持规制的意向关系中均发挥中介作用,中介效应比分别为 61%、72%、71%,RQ1、RQ2、RQ3 得到回应。

**表 7　态度的中介效应**

| | 直接效应 | 间接效应 | 总效应 | 中介效应比 | Bootstrapping Bias-Corrected95%CI Lower | Upper | P 值 |
|---|---|---|---|---|---|---|---|
| 主观规范-态度(a) | 0.5135 | 0.2784 | 0.4601 | 61% | 0.1740 | 0.4140 | 0.000 |
| 态度-行为意向(b) | 0.5422 | | | | | | |
| 主观规范-支持规制的意向(c') | 0.1817 | | | | | | |
| 主观规范-态度-支持规制的意向 | \ | | | | | | |
| 第三人效果-态度(a) | 0.3463 | 0.2106 | 0.2921 | 72% | 0.1321 | 0.3103 | 0.000 |
| 态度-行为意向(b) | 0.6082 | | | | | | |
| 第三人效果-支持规制的意向(c') | 0.0815 | | | | | | |
| 第三人效果-态度-支持规制的意向 | \ | | | | | | |
| 刻板印象-态度(a) | 0.1796 | 0.1133 | 0.1596 | 71% | 0.0533 | 0.1862 | 0.000 |
| 态度-支持规制的意向(b) | 0.6306 | | | | | | |
| 刻板印象-支持规制的意向(c') | 0.0464 | | | | | | |
| 刻板印象-态度-支持规制的意向 | \ | | | | | | |

### (四)调节效应

本研究中选用SPSS的分层回归来验证调节效应是否存在。结果如表8所示,模型1与模型2中Sig.F change均为0.000(小于0.001),证明调节效应存在。家长对政府规制网络游戏的态度和家长调解有效性的交互项对支持规制的意向的回归系数为-0.696,交互项的sig值为0.000(小于0.001),所以,家长调解有效性能够显著地调节家长对政府规制网络游戏的态度与其支持规制的意向之间的关系,H8得到证实。

**表8 家长调解有效性的调节效应**

| 模型 | 变量 | B | Std.Error | β | t | Sig | $R^2$change | Sig.F change |
|---|---|---|---|---|---|---|---|---|
| 1 | (常量) | 1.138 | 0.108 | | 5.761 | 0.000 | 0.525 | 0.000 |
| | 态度 | 0.607 | 0.030 | 0.544 | 17.494 | 0.000 | | |
| | 家长调解有效性 | 0.095 | 0.032 | 0.223 | 7.156 | 0.003 | | |
| 2 | (常量) | 0.041 | 0.327 | | 0.876 | 0.000 | 0.011 | 0.000 |
| | 态度 | 0.916 | 0.092 | 0.637 | 8.485 | 0.000 | | |
| | 家长调解有效性 | 0.552 | 0.133 | 0.351 | 3.523 | 0.000 | | |
| | 态度×家长调解有效性 | -0.128 | 0.036 | -0.696 | -3.550 | 0.000 | | |

## 五、讨论与建议

本研究基于理性行为理论,考察第三人效果、刻板印象、家长调解有效性等因素与家长支持规制的意向之间的关系,在丰富理性行为理论的同时,也验证了态度的中介作用和家长调解有效性的调节作用。以往有学者使用TRA研究受众支持政府对媒体内容审查的意愿,证实了主观规范、态度影响支持审查的行为意向,但并未发现其影响机制。本研究建构了家长支持政府规制的条件性因素模型,补充相关研究的不足。本研究得出以下结论:

其一,家长群体普遍愿意支持政府规制网络游戏,同时自己孩子的网络游戏使用行为不影响家长支持规制的意向。家长支持规制的意向这一变量的均值高达3.48,接近最大值4,且孩子的网络游戏使用行为、使用时长和使用频次均不影响家长支持规制的意向。这可能与“家长”这一身份有关、也与媒体对未成年游戏使用的报道有关,媒体经常对未成年人玩网络游戏造成不良后果进行报道,这引发了家长的担忧。即便是不玩游戏的孩子家长,因为拥有“家长”这一特殊身份,也会对此类报道产生共情,从而支持政府规制网络游戏。这也反映了家长们并未客观地评判网络游戏对孩子造成的影响,而是一味地希望政府规制网络游戏。

其二,家长对中学生网络游戏玩家的刻板印象不存在较强的负面偏见。值得注意的是,家长们对中学生网络游戏玩家的刻板印象的均值为 2.31,是所有变量中均值最低的,仅高于中位数 2,这一变量的标准差为 0.755,是所有变量中最高的。证明家长对待中学生网络游戏玩家刻板印象并没有偏消极,而是比较客观的。这里也出现了一个有别于以往研究的结论,家长对网络游戏的印象与对网络游戏未成年使用者的印象是不同的,虽然网络上充斥的大量关于未成年人过度使用网络游戏造成不良后果的负面报道甚至妖魔化的报道,媒体报道可能使家长对网络游戏产生极强的负面评价,但未将负面的标签贴在未成年网络游戏玩家身上。换言之,关于未成年网络游戏玩家的负面报道并不会影响家长对未成年网络游戏玩家的印象,但会加深家长对孩子网络游戏使用行为的担忧和恐惧,从而导致家长群体支持政府规制网络游戏的意向很高。

其三,主观规范正向影响态度。在 TRA 模型中,主观规范和态度是行为意向强有力的预测因素,但该理论并未关注主观规范和态度之间的关系。本研究证实,主观规范($\beta=0.517$, $p<0.001$)正向影响态度,且影响系数较高。家长的主观规范主要来源于感知到的源自家人和朋友的社会压力,即多数家长认为自己的家庭成员、朋友都认为政府对网络游戏的规制是合理的并且支持政府规制,因而,自己对待政府规制网络游戏的态度也更积极。

其四,家长对政府规制的态度在主观规范、第三人效果、刻板印象与支持规制意向之间发挥中介作用。TRA 所研究的主观规范和态度对行为意向的影响是线性的直接的,但忽略了主观规范与态度的关系,以及主观规范对行为意向的影响机制。本研究的这一发现则弥补了 TRA 的这一不足。中介效应的验证成立说明主观规范、第三人效果、刻板印象加深了家长对政府规制网络游戏的态度,而态度进而影响了支持规制的意向,换而言之,主观规范、第三人效果、刻板印象对行为意向的影响更多的也是通过态度而实现的。

其五,家长调解有效性在家长对政府规制网络游戏的态度与其支持规制的意向关系中发挥调节作用。即较高的家长调解有效性,能够削弱其对政府规制网络游戏的态度带给其支持规制意向的影响。换言之,家长对政府规制的态度会影响其支持规制的意向,但对孩子玩网络游戏采取限制措施有效的家长,其态度对支持规制意向的影响会弱一些,反之则强一些。所以,当学生沉溺于网络游戏时,这些学生的家长往往会强烈呼吁政府出台更为严苛的措施管理网络游戏,因为家长对孩子游戏使用行为的管控获得的效果已经微乎其微,他们希望政府部门可以通过强制性的措施限制未成年使用游戏的时间以及种类。

鉴于此,为使用户合理地使用网络游戏,本研究从媒体、家长、政府等三个视角提出如下建议:

1.媒体对青少年网络游戏使用行为的相关报道应该更加客观、全面,而不能一味地强调报道青少年网络游戏使用行为造成的不良后果和负面影响,过多负面报道会加剧家长对孩子游戏使用行为的担忧和恐惧,影响家长对青少年网络游戏使用行为的客观认知。

2.相关部门应该为家长提供有关"引导孩子正确使用网络游戏"的相关培训等,从而提升家长的网络素质。本研究发现家长调解有效性负向调解中的态度与支持规制意向之间的关系,这说明当家长对孩子实行一定的管制与引导有效时,家长对政府规制网络游戏的态度对支持规制意向影响将减弱。网络游戏使用的有效引导,并非仅是政府之事,也需要家长的参与与调解。因此,家长应该具备一些调解孩子游戏使用行为的基本知识和能力,特别是要注重对孩子心理的疏导和引导,而不是片面地去禁止孩子的游戏使用行为。

3.政府相关部门在规制网络游戏时,应考虑规制措施对多元主体的影响,而非仅考虑家长的支持意向。政府规制者需要警惕,家长对政府规制的支持不能成为出台各种限制网络游戏的全部原因,因为研究发现家长一直是政府规制措施的高支持者,如果仅考虑家长的支持意向,那出台诸多限制性措施对于网络游戏产业的影响是致命的。所以,政府规制政策的出台,必须考虑多元主体的建议,如要充分考虑规制网络游戏玩家、游戏公司的意见。

4.政府相关部门可以采取游戏分级管理制度,以缓解保障成年游戏玩家的用户体验和保护未成年人之间的冲突。目前,政府对网络游戏内容的审查在很大程度上保护了成年人的身心健康,但也降低了成年游戏玩家的使用体验。因此,相关管理部门可以考虑,对游戏的画面、色彩、音效等方面进行评估,对网络游戏采取分级制度,从而在保护未成年人的基础上促进游戏产业的健康发展。

最后,本研究存在一些不足:其一,本研究中受访者主要是在校高中生和初中生的家长,而未关注辍学未成年人等特殊群体的家长对政府规制网络游戏的态度和支持意向,未来可尝试关注辍学未成年人等特殊群体的家长对支持规制的意向及其影响因素。其二,本研究发现玩游戏孩子的家长和不玩游戏孩子的家长都非常支持政府规制网络游戏,那么,两类家长支持规制意向的影响因素存在何种差异,以及不玩游戏的未成年人的家长支持规制的目的等问题有待深入研究。网络游戏成为未成年人甚至成年人娱乐的主要选择,而网络游戏规制必然是一个涉及多个群体利益的复杂问题,如何衡量网络游戏规制对各个群体产生的影响将是一个很值得研究的方向。

# 论个人信息保护的“二元规则”*

◈ 雷丽莉**

**摘要**:个人基于自身的网络行为,每天都在生产大量的个人信息。鉴于其“可识别性”以及和其他信息的聚合能力,个人信息成为打开各项权利(包括人身权、财产权)的钥匙,也成为对社会管理、商业利用具有重要价值的资源。让渡一定的个人信息,又成为个人享受各种公共服务、社会服务和企业服务的前提。因此,个人信息兼具个体属性、商业属性和公共属性三重属性。无论是欧盟的GDPR,还是我国的《民法典》,都尽力在个人信息的利用价值和给个人权利带来的影响之间进行平衡,在对个人信息处理进行限制的同时规定了大量的例外情形。本文认为,公、私领域对个人信息的处理分属两类不同的法律关系,应遵循不同的规则。面对公权力,个人往往不能选择同意与否,也无法授权。但是,这并不意味着公权力对个人信息的采集、处理和使用就不需要权利人的同意。只是个人对公权力的“授权”需要通过立法,以“集体决策”的方式进行,否则就会因人而异,从而有违平等的人权基本原则。对于个人信息的商业利用和私人使用,尽管也存在技术资源掌握的不平等带来的地位不平等的问题,但法律应该做的不是家长式的强行干预,以保护的名义剥夺个人在权利处分上最终的决定权,而是应在遵循意思自治和诚信原则的前提下,通过立法使处于弱势地位的权利人能够与强势地位的个人信息处理者进行平等磋商。

**关键词**:个人信息,“二元规则”,知情同意,查阅权

## 一、研究缘起

“个人信息”(personal information/data)作为一项公民权利是伴随着信息社会的到

---

* 本文系国家社科基金一般项目“网络安全视角下‘平台型’网络服务商法律责任研究”(项目编号:17BXW090)阶段性成果。

** 雷丽莉,大连理工大学人文与社会科学学部新闻传播系讲师。

来产生的。"个人信息"作为一个法律概念起源于20世纪70年代的欧洲。计算机数据处理能力的提高使得政府在人口普查中开始批量地处理公民信息,为了防止政府对公民个人信息的过度采集和使用,"个人信息"作为法律概念陆续出现在欧洲各国以及美国的立法中。而随着世界各国陆续进入信息化时代,个人信息的立法活动在全球展开,并呈现出趋同化的倾向。尤其是2016年欧盟《一般数据保护条例》(GDPR)颁布后,个人信息保护立法成为世界范围的潮流。

相比20世纪70年代,进入新世纪后,个人信息立法呈现出一个重要的特征,即由原来的主要针对公共机构的信息采集,扩展到针对以互联网企业为代表的商业机构,尤其是大量平台型网络服务商的信息采集和处理行为。政府仍然是法律规范的对象,但互联网企业和收集处理个人信息的传统企业,也都成了个人信息立法所规范的对象,甚至是更主要的对象。

根据马克思主义的观点,作为上层建筑的立法的变化可以从经济基础上找到原因。个人信息是数字经济特有的产物,是基于数字经济所产生的全新权利。作为"数字石油",个人信息已经成为重要的生产资料,同时也是进行公共管理和提供公共服务的重要资源。对个人而言,个人信息成为打开各项权利(包括人身权、财产权)的钥匙。鉴于个人信息的"可识别性"以及和其他信息的聚合能力,也成为对社会管理、商业利用具有重要价值的资源。因此,让渡一定的个人信息,又成为个人享受各种公共服务、社会服务和企业服务的前提。在数字经济时代,个人信息兼具个体属性、商业属性和公共属性三重属性①。公共机构②和商业机构甚至普通的个人都不可避免地会收集、处理和使用公民的个人信息,因而,国际和国内的立法都尽力在个人信息的利用价值和给个人权利带来的影响之间维持平衡。

在我国,《民法典》《网络安全法》③等确立了个人信息处理的基本原则,但是,公权力机关和民商事主体对个人信息的处理行为分属行政法律关系和民事法律关系两类不同的法律关系,而对于个人信息的"公用"和"商用"的差异,以及基于这种差异,法律应该如何应对,目前还鲜有研究。

## 二、个人信息保护的一般规则

我国《民法典》规定,个人信息是指以电子或者其他方式记录的能够单独或者与

① 雷丽莉.权力结构失衡视角下的个人信息保护机制研究——以信息属性的变迁为出发点[J].国际新闻界,2019(12):58-84.

② 主要是公权力机构,也包括公共服务机构。

③ 本文中表述我国法律名称一律省略国号。

其他信息结合识别特定自然人的各种信息,包括自然人的姓名、出生日期、身份证件号码、生物识别信息、住址、电话号码、电子邮箱、健康信息、行踪信息等。[①] 欧盟《一般数据保护条例》将个人数据界定为任何已识别或可识别的自然人相关的信息。一个可识别的自然人是一个能够被直接或间接识别的个体,特别是通过诸如姓名、身份编号、地址数据、网上标识或者自然人所特有的一项或多项的身体性、生理性、遗传性、精神性、经济性、文化性或社会性身份来识别个体。[②]

既然个人信息具有三重属性,围绕个人信息的立法所要调整的法律关系也必然是多元的。而在关于个人信息处理的规则中,也不可避免地涉及对公权力和公民权利、企业利益和公民权利之间关系的调整。根据《民法典》第 1035 条的规定,处理[③]个人信息应当遵循合法、正当、必要原则,不得过度处理。而且除法律、行政法规另有规定外,对个人信息的处理应当征得该自然人或者其监护人同意,公开处理信息的规则,明示处理信息的目的、方式和范围,不违反法律、行政法规的规定和双方的约定。第 1036 条规定了处理个人信息不需要承担民事责任的例外情形。第 1037 条规定了自然人对个人信息的查阅、复制、修正、删除的权利。第 1038 条规定了信息处理者对个人信息的安全保障义务和向自然人告知的义务。第 1039 条规定国家机关、承担行政职能的法定机构及其工作人员对自然人的隐私和个人信息的保密义务。

本文认为,尽管立法统一规定了个人信息处理的一般规则,没有明确指出公权力机构和商业机构主体身份不同在个人信息处理中应遵循的规则有何不同,但是,由于公共机构和商业机构在处理个人信息时,作为行为主体的法律属性不同,其对个人信息处理的目的、方式也均有所不同,因此法律所调整的法律关系性质不同,需要遵循不同的规则。

## 三、现行立法对不同主体信息行为的规定

除《民法典》之外,我国有多部法律规定了相关机构及其工作人员保护个人信息的责任。其中包括公权力主体,也包括民商事主体。

---

① 《民法典》第 1034 条。

② GDPR 第 4 条第(1)项。

③ 根据《民法典》规定,个人信息的处理包括个人信息的收集、存储、使用、加工、传输、提供、公开等。本文按此定义使用"处理"一词。

**表 1　涉及公共机构个人信息保护责任的法律规定**

| 法律(颁布时间) | 涉及“个人信息”的规定 | 行为主体 | 责任后果 |
|---|---|---|---|
| 反恐怖主义法(2018) | 第七十六条<br>因报告和制止恐怖活动，在恐怖活动犯罪案件中作证，或者从事反恐怖主义工作，本人或者其近亲属的人身安全面临危险的，经本人或者其近亲属提出申请，公安机关、有关部门应当采取下列一项或者多项保护措施：<br>(一)不公开真实姓名、住址和工作单位等个人信息 | 公安机关、有关部门 | 未规定 |
| 国际刑事司法协助法(2018) | 第十七条<br>办案机关在执行请求过程中，应当维护当事人和其他相关人员的合法权益，保护个人信息。 | 办案机关 | 未规定 |
| 刑事诉讼法(2018) | 第六十四条<br>对于危害国家安全犯罪、恐怖活动犯罪、黑社会性质的组织犯罪、毒品犯罪等案件，证人、鉴定人、被害人因在诉讼中作证，本人或者其近亲属的人身安全面临危险的，人民法院、人民检察院和公安机关应当采取以下一项或者多项保护措施：<br>(一) 不公开真实姓名、住址和工作单位等个人信息<br>(二) 采取不暴露外貌、真实声音等出庭作证措施 | 人民法院、人民检察院和公安机关 | 未规定 |
| 社会保险法(2018) | 第九十二条<br>社会保险行政部门和其他有关行政部门、社会保险经办机构、社会保险费征收机构及其工作人员泄露用人单位和个人信息的，对直接负责的主管人员和其他直接责任人员依法给予处分；给用人单位或者个人造成损失的，应当承担赔偿责任。 | 社会保险行政部门和其他有关行政部门、社会保险经办机构、社会保险费征收机构及其工作人员 | 处分<br>赔偿责任 |
| 旅游法(2018) | 第八十六条<br>(旅游主管部门和有关部门)监督检查人员对在监督检查中知悉的被检查单位的商业秘密和个人信息应当依法保密。 | 旅游主管部门和有关部门监督检查人员 | 未规定 |
| 核安全法(2017) | 第六十九条<br>涉及国家秘密、商业秘密和个人信息的政府信息公开，按照国家有关规定执行。<br>第七十四条<br>核安全监督检查人员执行监督检查任务，应当出示有效证件，对获知的国家秘密、商业秘密和个人信息，应当依法予以保密。<br>第七十五条<br>违反本法规定，有下列情形之一的，对直接负责的主管人员和其他直接责任人员依法给予处分：<br>(五)核安全监督检查人员执行监督检查任务，未出示有效证件，或者对获知的国家秘密、商业秘密、个人信息未依法予以保密的 | 核安全监督检查人员 | 处分 |

续表

| 法律(颁布时间) | 涉及“个人信息”的规定 | 行为主体 | 责任后果 |
|---|---|---|---|
| 国家情报法(2017) | 第十九条<br>国家情报工作机构及其工作人员应当严格依法办事,不得超越职权、滥用职权,不得侵犯公民和组织的合法权益,不得利用职务便利为自己或者他人谋取私利,不得泄露国家秘密、商业秘密和个人信息。<br>第三十一条<br>国家情报工作机构及其工作人员有超越职权、滥用职权,侵犯公民和组织的合法权益,利用职务便利为自己或者他人谋取私利,泄露国家秘密、商业秘密和个人信息等违法违纪行为的,依法给予处分;构成犯罪的,依法追究刑事责任。 | 国家情报工作机构及其工作人员 | 处分<br>刑事责任 |
| 公共图书馆法(2017) | 第四十三条<br>公共图书馆应当妥善保护读者的个人信息、借阅信息以及其他可能涉及读者隐私的信息,不得出售或者以其他方式非法向他人提供。<br>第五十条<br>公共图书馆及其工作人员有下列行为之一的,由文化主管部门责令改正,没收违法所得:<br>(二)出售或者以其他方式非法向他人提供读者的个人信息、借阅信息以及其他可能涉及读者隐私的信息;<br>公共图书馆及其工作人员有前两款规定行为的,对直接负责的主管人员和其他直接责任人员依法追究法律责任。 | 公共图书馆及工作人员 | 依照法律规定 |
| 出境入境管理法(2012) | 第八十五条<br>履行出境入境管理职责的工作人员,有下列行为之一的,依法给予处分:<br>(三)泄露在出境入境管理工作中知悉的个人信息,侵害当事人合法权益的 | 履行出境入境管理职责的工作人员 | 处分 |
| 居民身份证法(2011) | 第六条<br>公安机关及其人民警察对因制作、发放、查验、扣押居民身份证而知悉的公民的个人信息,应当予以保密。<br>第十三条<br>有关单位及其工作人员对履行职责或者提供服务过程中获得的居民身份证记载的公民个人信息,应当予以保密。<br>第十九条<br>国家机关或者金融、电信、交通、教育、医疗等单位的工作人员泄露在履行职责或者提供服务过程中获得的居民身份证记载的公民个人信息,构成犯罪的,依法追究刑事责任;尚不构成犯罪的,由公安机关处十日以上十五日以下拘留,并处五千元罚款,有违法所得的,没收违法所得。<br>单位有前款行为,构成犯罪的,依法追究刑事责任;尚不构成犯罪的,由公安机关对其直接负责的主管人员和其他直接责任人员,处十日以上十五日以下拘留,并处十万元以上五十万元以下罚款,有违法所得的,没收违法所得。<br>有前两款行为,对他人造成损害的,依法承担民事责任。<br>第二十条<br>人民警察有下列行为之一的,根据情节轻重,依法给予行政处分;构成犯罪的,依法追究刑事责任:<br>(五)泄露因制作、发放、查验、扣押居民身份证而知悉的公民个人信息,侵害公民合法权益的。 | 公安机关及其人民警察;<br>有关单位及其工作人员;<br>国家机关或者金融、电信、交通、教育、医疗等单位的工作人员 | 人民警察:处分、刑事责任;<br>国家机关或者金融、电信、交通、教育、医疗等单位的工作人员:行政处罚、刑事责任 |

续表

| 法律(颁布时间) | 涉及“个人信息”的规定 | 行为主体 | 责任后果 |
| --- | --- | --- | --- |
| 社会保险法(2010) | 第九十二条<br>社会保险行政部门和其他有关行政部门、社会保险经办机构、社会保险费征收机构及其工作人员泄露用人单位和个人信息的，对直接负责的主管人员和其他直接责任人员依法给予处分；给用人单位或者个人造成损失的，应当承担赔偿责任。 | 社会保险行政部门和其他有关行政部门、社会保险经办机构、社会保险费征收机构及其工作人员 | 处分<br>赔偿责任 |
| 统计法(2009) | 第九条<br>统计机构和统计人员对在统计工作中知悉的国家秘密、商业秘密和个人信息，应当予以保密。<br>第三十九条<br>县级以上人民政府统计机构或者有关部门有下列行为之一的，对直接负责的主管人员和其他直接责任人员由任免机关或者监察机关依法给予处分：<br>(二)泄露统计调查对象的商业秘密、个人信息或者提供、泄露在统计调查中获得的能够识别或者推断单个统计调查对象身份的资料的；<br>统计人员有前款所列行为之一的，依法给予处分。 | 统计机构和统计人员 | 处分<br>刑事责任 |
| 护照法(2006) | 第十二条<br>护照签发机关及其工作人员对因制作、签发护照而知悉的公民个人信息，应当予以保密。<br>第二十条<br>护照签发机关工作人员在办理护照过程中有下列行为之一的，依法给予行政处分；构成犯罪的，依法追究刑事责任：<br>(五)泄露因制作、签发护照而知悉的公民个人信息，侵害公民合法权益的； | 护照签发机关及其工作人员 | 处分<br>刑事责任 |

**表 2　涉及民商事主体个人信息保护责任的法律规定**

| 法律(颁布时间) | 涉及“个人信息”的规定 | 行为主体 | 责任后果 |
| --- | --- | --- | --- |
| 电子商务法(2018) | 第五条<br>电子商务经营者从事经营活动，应当遵循自愿、平等、公平、诚信的原则，遵守法律和商业道德，公平参与市场竞争，履行消费者权益保护、环境保护、知识产权保护、网络安全与个人信息保护等方面的义务，承担产品和服务质量责任，接受政府和社会的监督。<br>第二十三条<br>电子商务经营者收集、使用其用户的个人信息，应当遵守法律、行政法规有关个人信息保护的规定。 | 电子商务经营者 | 依照法律法规规定处罚 |

续表

| 法律(颁布时间) | 涉及“个人信息”的规定 | 行为主体 | 责任后果 |
| --- | --- | --- | --- |
| 电子商务法(2018) | 第三十二条<br>电子商务平台经营者应当遵循公开、公平、公正的原则,制定平台服务协议和交易规则,明确进入和退出平台、商品和服务质量保障、消费者权益保护、个人信息保护等方面的权利和义务。<br>第七十九条<br>电子商务经营者违反法律、行政法规有关个人信息保护的规定,或者不履行本法第三十条和有关法律、行政法规规定的网络安全保障义务的,依照《中华人民共和国网络安全法》等法律、行政法规的规定处罚。<br>第八十七条<br>依法负有电子商务监督管理职责的部门的工作人员,玩忽职守、滥用职权、徇私舞弊,或者泄露、出售或者非法向他人提供在履行职责中所知悉的个人信息、隐私和商业秘密的,依法追究法律责任。 | 电子商务经营者 | 依照法律法规规定处罚 |
| 旅游法(2018) | 第五十二条<br>旅游经营者对其在经营活动中知悉的旅游者个人信息,应当予以保密。 | 旅游经营者 | 未规定 |
| 测绘法(2017) | 第四十七条<br>地理信息生产、利用单位和互联网地图服务提供者收集、使用用户个人信息的,应当遵守法律、行政法规关于个人信息保护的规定。 | 地理信息生产、利用单位和互联网地图服务提供者 | 依照法律法规规定处罚 |
| 网络安全法(2016) | 第四十一条<br>网络运营者收集、使用个人信息,应当遵循合法、正当、必要的原则,公开收集、使用规则,明示收集、使用信息的目的、方式和范围,并经被收集者同意。<br>网络运营者不得收集与其提供的服务无关的个人信息,不得违反法律、行政法规的规定和双方的约定收集、使用个人信息,并应当依照法律、行政法规的规定和与用户的约定,处理其保存的个人信息。<br>第四十二条<br>网络运营者不得泄露、篡改、毁损其收集的个人信息;未经被收集者同意,不得向他人提供个人信息。但是,经过处理无法识别特定个人且不能复原的除外。<br>网络运营者应当采取技术措施和其他必要措施,确保其收集的个人信息安全,防止信息泄露、毁损、丢失。在发生或者可能发生个人信息泄露、毁损、丢失的情况时,应当立即采取补救措施,按照规定及时告知用户并向有关主管部门报告。<br>第四十三条<br>个人发现网络运营者违反法律、行政法规的规定或者双方的约定收集、使用其个人信息的,有权要求网络运营者删除其个人信息;发现网络运营者收集、存储的其个人信息有错误的,有权要求网络运营者予以更正。网络运营者应当采取措施予以删除或者更正。<br>第四十四条<br>任何个人和组织不得窃取或者以其他非法方式获取个人信息,不得非法出售或者非法向他人提供个人信息。<br>第四十五条<br>依法负有网络安全监督管理职责的部门及其工作人员,必须对在履行职责中知悉的个人信息、隐私和商业秘密严格保密,不得泄露、出售或者非法向他人提供。 | 网络运营者 | 依照法律法规规定处罚 |

续表

| 法律(颁布时间) | 涉及"个人信息"的规定 | 行为主体 | 责任后果 |
|---|---|---|---|
| 消费者权益保护法(2013) | 第十四条<br>消费者在购买、使用商品和接受服务时,享有人格尊严、民族风俗习惯得到尊重的权利,享有*个人信息*依法得到保护的权利。<br>第二十九条<br>经营者收集、使用消费者*个人信息*,应当遵循合法、正当、必要的原则,明示收集、使用信息的目的、方式和范围,并经消费者同意。经营者收集、使用消费者*个人信息*,应当公开其收集、使用规则,不得违反法律、法规的规定和双方的约定收集、使用信息。<br>经营者及其工作人员对收集的消费者*个人信息*必须严格保密,不得泄露、出售或者非法向他人提供。经营者应当采取技术措施和其他必要措施,确保信息安全,防止消费者*个人信息*泄露、丢失。在发生或者可能发生信息泄露、丢失的情况时,应当立即采取补救措施。 | 经营者 | 依照法律法规规定处罚 |

从上述两个表格可以看出,这些立法对相关主体个人信息行为的规定呈现出以下两个特点。一、这些专门法都只是规定了相关主体的个人信息保护义务,主要是不能泄露,而没有明确的针对个人信息的授权性规定,即规定相关机构和个人在什么情况下可处理个人信息,可以处理哪些个人信息等。二、在涉及民商事主体的个人信息行为的立法中,大多规定如果违反保护义务,给权利人造成损失的,应当承担民事赔偿责任,或者直接规定遵循相关法律法规,即对个人信息"民用""商用"可依照《民法典》等法律的规定追究责任。但是,对于公权力机构及其工作人员违反个人信息保护义务的行为,多数立法都没有规定相应的责任。即使有规定的,除了部分立法规定如果构成刑事犯罪,应当追究刑事责任外,责任形式也基本都是处分,即公权力机构的内部惩罚措施,而没有规定个人请求救济途径和行政赔偿责任,即公权力违法处理个人信息给个人带来损害,个人无法根据这些法律寻求救济。也就是说,对于个人信息的泄露或非法处理和利用行为,民商事主体要承担侵权责任,构成刑事犯罪则承担刑事责任。而对于公权力主体,只有构成刑事犯罪才承担刑事责任。这使得公权力处理个人信息所受的约束相对有限。

值得注意的是,尽管《民法典》是调整平等主体法律关系的立法,但如第 991 条所规定的,民事主体的人格权受法律保护,任何组织或者个人不得侵害。第 1032 条关于隐私权、第 1035 条关于处理个人信息,也有类似的规定,这在法理上称为绝对权、对世权,公权力机构也不例外。而依照第 1035 条第一项的规定,公权力机构若需不经权利人同意处理个人信息,必须有法律、行政法规的规定,即法有授权方可为。此外,《民法典》还在第 1039 条专门规定了国家机关、承担行政职能的法定机构及其工作人员对自然人的隐私和个人信息的保密义务。与此同时,第 1036 条第(三)项将"为维护公共利益或者该自然人合法权益，合理实施的其他行为”规定为侵权行为人不承担民事责任的情形。公权力机构是最可能援引“为维护公共利益”“合理实施的其他行为”这一例外规则的，例如为了追查犯罪等。但是，那些违反了前面表1中相关专门法规定的处理个人信息行为，显然不是“为维护公共利益”“合理实施的其他行为”，因此，不属于《民法典》规定的可以不承担民事责任的例外情形。但如前文所述，诸多涉及公权力机构和工作人员个人信息处理行为的立法在规定违法责任时，都没有规定对权利人赔偿责任，而是将处分作为主要责任形式，于是产生了法律衔接中的空隙。因此，这些专门法中对个人信息保护的条款在司法中几乎没有被援引过，即公权力的个人信息违法行为鲜有受到处罚的情形，更不会产生对被侵权人的赔偿。尽管公权力机构对个人的赔偿仍然来自纳税人，但正如司法中错判或错误羁押都会产生国家赔偿，那么公权力个人信息非法泄露或利用，是否应赔偿也是值得考虑的，至少在《民法典》中是没有免除其民事赔偿责任的。作为规定民事主体权利和义务关系基本法律，既然专门规定了国家机关、承担行政职能的法定机构及其工作人员对个人信息保密的民事义务，那么理应有专门法或下位法对违反此义务应承担的民事责任做出明确规定。

此外，不论是《民法典》《网络安全法》，还是其他各类专门法，都没有对公权力机构向以网络平台为代表的商业机构索取个人信息做出规定或限制。由于立法没有设定明确条件，因此，公权力基于其职权从商业机构获取个人信息，在现行法律中尚缺乏明确有效的屏障。当公权力机构以履行职责的名义要求商业机构提供其客户的个人信息，商业机构往往是找不到法律依据来拒绝的。因此，从理论上讲，只要个人授权某一商业机构处理其个人信息，其个人信息就处于不可控的状态，这给个人有效维护《民法典》所保障的个人信息权利带来困难。

同GDPR一样，《民法典》也规定了自然人对自己个人信息的查阅、复制、修正、删除的权利。但是，与个人和网络服务者通过“隐私协议”进行约定不同，对于公权力机构依其职权究竟可以获取、使用和处理哪些个人，以及何为“为维护公共利益”“合理实施的其他行为”都没有明确的规定。因此，个人对公权力机构究竟可以或已经掌握哪些个人信息，以及如何处理和使用这些个人信息并不知情，因而个人的“查阅”“复制”“修正”“删除”的权利基本难以落实。公权力机构所掌握的个人信息是与其他民商事主体一样可以依据《民法典》的规定，由个人“查阅”“复制”“修正”“删除”呢，还是作为政府信息，依据《政府信息公开条例》的规定依申请向个人公开呢？这些问题都是个人信息保护机制需要再进一步明确的问题。无论采取哪种路径，对于公权力机构掌握的个人信息及其如何被处理，个人作为权利人都应有权知情，而且应该可以“查阅”“复制”“修正”“删除”。

## 四、规范个人信息处理行为为什么需要“公”“私”有别

公共机构,尤其是公权力机关和商业机构的法律属性和在社会结构中的功能和作用不同,其对法律的价值诉求也不同。公权力机构的核心价值诉求指向安全、秩序,而商业机构的价值诉求指向自由、发展。二者的法律属性和社会功能的不同,决定了二者与公民个人之间的法律关系也不同。以个人信息处理的一般原则——“知情同意”原则为例,面对公权力,个体往往不能选择同意与否,也无法授权。在有些情况下,个人甚至无权知情。例如,警察在侦查犯罪中调查犯罪嫌疑人的个人信息,显然不能让其知情。公权力的正当性基于人民的授权,人民对公权力的授权需要通过立法,即人民和政府的“契约”,以人民“集体决策”的方式进行,而不能根据个人信息保护相关立法的要求进行告知和获取权利人同意。

面对公权力,个人没有选择和议价的能力,大多数情况下,这种“知情同意”需要成为集体选择,否则就会因人而异,从而有违平等的人权基本原则。但对于个人信息的“公用”和“私用/商用”,尽管也存在技术等资源掌握的不平等带来的地位的不平等,但法律应该做的不是家长式的强行干预,以保护的名义剥夺个人在权利处分上最终的决定权,而是应设法使处于弱势地位的主体能够与强势地位的主体平等磋商。对商业机构的规制要解决的核心问题是,使个人有能力对个人信息处理给个人带来的影响和使个人可能面临的风险进行评估。商业机构应提供所有必要的信息,以供权利人评估个人信息处理对其自身的影响。商业秘密不应成为妨碍其向权利人提供所有必要信息的理由。既然要个人让渡其个人信息,那么,作为数据采集者让渡出其相应的信息才符合私法关系的公平原则。

“二元规则”的核心依据正是民事法律关系的基本原则和行政法律关系的基本原则之间的不同在个人信息问题上的体现。例如,为了信息主体自身的利益,公权力机构可能基于法律授权,依其职权处理个人信息,而对于商业机构,即使是为了信息主体的利益,通常也不能在没有经过信息主体同意的情况下处理个人信息。同样,商业主体在获得信息主体同意的前提下可以对个人信息进行采集、处理和利用,但是,如果没有法律授权,即使权利人自己同意,公权力机构也不可以对个人信息进行采集、处理和利用。

大型网络平台服务商可以便利地获得海量的个人信息,同时由于其具有很强的信息聚合的能力,因此其基于个人信息能够开发出更多的数据产品和应用功能。鉴于其强大的信息处理能力所带来的与用户之间的信息不对称,其与用户的地位就会不对

等。而立法应当做的是,要求网络服务商保障数据透明性、披露数据处理规则、阐明算法决策的机制和数据的用途,以及保护数据主体的访问权或查阅权,使权利人在充分知情的前提下能够与网络服务商平等磋商,自由处分自己的个人信息。而对于公权力机构,法律要保障的就不是公权力机构和信息主体之间的平等磋商,而是需要明确公权力处理个人信息的条件、权限、时限等。即不同的公权力机关分别在什么样的情况下可以处理个人信息,可以处理哪些个人的信息,可以对信息做怎样的处理。由于各类公权力机构职能不同,因此不可能采纳统一的标准,存在着大量需要区别对待的情形,而这正是前面表中各专门法应当明确规定的内容。当前各专门法中仅泛泛地说不能泄露或非法利用其工作中或履行职责中掌握的个人信息,远不足以有效规范公权力的个人信息处理行为,避免其对信息主体伤害。

另外,尽管"必要性"和"目的相称性"通常都被认为是保证个人信息合法使用的一项原则,但在商业机构对个人信息的应用上,对"必要性"的论证并没有多大意义。任何新技术在可用可不用的情况下要求不用,即使真能够落实,其对于推动社会的进步,推动新事物的产生和发展也并无益处。如果没有一开始对个人信息的采集处理,或者采集的数据只能用于某种目的,那么现在很多应用功能都无法开发出来。公众对于为了保障安全而让渡部分个人信息有比较普遍的共识,但为了享受其他服务或利益进行让渡,个体差异就比较大了。立法需要保障的是个人可以在充分知情的条件下做出自由选择。立法对于公共机构应当正向规定哪些是"可为"的,但对于商业机构,则只应反向规定哪些是"不可为"的,例如设置一些基础底线,如不得有基于宗教信仰、政治观点、性取向等的歧视等。对于哪些是"可为"的,应由作为权利人的个人与使用该技术的主体进行平等磋商。只要权利人是在清楚认知其后果基础上的自愿选择,法律就不宜过多干涉。

## 五、个人信息处理应当确立"公""私"二元规则

《民法典》作为国家的基本法律,任何主体都应当遵守。个人信息作为受《民法典》保护的公民人格权,公私主体都不得侵犯。尽管《民法典》和 GDPR 都没有明确提出公、私领域处理个人信息的二元规则,但是,不论国内还是国外,立法者都已经意识到公、私领域个人信息处理行为在法律属性上的差异,以及立法要调整的法律关系的不同,并且,已经在为公权力机构的个人信息处理确立专门的规则。

在欧盟,除了 GDPR 关于个人信息保护的一般性规定,《执法指令》(Law Enforcement Directive,2016)和《欧盟机构、团体和部门数据保护规定》(Data Protection Regulation for EU institutions,bodies and agencies,2018)中分别对欧盟执法活动中的信息行为和欧盟的组织机构对个人信息处理进行了规定。以人脸信息处理为例,《执法指令》要求对人脸信息进行处理必须:a)合法、公正和透明;b)遵循特定的、明确的和合法的目的(在成员国法律或联盟法律中明确定义);c)符合数据最小化、数据准确性、存储限制、数据安全性和问责制的要求。① 值得注意的是,其对面部图像的处理要求是"透明"和"数据最小化",而非数据保护法关于个人数据处理和使用的一般原则——"知情同意"(informed consent)或"通知选择"(notice-choice)的原则。从公权力对人脸信息的应用场景看,这不难理解。公权力对个人信息的采集处理往往不能受该原则调节。例如,不管是通缉逃犯还是用于边境管理,抑或用于失踪人口的寻找,都不可能让权利人知情同意。根据 GDPR 规定,个人信息的采集处理需要权利人明示的同意,但公共场所即使有闭路电视监控系统(CCTV,Closed Circuit Television)的标识,也只是告知进入该场所的人会被拍摄,但并不会告知面部图像会被如何处理、使用以及被谁使用。对公共场合的 CCTV,只要有提示,而你仍然走进来了,就默认为同意,这显然不是 GDPR 所要求的明示的同意。欧盟在 GDPR 之外对公权力的数据采集和使用进行单独规定,也在一定程度上说明,执法机构和民商事主体对于人脸信息的采集处理应遵循不同的规制路径。

世界上第一部个人信息保护法——1970 年的德国《黑森州资料保护法》的立法初衷就是为了防止政府过度采集公民个人信息。当时的背景是,随着第二次世界大战阴影散去,国家作为战争机器的角色逐渐被国家的福利职责所取代。国家更细致地搜集公民的个人信息,成为其更富效率地肩负起作为管理者和福利提供者的任务的前提。而彼时信息自动化处理技术的发展也助长了国家收集、储存、处理和利用信息的主动性,于是公民个人信息被大量采集。而 20 世纪 70 年代公民意识的高涨,使人们意识到了国家掌握个人信息的潜在危险。这种对生活在"老大哥"(big brother)监视之下的恐惧之心,促成了立法者关注国家以福利为理由采集、处理公民个人信息的行为。因此最初的个人信息保护立法几乎都是以规范国家行为作为立法宗旨的。② 1977 年的《联邦数据保护法》对公、私领域的信息行为规定了相同的原则:除非得到信息主体的授权,否则禁止采集他人个人信息。但同时规定,为了履行其公共职能进行信息处理,无须信息主体的授权。1990 年的《联邦数据保护法》中对公、私领域信息行为进行了分别规范。从总体来看,《联邦数据保护法》对国家机关的规范力度要强于民商事

---

① Law Enforcement Directive,Art.4; GDPR,Art.5.

② 蒋舸.个人信息保护法立法模式的选择———以德国经验为视角[J].法律科学(西北政法大学学报),2011(2):113-120.

主体,但从趋势上看,对民商事主体的规范力度越来越接近政府机关。例如,根据1990年的《联邦数据保护法》,只有国家机关才受到禁止收集个人信息原则的制约,而国家机关之外的主体在收集个人信息时仅受诚信原则的制约。而根据2001年《联邦数据保护法》,其他主体也受到禁止收集个人信息原则的制约。① 此类改变主要是来自欧盟立法的压力。②

美国在个人信息的立法上,遵循的是法无明文禁止即合法的原则。但是,相比民商事主体,美国对政府机构运用技术手段处理个人信息规定了详细的限制性条件。同样以通过人脸识别技术处理个人面部图像信息为例,2020年,华盛顿州参议院通过《人脸识别服务法》,加州的《人脸识别法》草案也进入议会程序,这些立法的宗旨都是避免州和地方政府机构对人脸识别技术无限制地使用所造成的社会后果。根据这些立法,州和地方政府机构可以使用人脸识别技术定位或识别失踪人员、确定死者身份、警报对象或其他可能的受害者等。这些立法要求相关机构在人脸识别技术投入使用前至少90天通过其公共网站向公众发布问责报告,其中包含人脸识别名称、供应商和版本、如何生成、收集和处理数据,数据管理政策以及数据安全措施、错误匹配率以及接收反馈的流程等信息。州或地方政府做出对个人产生法律效力或对个人有影响力的决定时,个人对其面部模板具有确认、删除、撤回的权利,对出于安全或安保目的的登记,个人有权要求纠正或提出质疑等。

除了各州的立法外,在联邦层面,也有议员向参议院提出了《人脸识别道德使用法案》草案,该草案拟由国会设立专门委员会,负责审议、制订人脸识别技术指南。在委员会形成政府使用准则和限制条件之前,暂时禁止政府机构使用人脸识别,以防止人脸识别技术违反宪法第一修正案中规定的公民权利。该草案称,人脸识别技术的影响尚未经过充分考虑和适当讨论,但已有越来越多的美国执法机构使用或被推介使用该技术。已有证据显示人脸识别技术对有色人种、活动家、移民和其他原本就受到不公正对待的群体的不良影响更为显著,特别是在识别女性、年轻人、非裔美国人和其他族裔群体时。人脸识别技术不可用于压制受美国宪法第一修正案保护的相关活动、侵犯隐私或以其他方式对个人的公民权利和公民自由产生不利影响。

从上述分析可见,不论是在德国还是美国,都十分重视对公权力处理个人信息行为的规制。尽管欧盟和美国没有明确提出"二元规则",但对个人信息的公用和私用,显然需要遵循不同的规制逻辑。在我国,《民法典》在规定一般原则之外,也规定了

①② 蒋舸.个人信息保护法立法模式的选择———以德国经验为视角[J].法律科学(西北政法大学学报),2011(2):113-120.

“法律、行政法规另有规定”的情形。公权力机构对个人信息的处理规则，更多地体现在其他的相关法律中。但是，从前面列表看，这些立法关于各机构主体处理个人信息的权限尚待做出针对性的规定。

当个人信息免受侵犯的权利已成为一项人格权，立法理应既要保护该权利不被其他民事主体滥用，同时也要保障该权利免受来自公权力的伤害。《民法典》为个人信息保护确立了一般标准，但鉴于公、私主体的不同社会身份属性，在个人信息这个领域，作为性质不同的处理者，也应遵循不同的规则。而这种不同的规则，不仅应体现在未来的《个人信息保护法》中，也应体现在上文列表中的各种专门法中。这些规则合起来，才构成个人信息处理的整个规则体系。为避免仅片面地约束对个人信息的商业化利用，以及一刀切式的统一立法对经济领域的过度干预，本文提出以下几点建议：

1.在未来的《个人信息保护法》中，在对个人信息一体保护的前提下，对公、私领域的个人信息处理进行分别规范。在规划和部署个人信息采集和处理技术时，需要从一开始就全面地分析其在公、私领域的应用可能给个体带来的影响，对使用该技术的各种方式、涉及的所有基本权利、要达到的合法目的以及个人信息的获取方式对其使用的合理性进行评估，在保护基本权利与数据服务于公共管理、公共服务和经济发展之间进行平衡，并安排好保护权利的路径。

2.鉴于各类公权力机构的不同职能职责，以及为公共安全、追究犯罪等目的对个人信息的处理不可能获得权利人的知情同意，且公权力应遵循法无授权即禁止的原则，对各类不同的公权力机构可以处理个人信息的范围、可做怎样的处理以及可以存储的时限等，由立法做出明确的规定，且将听证、公开征求公众意见等方式作为通过立法授权公权力机构采集处理公民个人信息的必要前置程序。立法应当明确、详细规定听证时应向公众披露的信息，包括个人信息的采集、使用目的、范围、方式、存储期限、是否涉及第三方等，以普通公众能理解的方式对该技术进行解释，并对其可能产生的后果进行说明。公众集体决策只有建立在充分知情的基础上，其意见表达才是真实的，其同意才是有效的。此外，对于个人“查阅”“复制”“修正”“删除”公权力所掌握的个人信息应当通过各专门法规定予以切实保障，对于公权力机构“过度处理”个人信息的行为应提供切实可行的救济途径。

3.对上述各专门法以及《政府信息公开条例》进行修订，明确政府及其相关部门可以掌握的个人信息的范围和时限以及个人对这些信息的“查阅”“复制”“修正”“删除”权，从而使个人可以对相关机构的信息行为进行监督。对于基于国家利益和社会公共安全等因素需要限制个人的“查阅”“复制”“修正”“删除”权的，应严格考察其必要性。

4.对于公权力对各种商业机构所掌握的大型数据库的执法访问应有必要的限制,如设置较高的门槛,遵循“严格必要”的原则,且其使用目的应仅限于打击恐怖主义和其他严重犯罪,以及涉及重大公共利益的情形。而且,对国家机关之间进行信息共享也应做出限制。通过设置商业机构和公权力之间,公权力机构之间个人信息流动的屏障,避免形成巨大的中心化的个人信息库,从而减少公众对监控社会的担忧。

5.要明确规定公权力机构及其工作人员涉及个人信息违法行为的法律责任,从而使立法能够具有约束力。公权力机构侵犯个人信息给个人造成损失,也应当承担赔偿责任。如果损失是由公权力机构或其工作人员的职务行为造成的,承担行政赔偿责任。如果损害是其非职务行为造成的,则应承担民事赔偿责任。

# 社交媒体虚假信息的传播与应对

周丽娜*

**摘要**:虚假信息自古有之,当前社交媒体已成为公众获取信息的主要途径,虚假信息在社交媒体上广泛传播。算法技术的发展,使传统把关人角色被取代,假新闻在社交媒体上比真实信息传播得更快。相比于其他媒介,社交平台更注重用户兴趣和信息点击量,信息质量和真实性居于次要位置。假新闻的治理关乎平台、受众、政府、第三方等多个主体,目前我国已经形成事前预防、传播控制、追责处罚、事实澄清的治理体系。在治理途径方面,本文提出应当区分"虚假信息"与"谣言",应通过强化平台责任、提升社会整体媒介素养、确立事实彻查机制、优化算法等新途径,加强对网络信息治理的理性思考,共同营造风清气正的网络空间。

**关键词**:虚假信息,网络内容,谣言,社交平台,算法

## 一、问题的提出

虚假信息,或称为假新闻,古已有之,并从未消散。据查考,我国早在宋代,邸报就曾刊载过假新闻,①时至今日,假新闻仍然充斥于社会生活。②尽管传播媒介有从口语、报纸、广播、电视最后到互联网的变化,而虚假信息的产生和传播因介质的变化有越演越烈之势。诚如卡普费雷所言:"大众传播媒介的出现远未能消灭谣言③,它只是使谣言更加专业化而已。从此以后,两者各有其流通的领地。"④

---

* 周丽娜,中国传媒大学法律系副研究员。

① 周宝荣.宋代假新闻的泛滥状况和原因及整治新探[J].河南大学学报(社会科学版),2002(5):110-114.

② 自2001年起,上海《新闻记者》杂志每年都会评选出中国"年度虚假新闻"。

③ 本文在后面虽对"虚假信息"和"谣言"有所区分,但在此指两者共性部分,即都包含"假信息内容"。

④ 让-诺埃尔·卡普费雷.谣言——最古老的传媒[M].郑若麟,译.上海:上海人民出版社,2008:1.

随着人工智能技术广泛应用、海量数据获取和流动以及 web3.0 时代的来临,相比于报纸、广播和电视,网络已经成为用户获取信息的最重要来源,其中自然包括新闻信息。

根据中国互联网络信息中心发布的第 46 次《中国互联网络发展状况统计报告》,2017 年 6 月至 2020 年 3 月,网络新闻用户使用率维持在 80%以上的水平。同时,微信朋友圈、微博、QQ 空间使用率逐年递增,截至 2020 年 6 月,使用率分别为 85.0%、41.6%、40.4%,[①]而"了解新闻热点"是社交平台仅次于"与朋友互动"的第二大应用目的。[②]

国外研究结果类似。2016 年,路透社对 26 个国家 50000 个在线新闻消费者进行了调查,有一半用户称曾利用社交媒体获取过新闻,把社交媒体作为主要新闻源的占 12%。[③] 2017 年,路透社报告称,23%的用户是通过社交媒体获得新闻的。[④]到 2018 年,路透社报告发现,在美国有 52%的人使用 Facebook 和 Messangers 获得新闻。[⑤] 2020 年,据统计,Twitter 在 2020 年第一季度日均活跃用户较上年同期增长 23%;在疫情特别严重的意大利和西班牙,WhatsApp 的使用量分别呈 70%和 76%的惊人增长。此外,皮尤研究中心关注了 40 家原生数字新闻发行商的内容分发策略。结果显示,这些发行商都在使用成熟的社交网站推广新闻信息,包括 Facebook、Twitter 和 YouTube。[⑥]

2003 年"非典"与 2020 年"新冠"两大疫情期间新闻媒体影响力也进一步证实,"非典"在传统媒体、网络媒体、手机短信等多种传播渠道中得以"呈现",尤其是在媒体报道介入后,主流媒体较好地引导了舆论。[⑦] 而 2020 年,技术赋权深刻影响新闻生产,媒介机构不再是阐释新闻事件的唯一主体,新闻的价值和意义在互联网社交平台

---

① 中国互联网信息中心.第 46 次中国互联网络发展状况统计报告[R/OL].(2020-09-29)[2020-09-29].http://www.cac.gov.cn/2020-09/29/c_1602939909285141.htm.

② 调查结果显示,人们使用社交应用的主要目的有:与朋友互动(72.2%)、了解新闻热点(64.3%)、关注感兴趣的内容(59%)、获取知识和帮助(58.3%)、分享知识(54.8%)。来自中国互联网络信息中心(CNNIC)《2015 年中国社交应用用户行为研究报告》,http://www.cnnic.net.cn/hlwfzyj/hlwxzbg/sqbg/201604/P020160722551429454480.pdf.

③ Nic Newman, Richard Fletcher. Reuters Institute Digital News Report 2016[R/OL].(2016-03)[2020-07-25].https://reutersinstitute.politics.ox.ac.uk/our-research/digital-news-report-2016.

④ Martens Bertin.The digital transformation of news media and the rise of disinformation and fake news[R/OL].(2018-04)[2020-07-20].https://ec.europa.eu/jrc/en/publication/eur-scientific-and-technical-research-reports/digital-transformation-news-media-and-rise-disinformation-and-fake-news.

⑤ Nic Newman, Richard Fletcher. Reuters Institute Digital News Report 2018[R/OL].(2018-04)[2020-07-27].https://www.reuterscommunity.com/topics/audience-development/digital-news-report-2018/.

⑥ Pew center.State of the New Media[R/OL].(2016-06-15)[2020-08-10].http://www.journalism.org/2016/06/15/state-of-the-news-media-2016/.

⑦ 夏倩芳,叶晓华.从失语到喧哗:2003 年 2 月-5 月国内媒体"SARS"报道跟踪[J].新闻与传播研究,2003(2):56-65.

上被不断重构。[①] 鉴于此,对社交平台上新闻信息尤其是虚假信息的传播特点、治理对策等问题,值得学界关注和研究。

## 二、社交媒体上虚假信息盛传

社交媒体内容的分发和传播,主要有两种方式:社交分发和算法分发。由于社交媒体的核心理念在于"用户创造内容"(UGC),也就是每个人都可以创作内容。社交分发,在于每个用户都可以成为自媒体,并且借由社交关系评论、转发从而完成传播。信息的传播从传统的精英编辑让渡到每个普通受众,每个人都成为编辑,成为内容分发的中心。算法分发,是基于互联网的海量信息,网络平台根据用户平时上网习惯、爱好、兴趣等,通过自身开发的算法公式,勾勒出读者画像,向其推荐可能喜欢的内容。

在社交分发模式下,网络用户并不是专业记者,没有受到专业训练,其生产的内容也没有编辑的把关,"网络自媒体新闻真实性问题主要体现在两个方面,一是虚假新闻较多,二是信息操纵性强,构建了不均衡、扭曲、非常态的'拟态环境',动摇了新闻真实性与客观性的根基"。[②] 例如2010年12月6日晚,微博出现"金庸去世"的消息,该消息迅速经历了从传播到质疑、求证,到最终辟谣过程。据事后追溯,此消息最早来源于百度贴吧"金庸吧",之后这条谣言在Twitter和人人网上流传,而后被网友传到新浪网。

社交媒体传播的内容,信息质量和可信度如何?研究表明,57%的美国用户认为社交平台上的新闻不准确,[③]我国近六成假新闻首发于微博。[④] 在新冠疫情暴发初期,北京师范大学网络法治国际中心统计了2020年1月22日-2月16日网络违法散布有关新冠疫情的虚假信息,共有224条,全部是通过微信、微博或其他社交平台散布的。[⑤]

前互联网时代的研究指出,谣言(虚假信息)的主要途径是人与人之间的社交聊

---

① 蔡雯,凌昱.从"新冠肺炎"热点传播看新闻边界的颠覆与重构[J].新闻与传播研究,2020(7):5-20.

② 王雪婷.从"新闻哥"看网络新闻自媒体的负面效应[EB/OL].(2018-09-18)[2020-09-30].http://media.people.com.cn/n1/2018/0918/c421458-30300343.html.

③ Katerina Eva Matsa,Elisa Shearer.News Use Across Social Media Platforms 2018[R/OL].(2018)[2020-08-10].http://www.journalism.org/2018/09/10/news-use-across-social-media-platforms-2018/.

④ 赵光霞.新媒体蓝皮书:近六成假新闻首发于微博,微信辟谣难度大[EB/OL](2016-05-24)[2020-08-14].http://media.people.com.cn/n/2015/0624/c120837-27201212.html.

⑤ 网络法治国际中心.涉2020新冠肺炎网络谣言处罚一览[EB/OL].(2020-02-26)[2020-08-15].https://mp.weixin.qq.com/s/MN6KYAJ2aW9J40WhY7BE0g.

天。[①] 社交媒体就其传播效果而言,可以认为是“人际网络+大众传播”,即把人际社交网络搬上了面向公众传播的媒体平台。互联网学者彭兰教授指出:“在某种意义上,社会化媒体带来的是一种‘回归’。但是,由于互联网形成的社会网络规模的巨大,社会化媒体传播的效率,是以前的人际传播无法企及的。”[②]这是社交媒体上虚假信息泛滥的传播学释源。

有些怀有政治、商业等私利目的的势力,往往会利用社交媒体制造并散布虚假信息,以求一逞。2016 年特朗普竞选美国总统期间,社交媒体传播虚假信息集中引发广泛关注。当时,一些年轻人在马其顿一个韦莱(Veles)小镇上,注册了一百多个“挺特朗普”的网站,针对美国大选发布各种虚假信息,“教皇支持特朗普出任美国总统”,“索罗斯支持黑人权益团体意在搞垮美国”,“联邦调查局调查希拉里案件探员死亡”等,“挺特朗普”的虚假政治新闻广泛流传。[③] “脸书帮助特朗普胜利最显著的方式,就是拒绝处理那些假新闻或欺骗性内容”。[④] 这是近年来有组织、有目的利用社交媒体发布虚假信息的重大事件,也逐渐成为制造并传播虚假信息的一种新动向。之后,一些持续塑造全球秩序的重大事件,如英国脱欧公投、西班牙加泰罗尼亚公投等,其背后都有假新闻的影子。[⑤]英国脱欧公投时提出宣传口号“脱欧后英国每周可节省 3.5 亿英镑”。英国政府随后对该项数据提出了很多质疑,经济学奖也曾表示这个数据是完全不靠谱不可能的。然而,许多人还是对这个口号留下了深刻的印象,甚至有社会学家认为这个口号左右了脱欧的结果。[⑥]

特朗普事件后,牛津大辞典将“后真相”(post-truth)定为 2016“年度单词”,以形容客观事实在形成舆论方面影响较小,而对诉诸情感和个人信仰会产生较大影响,这种趋势显然进一步推动了假新闻的流传。之后,2017 年,柯林斯英文词典将“假新闻”(fake news)选为年度热词,BBC 将“假新闻的迅速传播”列为“21 世纪面临的巨大挑战之一”,世界经济论坛(WEF)将“虚假信息在社交媒体上的广泛传播”,列为人类社会最主要的威胁。2018 年 9 月,欧洲主要线上平台、社交媒体、广告主和广告经营者代表联合发布了欧盟历史上首份《反虚假信息行为准则》(Code

---

① 奥尔波特.谣言心理学[M].刘水平,梁元元,黄鹂,译.沈阳:辽宁教育出版社,2003:1-2.

② 彭兰.新媒体用户研究[M].北京:中国人民大学出版社.2020:5.

③ 田智辉、张晓莉、梁丽君.社交媒体与特朗普的崛起[J].网络空间研究.2017(1):58-68.

④ Max Read.Donald Trump Won Because of Facebook[EB/OL].(2016-11-09)[2020-09-30].https://nymag.com/intelligencer/2016/11/donald-trump-won-because-of-facebook.html.

⑤ 闫桂花.“假新闻”:一股正在重塑西方政治秩序的暗流[EB/OL].(2017-11-17)[2020-08-15].https://www.sohu.com/a/204894034_313745.

⑥ 海外网.2016 年度著名“假新闻”都是在搞事情[EB/OL].(2016-12-28)[2020-09-30].http://m.haiwainet.cn/middle/3541926/2016/1228/content_30607347_1.html.

of Practice on Disinformation)。[①]

进入后真相时代,社交媒体与算法机制的结合,使真相逐渐处于"次要"位置。随着网络上"数据"占据越来越多资源,很多"事实",来不及经历传统媒体发布事实之前实施的调查、辨别和判断等阶段,就已经通过"算法"被机器收集和传播出去,难辨真伪。"大量虚假信息充斥于主要信息来源——社交媒体中,使人们陷于缺乏信任基础的社会中,以至于之后的官方澄清、谣言抵制的行动反而激起更大范围和更深触角的全社会强迫性不信任"。[②]

## 三、社交媒体充斥虚假信息原因分析

技术变革对新闻媒体行业产生了巨大的影响。数字化转型使线下新闻出版的线性商业模式向线上新闻出版的多边化市场或平台商业模式转变,这种转变对新闻质量大有影响。

欧洲委员会的研究结果显示:"社交媒体和在线新闻网站是虚假信息的主要传播渠道。"[③]究其原因,可以总结为三点。第一,社交媒体用户自己生产内容,弱化了传统模式下把关人角色,信息质量不敌点击量;第二,用户对信息本身的兴趣远远高于是谁发布信息,信息权威来源不敌一些善于自我营销的自媒体;第三,算法技术运用于社交媒体个性化内容推荐,使信息质量不敌用户兴趣。

### 1.新的信息生产方式,把关人角色被弱化,信息质量不敌点击量

在传统媒体的信息生产和分发中,记者和编辑扮演着重要角色。记者负责信息内容的生产,编辑在信息加工和传播准备环节,他们在不同环节上担任"把关人"角色,共同负责设置议题与内容把关。

而社交平台,由于其宗旨就是鼓励用户的广泛参与和积极互动,用户数量越多,信息点击量越大,广告收入越多,社交平台的商业价值就越大。因此网络公司会通过各种办法吸引个人、机构和组织使用平台,发布信息,并提高点击量。在此过程用,把关人的身份也发生了本质变化。

---

① EU.Code of Practice on Disinformation[R/OL].(2018-09)[2020-08-15].https://ec.europa.eu/digital-single-market/en/news/code-practice-disinformation.

② 全燕."后真相时代"社交网络的信任异化现象研究[J].南京社会科学,2017(7):112-119.

③ MARTENS Bertin.The digital transformation of news media and the rise of disinformation and fake news[R/OL].(2018-04)[2020-07-20].https://ec.europa.eu/jrc/en/publication/eur-scientific-and-technical-research-reports/digital-transformation-news-media-and-rise-disinformation-and-fake-news.

网络用户可以自己进行信息生产、加工和传播活动,智能算法行使了编辑设置议程的功能,决定用户看到什么、不看到什么。它们通过总结用户的阅读习惯、兴趣和阅读历史,为该特定群体的用户选择适合其阅读、符合其兴趣的内容,分发到用户手中。"在这样的情况下,由机器算法所指定的把关人制度使得公众兴趣和流行话题成为把关的标准,符合大众兴趣或者符合该用户阅读习惯的内容才会被这类平台推送到公众面前,而那些可能具有新闻重要性却不符合公众或者特定用户群体兴趣点的内容就无法通过机器算法的'把关'传递到公众面前。"①

《新闻记者》编辑部2019年虚假新闻报告称:"自媒体继续成为虚假新闻生产和传播的主要渠道。审视2019年的典型案例可以发现,依托社交媒体平台的自媒体仍然是虚假新闻的高发区。这些虚假新闻中既有生产者因未经查证、道听途说而出现的错误信息(misinformation),也不乏生产者主观上就有意欺骗他人的虚假信息(disinformation)"。②

2.社交媒体用户对信息本身的兴趣,高于对信息来源的关心

在传统媒体时代,无论报纸还是广播电视,媒体都有自己比较鲜明的标签特点,或以严肃新闻见长,或以娱乐八卦出彩,或以公共电视和商业电视分野,受众一般会根据自己的喜好和媒体定位选择符合自己品味的一些媒体内容。传统媒体时代,受众对信息的获取方式和途径相对主动,可以自己选择想要看的报纸、电视节目等。但网络媒体时代,电子化媒介打破了用户接触信息的界限,信息的海量性、个性化推送的差别性、24小时信息更新的超载性,使网民不会再去专门的新闻网站查看新闻,而是通过社交媒体上的好友、关注对象、其他人的转发等,获取信息。所以对于普通的社交媒体用户而言,他们获得什么信息或者从哪个渠道获得信息,往往比谁发布的这些信息更深入人心。

路透社2017年的一项研究表明,英国在跟踪了2000名用户的新闻习惯后发现,很多人可以清楚地记得获取新闻的路径,如通过脸书或者谷歌,但只有不到50%的人能记住新闻发布者的名字。③ 因此,对于信息的可信性或者权威性而言,用户更关心的是"热搜""朋友圈热点"等,而不是谁是这些内容的发布者。至于该信息是真是假,则更不是受众需要最初考虑的问题。

---

① 朱鸿军,周奎.伪中立性:资讯聚合平台把关机制与社会责任的考察[J].南昌大学学报,2017(10):102-107.

② 《新闻记者》杂志编辑部年度虚假新闻研究课题组.2019虚假新闻研究报告[J].新闻记者,2020(1):22-33.

③ Nic Newman, Richard Fletcher. Reuters Institute Digital News Report 2017[R/OL].(2017-12)[2020-07-25]. https://www.digitalmarketingcommunity.com/researches/digital-news-report-2017-reuters-institute/.

### 3.算法型内容分发,使信息质量不敌用户兴趣

关于算法,Tarleton Gillespie 认为,“从最广泛的意义上说,算法依据特定的计算,将输入数据转换成所需的编码,并最后输出的一种过程。”①Diakopoulos 将算法理解为“为了解决特定问题或完成确定的结果而采取的一系列步骤”②。唐培和等人认为,“算法和程序密不可分,算法是抽象的,运行算法就需要程序。程序是用计算机语言表述的算法,程序是算法和数据结构的统一,二者的关系可以表述为‘程序=算法+数据结构’”③。

算法,从技术角度看,是一系列程序执行的步骤和方法,目前已经广泛应用于各个领域。在大众传播信息分发领域,算法主要是解决网络信息时代海量信息不能被全部传播的难题。迄今为止,人类信息分发模式大体上经历了三个主要的发展类型:(1)倚重人工编辑的媒体型分发;(2)依托社交链传播的关系型分发;(3)基于智能算法对于信息和人匹配的算法型分发。④ 后两种方法,“都可以排除掉大量与用户自身‘无关’的内容,大规模提高信息分发的效率。”⑤可以说,通过算法进行的个性化内容推荐,“在一定程度上解决了海量的社会化信息生产与媒体终端个人化和信息需求个性化之间的矛盾”。⑥

但同时也要注意到,智能算法推荐技术在推行“千人千面”差异服务的同时,客观上也容易造成信息的碎片化传播,推荐内容多限于“他”和社交圈里朋友们关注的内容,而忽略了信息的真实性、客观性、时效性等传统标准。算法对于信息分发起调度作用的最初方式是搜索引擎,用户输入关键词后会把最热门的相关条目置于前列,而搜索引擎本身并不区分内容真假,将虚假信息置于前列或首位的情况不乏先例,对虚假信息的传播起到了推波助澜的作用。

《纽约时报》研制出一款 Blossomblot 算法推荐机器人,这款机器人的主要目的,是根据网络上的新闻内容,预测受众偏好,为《纽约时报》打造爆款作品。据该报内部统计,Blossomblot 在考虑“热门”文章、同圈“朋友”、读者偏好、网络流量及广告收入等许

---

① Gillespie, Tarleton.The Relevance of Algorithms in Media technologies: Essays on communication, materiality, and society.Cambridge: MIT Press.2014:167-194.

② Diakopoulos, Nicholas.Algorithmic AccountabilityDigital Journalism[J].2015(3):398-415.

③ 唐培和,徐奕奕.计算思维:计算学科导论[M].北京:电子工业出版社,2015:144.

④ 喻国明,韩婷.算法性信息分发:技术原理、机制创新与未来发展[J].新闻爱好者,2018(4):8-13.

⑤ 浅夏.今日头条张一鸣眼中的未来媒体:是时候把过滤信息的权力让渡给社交关系和算法[EB/OL].(2016-01-25)[2020-08-20].http://www.cyzone.cn/a/20160115/288570.html.

⑥ 方师师.算法如何重塑新闻业:现状、问题与规制[J].新闻与写作,2018(9):11-19.

多因素影响后,筛选后的文章点击量是普通文章的38倍。[①]这种由算法驱动的内容分发,“唯独没有考虑新闻的可信度,助长了虚假新闻和其他形式的虚假信息的出现”。[②]

在国内,今日头条和《纽约时报》的做法非常相似。按照这种推荐方式,用户的每一次浏览、评论、点赞,用户阅读文章的特点、时间、关键词、标签等,都会被后台记录下来,最后形成用户画像。根据该画像,算法能够实现信息和用户的完美对接、精准推送相关信息,“你关心的”就是你的头条,“你关心的”还可以帮你“上头条”,这其中靠的是技术的提前设置和计算,并不表示“头条”的信息都是真实的。如2018年,全球较有影响力的科技媒体动点科技(TechNode)就刊登了一篇题目为“英语版今日头条到底有多不靠谱”的文章,批斥英文版今日头条传播虚假新闻。[③]

脸谱前副总裁查马斯·帕里哈皮蒂亚(Chamath Palihapitiya)2017年12月在一次活动时指出,脸谱所搭建的“点击、点赞、喜欢”等社交网络互动机制,“没有促进理性对话,不会促成合作,只会复制错误信息和蒙蔽真相”。[④]

## 四、我国虚假信息现有治理体系

对于网络虚假信息,目前我国已经形成了政府、社会、用户积极参与的多元治理架构,并在事前预防、传播控制、追责处罚和事实澄清等阶段都有相应的治理之策。

1.事前预防

在事前预防方面,我国目前已形成了法律、“用户协议”、行业及用户自律相结合的,多层次虚假信息防治体系。

法律具有指引作用,我国在《刑法》《民法典》《网络安全法》《治安管理处罚法》等法律中,对“传播虚假信息”行为规定了相应的禁止性规范,如《刑法》规定了编造、传播虚假信息罪(第二百九十一条)、寻衅滋事罪(第二百九十三条);《网络安全法》规定,不得利用网络编造、传播虚假信息扰乱经济秩序和社会秩序(第十二条);《治安管理

① 新华社“人工智能时代媒体变革与发展”课题组.人工智能在新闻传播全链条中的具体应用[J].中国记者,2020(2):19-22.

② Martens Bertin.The digital transformation of news media and the rise of disinformation and fake news[R/OL].(2018-04)[2020-07-20].https://ec.europa.eu/jrc/en/publication/eur-scientific-and-technical-research-reports/digital-transformation-news-media-and-rise-disinformation-and-fake-news.

③ Elliott Zaagman.Toutiao's overseas platform is delivering fake news,but its problems run much deeper than that[EB/OL].(2018-02-01)[2020-08-20].https://technode.com/2018/02/01/topbuzz/.

④ Menlo Park.Social media “ripping apart” society,former Facebook executive says[EB/OL].(2017-12-12)[2020-08-20].https://www.cbsnews.com/news/chamath-palihapitiya-former-facebook-executive-social-media-ripping-apart-society/.

处罚法》规定,不得散布谣言扰乱公共秩序(第二十五条);《民法典》规定,行为人……捏造、歪曲事实影响他人名誉的,需承担民事责任(第一千零二十五条)。这些规范对拟发布虚假信息的人来说,起到事前指引和震慑作用。此外,国家网信办近几年出台了一些部门规章和规范性文件,对防范假新闻的出现起到一定遏制作用。如《互联网新闻信息服务管理规定》要求提供互联网信息服务的单位,需要具备互联网新闻信息服务许可证,配置总编辑,区分新闻采编、转载、传播不同服务范围等,这些规定将网络新闻信息又有了"把关人",在一定程度上能够起到"从源头"遏制虚假信息的作用。《互联网跟帖评论服务管理规定》中要求对新闻信息的跟帖和评论,建立"先审后发"制度,这对防止虚假信息在社交媒体中的传播,起到积极预防作用。

作为互联网服务提供者,各互联网站、应用程序、论坛、博客、微博客、公众账号、即时通信工具、网络直播等,均在与网络用户签署的《用户协议》中,把"虚假信息"作为不得传播内容之一。如《微信公众平台服务协议》规定,对违反相关法律法规、本协议以及专项规则的规定,腾讯有权进行独立判断并随时限制、冻结或终止对微信公众账号的使用。新浪《社区管理规定》对于不实信息的发布者处以 15 天封号、扣信用积分的处罚。

此外,行业和用户的自律,也是事前防止虚假信息传播的措施之一。如中国网络视听节目服务协会于 2019 年发布《网络短视频内容审核标准细则》,其宗旨之一即是"遏制错误虚假有害内容传播蔓延"。网络用户,如果发现虚假内容,也可以向网站或者相关网络举报中心积极反馈,"不可忽视的是,网民的质疑和自行调查对揭露虚假新闻的作用"①。

《新闻记者》编辑部"年度虚假新闻研究课题组"在报告中说到:"在遴选这一年度的典型案例时发现,能够进入我们视野的案例不仅数量相当少,而且在典型性上也十分有限……不能否认近年来持续的虚假新闻专项治理确实产生了一定的效果。"②

2.传播控制

传播控制,这里主要指网络媒体对虚假信息传播的控制和监管。这里的网络媒体,包括但不限于信息服务提供者(包括新闻播发和转载、即时通讯、博客微博客、论坛社区、评论跟帖等)、视听服务提供者(网络视听、直播、IPTV、互联网电视)、网络出版服务提供者(网络文学)等。根据《网络安全法》规定,主管部门制定《互联网新闻

①② 《新闻记者》编辑部年度虚假新闻研究课题组.2019 虚假新闻研究报告[J].新闻记者,2020(1):22-33.

信息服务管理规定》《网络信息内容生态治理规定》《微博客信息服务管理规定》等规章,都规定网络运营者应当履行应有的社会责任和主体责任。《网络安全法》规定,网络运营者应当加强对其用户发布的信息的管理,发现法律、行政法规禁止发布或者传输的信息的,应当立即停止传输该信息,采取消除等处置措施。《微博客信息服务管理规定》要求微博客服务提供者,建立健全辟谣机制,发现微博客服务使用者发布、传播谣言或不实信息,应当主动采取辟谣措施。《互联网新闻信息服务管理规定》规定,健全信息发布审核等信息安全管理制度,具有安全可控的技术保障措施(第十二条)。

对于网站应负的主体责任,政府行政管理部门负有监管责任,对不积极履行主体责任的网站,监管部门有权进行约谈,敦促网站积极履行主体责任,如网信办就虚假新闻问题多次约谈新浪、网易、凤凰等网站。①

3.追责处罚

目前我国已经建立了刑事、行政和民事多维度的网络虚假信息追责处罚体系。在新冠疫情暴发初期,网络上出现的一些关于疫情的不实消息,均有被追究刑事责任、处以行政处罚和构成民事侵权的案例,如编造、故意传播虚假信息罪②、行政拘留或罚款③、名誉侵权④。

同时,网站和政府积极履行监管职责,对恶意散布虚假信息的行为,迅速出手、积极治理。如 2020 年 3 月 11 日-15 日,一组文章标题极度相似,且正文也高度重合的关于“疫情之下的 XX 国:店铺关门歇业,华商太难了”的系列文章,在网络上突然出现,并按照一定的时间规律,在多个微信公号发布,传播迅速,并掀起一阵网络舆情。⑤ 微信公司很快在 3 月 17 日予以回应,称此类文章涉及夸大误导,从即日起已封禁 3 个运营主体下的 50 个违规公众账号,删除相关文章近 100 篇。⑥ 3 月 19 日,当地的福清网信办和公安开始介入,认定实际发帖人为借“疫情”涨粉,炮制了“世界失

---

① 中国网信网.网信办就虚假新闻问题约谈新浪、网易、凤凰等网站[EB/OL].(2016-07-22)[2020-09-30].http://www.mnw.cn/news/china/1285259.html.

② 最高人民法院发布第一批 10 个依法惩处妨害疫情防控犯罪典型案例,刘某某编造、故意传播虚假信息案——编造感染新型冠状病毒在公共场所传播的虚假信息。

③ 平安阳东.阳东一女子散播疫情谣言被拘[EB/OL].(2020-02-07)[2020-08-15].https://baijiahao.baidu.com/s? id=1657838885179596561&wfr=spider&for=pc.

④ 合江县法院.男子朋友圈乱传他人感染新冠肺炎,赔偿 1.6 万![EB/OL].(2020-03-25)[2020-08-20].https://www.sohu.com/a/383138493_120765.

⑤ 朱轩.用多个公众号套用“华商太难”发雷同文[EB/OL].(2020-03-17)[2020-08-17].https://www.thepaper.cn/newsDetail_forward_6551531.

⑥ 陈良贤,蒋馨尔.全球华人“店铺关门有家难回”? 来看假消息是如何批量生产的[EB/OL].(2020-03-18)[2020-08-20].https://www.thepaper.cn/newsDetail_forward_6565639.

控”言论,当即予以处理。[①] 4月24日起,国家网信办组织各地网信部门开展为期两个月的网络恶意营销账号专项整治行动。据初步统计,已清理相关文章6126篇,关停账号18576个。[②]

4.事实澄清

对待网络传播的不实言论,我国目前也设置一些“辟谣”网站,有助于澄清事实。这些网站基本可划分为四类:第一类是网络组织自发成立的辟谣网站。例如果壳网的“谣言粉碎机”及“流言百科”平台。第二类是传统媒体创办的事实核查网站,例如《人民日报》的《求证》专栏以及人民网的《求真》栏目。第三类是社交媒体成立的事实核查网站,例如新浪微博用于澄清谣言的“辟谣联盟”“微博辟谣”账号以及相关话题等。第四类是官方机构主办的辟谣网站,如由中央网信办违法和不良信息举报中心主办、新华网承办的“中国互联网联合辟谣平台”。

尽管每种模式在事实核查的组织者、参与者、核查对象、核查方法、社会影响力等方面有所不同,但共同的目的都是为了查找真相、公布事实。2019年1月,腾讯公司发布《2018年腾讯网络谣言治理成果和谣言榜单》,从其公布的数据看,2018年腾讯较真平台的专家和机构合作伙伴超过500个,生产3212篇辟谣内容,推出辟谣榜单52个,超过3.34亿人次受到辟谣科普。[③]

## 五、我国虚假信息治理的新途径

尽管我国在虚假信息治理方面取得了一些成效,但是对虚假信息,尤其是用户普遍使用的社交媒体上的虚假信息的治理,随着技术的进步,还可以再有一些新的途径。

1.厘清“虚假信息”与“谣言”的差异

“虚假信息”作为网络内容治理对象之一,有必要首先将其与“谣言”相区分。从字面来看,不论是“虚假信息”还是“假新闻”,共同的特点就是“假”,其与“真”是相对的,说明该信息客观上是不存在的,也说明该信息已被核实为假。但“谣言”,也就是我们通常所定义的“未经证实的信息”,当时难判断出真假,只是对那个时候信息状态

① 喻琰,朱轩.福清市委网信办回应“华商太难了”雷同文:已和公安介入处理[EB/OL].(2020-03-19)[2020-08-20].https://www.thepaper.cn/newsDetail_forward_6584982.

② 中国网信网.国家网信办启动专项整治行动,严厉打击网络恶意营销账号[EB/OL].(2020-04-24)[2020-08-20].http://www.cac.gov.cn/2020-04/24/c_1589274589221739.htm.

③ 腾讯.腾讯发布2018年辟谣数据:超过3.34亿人次受到辟谣科普[EB/OL].(2019-01-21)[2020-08-22].https://new.qq.com/omn/20190121/20190121A1BUAZ.html.

的一种描述。此外,谣言除涉及事实性信息元素外,同时也包含了意见要素,如情绪、愿望、态度、立场,有人将之称为“一种社会抗议”①。因此,相比于虚假信息,谣言的内涵更丰富些。

从“谣言”到“真相”,有时事情会经历一些反转才能最后认定为“真”或“假”。如此次新冠疫情最初有人在群里谈论疫情却被认定“造谣”,随着人们对客观事实认知不断进步,证实了所谓“谣言”的真实性。又如在新浪微博爆料的重庆市万州区长江二桥一名女司机桥上逆行,致发生重大交通事故,一辆大巴车冲破护栏坠入长江,造成失联人员 15 人的不实报道,经过事后的事实核查发现,该交通事故系公交车司机违章所为,女司机也属于受害者。

但必须承认的是,无论是虚假信息、谣言,还是真实信息,因为人对信息本身的好奇心、对事件重要性的关注度,加之算法推动下的信息传播的迅速扩展方式,这些信息客观上都会存在一定时期,要允许“让信息飞一会儿”。在这期间,有关组织和个人可以利用事实核查、权威来源印证等途径,对信息的真伪进行认定,并及时公开。这样在一定程度上保证了信息的公开、透明,也保证对虚假信息予以识别和标注,避免将真实信息以谣言的形式压抑,甚至打击。

2.确立“事前”和“事后”双重事实核查机制

如前所述,传统新闻媒体时代,记者和编辑可以对事实进行核查。一般来说,在新闻采访过程中,记者需要获得来自两个信源的检验。而在成稿之后,编辑会再次进行事实核查,抑或专职的事实核查员对记者已经成文但未发表的报道逐一阅读与核实,确认报道中事实性信息准确无误。通过信源检验和编辑核查两道流程,事实核查作为新闻机构的内部核查机制,在很大程度上保证了新闻作品发表的可信度。②

网络信息时代,由于人人都有麦克风,人人都可以成为记者,专业媒体与自媒体在新闻生产与传播的边界变得越来越模糊。专业媒体在社交媒体上发布新闻,开启网络传播;自媒体爆料,成为专业媒体的信息源,后经专业媒体再加工,再通过社交媒体进行传播。因此,对假新闻的核查和反击有赖于新闻生态系统中的多元行动。

此外,区块链技术的进步,也可以用于识别和防范虚假信息。区块链从本质上讲,是一个共享数据库,存储于其中的数据或信息,具有“不可伪造”“全程留痕”“可以追溯”“公开透明”“集体维护”等特征。利用这些特点,媒体可以将诸多元要素存储于“链”上,以便对相关事实的验证。2019 年《纽约时报》公布了正在研发的区块链项目

① 胡泳.谣言作为一种社会抗议[J].传播与社会学刊,2009(9):67-94.

② 虞鑫,陈昌凤.美国“事实核查新闻”的生产逻辑与效果困境[J].新闻大学,2016(4):27-33,66.

“新闻出处追溯”(The News Provenance Project)。该项目基于超级账本(Hyperledger Fabric)的区块链网络,由《纽约时报》和IBM公司合作开发,用来创建和共享新闻图片的“元数据”。这些“元数据”包含新闻图片的拍摄时间、地点、拍摄者以及所有编辑和发布信息。通过这些信息,媒体和用户可以判断出该图片是否经过PS等人为修饰,进而判断相关资讯是否是假新闻。①

3.社交媒体平台可采取多种形式应对虚假信息

如前所述,我国要求网络服务提供者对网络内容切实履行好主体监管责任。而网站在履责过程中,对虚假信息处理方式可以采取删除、阻断等手段,但这些措施忽视了网民表达自由的权利,不符合比例性原则。因此在治理手段方面,可以适当参考国外一些做法,如对虚假信息采取旗标、不再推荐相关网页、用户提醒、采用权威来源等措施。

如2016美国总统大选“社交媒体传播假新闻”事件后,各社交平台纷纷出台一些措施,治理虚假信息。2019年6月,脸书旗下社交平台Instagram新增虚假消息标记键,方便用户标记虚假信息,以阻止平台上虚假信息和其他信息滥用行为。信息一旦被第三方事实核查者标注为“错误”或“部分错误”,将会在推送、分享等功能中体现,同时平台会减少信息的传播,直至把它从浏览页移除。如果脸书网站上传播的信息被标记为虚假信息,那么在Instagram应用上出现时,也同样会被标记。反之亦然。② 在新冠病毒疫情全球爆发之际,为了应对其网站上爆发的与之相关的虚假信息,推特5月宣布,如果用户发布有争议或误导性的关于冠状病毒的推文,系统将会自动提醒用户。脸书和谷歌旗下的油管也开始实施类似的系统。③英国要求网络平台在服务条款中明确写明何为虚假信息,并对虚假信息采取12种治理措施④,主要包括事实审查、

① 杜会堂.媒体巨头入场!《纽约时报》与IBM达成区块链合作[EB/OL].(2019-07-25)[2020-08-20].http://finance.sina.com.cn/blockchain/roll/2019-07-25/doc-ihytcitm4500507.shtml.

② Facebook.Combatting Misinformation on Instagram[EB/OL].(2019-12)[2020-07-22].https://about.fb.com/news/2019/12/combatting-misinformation-on-instagram/.

③ CBS.Twitter Misinformation Disputed Ttweets Claims Coronavirus[EB/OL].(2020-05-13)[2020-07-22].https://www.cbsnews.com/news/twitter-misinformation-disputed-tweets-claims-coronavirus/.

④ 12种措施分别为:(1)对故意歪曲其身份,传播和加剧虚假信息的用户,应当采取措施;(2)那些遭到权威机构质疑的信息,应当不让用户看到;(3)使用事实审查服务,特别是在选举期间;(4)推广权威新闻资源;(5)推广多样化新闻内容,对抗“回音室”;(6)确保用户在处理自动账户时意思表示清楚,并且不会滥用内容自动传播功能。(7)提高政治广告透明度,满足《选举法》的要求;(8)举报流程应置于网站显著位置,确保用户能够轻松标记他们怀疑或知道为假的内容,让用户了解采取的措施和理由;(9)发布数据,使公众能够评估公司正在采取行动的有效性,并支持学者对网络虚假信息的研究;(10)监测和评估处理虚假信息流程的有效性,并相应进行调整;(11)营造健康的新闻环境,让准确的内容占主导地位,让高质量的新闻拥有可持续的未来;(12)确保推送内容的算法不会偏向极端和不可靠的信息。

推广权威新闻资源、推广多样新闻内容、确保推送内容的算法不偏向极端和不可靠的信息,减少虚假信息的危害。①

4.提升媒介素养,增加辨别虚假信息的能力

媒介素养指人们面对媒介各种信息时的选择能力、理解能力、质疑能力、评估能力、创造和生产能力以及思辨的反应能力。

多数情况下媒介素养指公众使用媒介的能力。彭兰教授总结了三种群体所应具备的媒介素养:对于公众而言,媒介素养应包括媒介使用素养、信息生产素养、社会协作素养、社会参与素养等。对于传媒从业者而言,媒体素养的新要求包括理解和使用社交媒体的能力,数据与技术素养,以及在社交媒体中把握"公共"和"私人"界限的能力。对于政府机构和官员来说,媒介素养不仅仅是"应对媒体"的能力,更应该体现在对社会化媒体价值的认知和对公众相应权利的保护,信息公开渠道的建设与保障,与媒体和公众的沟通交流意识和能力。②

提升媒介素养,是整个社会都需要进行的"必修课"。社交媒体上各类信息交织,信息不断被叠加和强化,使得信息的源头难以考证,信息真伪难以判断,"眼见已经未必为实"。如 2020 年 1 月 24 日,微博名为"魔女小稀"的用户发微博并配发视频称,武汉某医院内"三具尸体已经躺这一上午了,没有任何处理,市长热线打不通,永远占线! 谁来救救病人,谁来救救医护人员!"视频画面似乎很有说服力,导致许多网友相信了她所说的"医院走廊停尸"的情况,并引发热议,该用户一天涨粉一万。但后经核实,该视频为后期配音再制作,为了在疫情期间利用热点博人眼球,获得粉丝和流量。

陈力丹教授指出媒介素养在当今的重要意义:"现在是新闻最多的时代,也是新闻最差的时代。我们似乎更容易看见'真相',但追究真相更难。我们已经生活在一个全民新闻时代了,人人都可以发布新闻,但事实的真相反而难以辨别了。看起来,民众似乎掌握着前所未有的新闻控制权,但这也意味着民众自身必须拥有把握这种控制的能力。为了辨别真相,也是为了避免被操纵,'新闻素养'就应该成为公民素养的一部分,全民都要掌握必要的新闻知识。"③

此外,培养算法素养,也势在必行。"算法素养并不是指能够严格地读写代码,而是说(受众)能意识到算法在他们生活中的存在,以及算法所扮演的越来越重要的角

---

① UK Government.Online Harms White Paper[R/OL].(2019-04)[2020-08-22].https://www.gov.uk/government/consultations/online-harms-white-paper.

② 彭兰.社会化媒体时代的三种媒介素养及其关系[J].上海师范大学学报(哲学社会科学版),2013(3):52-60.

③ 陈力丹.提升媒介素养[J].东南传播,2017(8):33-35.

色,不管这个角色是好或是坏。"①我们需要越来越多地意识到算法和大数据是如何对我们进行排序和塑造的。算法素养可能包括至少知道算法在什么情况下表现出来,什么时候藏在幕后,以及能够对算法接下来的意图做出推断。提升算法素养的目的是能够批判性地理解算法所能带来的影响。美国皮尤中心在2017年的一项针对算法技术的报告中,就指出了算法技术对人类社会带来了挑战:在算法时代,人类所要探讨的主题之一就是在算法的挑战下,人们"对算法素养、透明度和监督的需求越来越大"。②

5.优化算法

如前所述,算法是一种技术,它本身不具有固定性,是技术人员创造出来的一套可以修改的程序。媒体运用算法,可以进行内容个性化推送,也可以进行内容创作,还可以进行内容过滤。

但算法是一把双刃剑,其一,在实施"个性化"内容推送过程中,也会涉及对公正审判、表达自由、数据、选举等基本人权产生影响。③ 许多公司在招聘、解雇或其他相关决定时都转向算法,例如,雇佣、贷款或住房等情况的决定,往往基于种族、性别、残疾、家庭规模或其他受保护类别的歧视。然而,算法决策为这些类型的歧视创造了潜能,即使算法没有明确和直接针对这些类型的歧视,它们也会悄悄地溜进来。④其二,算法本身虽然是一门技术,没有偏见和主观性,但是编写算法的人掌握了算法的可见性权力。技术人员在编写算法程序时,需要有意识地避免采取或者不采取一些变量,避免歧视性的算法。例如,美国一家求职公司表示,没有将"工作距离"作为是否录用员工的考量因素,因为这个因素与种族关系太大。如《大西洋月刊》报道:"员工的生活与工作之间的距离从未被计入每位申请人的得分,尽管有些客户也有这样的报告。这是因为不同的街区和城镇可能有不同的种族特征,这就意味着对工作距离的打分可能违反平等就业机会标准。"⑤

此外,很多研究都在批评算法的黑盒(Black Box)性质,即其不透明性。试图让平台中介打开算法黑箱是徒劳的,但使未知面最小化是努力的方向。匡文波教授提出,

---

① 罗昕.算法媒体的生产逻辑与治理机制[J].学术前沿,2018(12):25-39.

② Pew Research Center.Code-Dependent:Prosand Cons of the Algorithm Age[EB/OL].(2017-02-08)[2020-08-11].http://www.pewinternet.org/2017/02/08/theme-7-theneed-grows-for-algorithmic-literacy-transparencyand-oversight/.

③ Council of Europe.Council of Europe study:Algorithm and human rights 2017[R/OL].(2018-03-22)[2020-07-30].https://rm.coe.int/algorithms-and-human-rights-en-rev/16807956b5.

④ Blake Hallinan,Ted Striphas.Recommended for you:The Netflix Prize and the production of algorithmic culture [J].New media & society ,2016(18):117-137.

⑤ Council of Europe.Algorithms and Human rights[R/OL].(2018-03)[2020-09-30].https://rm.coe.int/algorithms-and-human-rights-en-rev/16807956b5.

应向公众公开机器(算法)的源代码,同时媒体以直白和易懂的方式标注出机器在写作新闻的过程中可能存在的偏见和错误。① 另外,建立健全人工干预机制,保证信息内容多样化,让人工也加入信息内容分发的过程中,将优质的信息内容发布到平台上,也是弥补算法弊端的一种途径。

## 六、结语

虚假信息,尽管经历了口头、报纸、广电、网络等传媒介质的变化,但依然活跃在大众视野中,并主要集中于以社交媒体为重点的网络媒体中。算法的介入、专业媒体与自媒体边界的模糊、后真相时代的到来、点击量和用户活跃度"眼球经济"等诸多因素,都对虚假信息的产生、传播产生了重要影响。各种研究和事实也一再证明,人类与虚假信息仍将共存共生。如何治理虚假信息,尤其是活跃的社交媒体上的虚假信息,已引发各国关注。健康的网络生态环境,需要政策、技术、理念、观念的不断进步,也需要政府、企业和公众的多方协作,还需要法治、规则的明确和完善。唯如此,方能共同营造健康明朗的网络空间。

---

① 匡文波.人工智能时代假新闻的"共谋"及其规避路径[J].上海师范大学学报(哲学社会科学版),2019(4):104-112.

# 专题探讨：科学传播

# 专题导语:科学传播的当下与未来

◈ 刘于思 金兼斌*

2020年,一个令人难以忘怀的年份。回望这个被《时代》周刊称作“最糟糕一年”的历史切片,不禁令人感慨:自然的力量不因时移世易而改变,任何对能动性的夸大都可能使人再次为自身的傲慢付出代价。而作为现代社会的火种,科学理念和人文精神的存续,或将成为文明自我维系的最后一线微光。如同从前的每一个时刻,我们对科学传播的深切需要,联系着全球不同国家、种族、代际、性别和阶层中的个体,也勾连着面临不同健康、环境、风险和科学问题的人类历史阶段。本辑“科学传播”专题试图通过一组或以时效性见长、或追求普遍性的实证研究,带读者回到人们应对不同科学问题的经验现场,从中缅怀在科学和人性光辉并驾齐驱的年代里,它们曾经或仍在发挥着的能量。

在及时总结人类抗疫经验、反思热点问题的科学传播实践方面,本辑专题中的两篇文章做出了令人钦佩的尝试。由杨恒主笔的《弥合科学性与新闻性张力的“循证科学新闻”——基于一项移动互联网调查的结论》一文,以新冠肺炎疫情期间关于药物“瑞德西韦”的报道为例,揭示了我国媒体从业者和科普工作者对新闻价值的不同判断,并进一步提出了源自循证实践、以规律性为准则的“循证科学新闻”概念,作为沟通时政新闻与科学新闻两种职业文化的规范性理想;楚亚杰和余文婷则在2020年3月间调查了数千名网民,发现了信息获取渠道、媒体信任、不实信息接触经历和纠偏策略对互联网用户新冠防疫科学知识和谣言鉴别能力的不同作用机制,也为当下我国的事实查验实践和媒介素养教育提供了对策性参照。

与此同时,越是处在特殊的时空交点,越要尊重和谨记存在于社会和个体间的普遍性,尤其是在技术力量介入行为科学领域之后,对研究对象特殊性的过分强调将是美丽而危险的,这就要求传播学者不断在新近现象与经典理论之间寻求平衡。本辑的其余三篇文章就体现了传播理论在不同科学议题之间的普适性。其中,金璐等人通过

* 刘于思,博士,浙江大学传媒与国际文化学院副教授。金兼斌,清华大学新闻与传播学院教授,博士生导师。

一项混合实验设计，考察了作为社交媒体平台启发式线索之一的社会背书效应，如何在校园开放社会议题和转基因科学议题上，对用户的态度改变和参与意愿产生差异化影响；冯强、马志浩和陶炜的调查揭示了媒介接触、食品安全知识、第三人感知、风险感知和治理支持之间的复杂关系；陈安繁及其合作者则采用网络议程设置框架，对新浪微博上基因编辑婴儿的讨论文本进行了议题属性挖掘，发现了社会话语的"去科学化"趋势和政府—公众沟通失效问题。上述几项研究均基于我国情境下长期存在的一般性科学传播问题，力求对经典传播理论有所推进，同时为科学传播实践做出有针对性的贡献。

综上，本辑科学传播专题5篇研究论文的结论，与2020年——"被偷走的那一年"互相映照，鼓励读者在阅读过程中，不断思考人类曾经如何得益或受制于自身的智识与理性、其力量和边界又将如何体现等一系列意味深长的命题，并从中得出自己的答案。尽管随着社会科学研究技术的日臻成熟和互联网用户行为日志数据的不断积累，科学传播的当下和未来已经展开了一幅日益"科学化"的画卷，但我们更希望看到的是，通过特殊性与普遍性理念的结合，防止包括科学传播在内的传播研究对象滑向一个个彼此割裂的"全样本孤立个案"，减少整个研究领域对特殊现象乐此不疲的理论复证，避免对社会时空连续性的忽视，让人们得以对现象重新建立起丰满理解的宏大历史脉络。

# 弥合科学性与新闻性张力的“循证科学新闻”*

## ——基于一项移动互联网调查的结论

◎ 杨 恒 金兼斌**

**摘要:**媒体是科学传播最重要的媒介之一,发挥了将科学文化向大众传递的中介作用。但是媒体记者与科学家所属的职业文化不同,导致科学新闻中新闻性与科学性存在着恒久的张力,影响了科学传播的效果。本文以新冠肺炎疫情期间关于药物“瑞德西韦”的报道为例,结合我们对媒体从业者和科普工作者的调查,分析了科学性要求与新闻性要求在严谨性与可读性、渐进性与及时性、不确定性与确定性三个方面的差异,并提出源自循证实践的以规律性为准则的循证新闻,是弥合科学性和新闻性之间张力的可能途径。

**关键词:**科学新闻,新闻价值,科学属性,两种文化,循证实践

2020年初爆发的新冠肺炎疫情,是新中国成立以来我国所经受的最严峻的重大突发公共卫生事件,波及范围之广、持续时间之长、社会后果之严重,使这一事件成为公众关注的科学和社会议题并被广泛报道。关于疫情的各种新闻报道在纾解公众紧张情绪、缓解不确定性、普及抗疫知识上发挥了重要作用。然而,新冠疫情期间的相关新闻报道,也暴露了科学传播作为一个实践领域长久以来面临的问题,即科学新闻中科学属性与人文属性具有某种内在张力。本文将以新冠疫情期间关于药物“瑞德西韦”的相关报道为例,并结合我们对媒体从业者和科普工作者的调查,分析这“两种文化”间的张力表现与弥合的可能性。

## 一、科学传播的两种文化

1959年,英国学者斯诺(Charles P.Snow)先后发表了颇具争议的名为《两种文化》

* 本文是国家转基因生物新品种培育重大专项重大课题“转基因生物技术发展科普宣传与风险交流”(2016ZX08015002)的阶段性成果。

** 杨恒,清华大学新闻与传播学院博士生。金兼斌,清华大学新闻与传播学院教授,博士生导师。

(Two Cultures)的演讲和文章。斯诺认为,科技的发展导致现代人"情感的分离"和人们对艺术与人文兴趣的下降,从而科学与人文形成了一种紧张关系(Stinner,1989)。科学家和人文学者分裂为两个对立的群体,对彼此在社会中的角色有错误的认识,存在着不能相互理解的鸿沟。斯诺将这种科学家和人文学者之间的文化割裂命名为"两种文化",认为科学文化是"累积的、集体的、共识性的,必然随着时间的推移而不断进步",非科学文化则是"非累积的、非集体的,既不能抛弃过去,也不能在未来发扬"(Freedman,2001:209)。虽然半个多世纪以来科学教育界和科学传播界都在探索弥合这两种文化对立与冲突的可能途径,但现实情形是,两者间的冲突不仅未得到解决,甚至随着科学革命的突飞猛进,具有了默顿(Robert K. Merton)所谓的自我预言(self-fulfilling prophecy)的力量。科学与人文的冲突被越来越认为是不言而喻而又不可调和的(江晓原,2003)。

斯诺所描绘的"两种文化"的冲突是否存在?如果存在,其弥合的可能性如何?这是当今科学传播研究不可回避的重要议程之一(王立武,2018)。尽管"两种文化"论断自提出以来争议不断,但在新技术革命背景下,这一概念对人们认识科学传播、认识"科学家与新闻编辑室"之间的复杂关系,仍具有理论与现实意义。

科学传播指任何旨在传播科学知识、科学方法和科学实践的有组织的行动(Horst,Davies & Irwin,2016),在普及科学知识、传播科技成果、提升民众科学素养方面,发挥着重要的作用。科学传播既是一个学术领域,也是一个实践领域。在实践场域中,科学传播常常需要策略性借助不同的载体,其中新闻媒体的重要性尤为突出,是公众获取科学信息的主要来源(Durant,Evans & Thomas,1989)和便捷途径(Conrad,1999),也是决策者、公众和其他利益相关方关注并参与科学问题的关键渠道(Nisbet,Brossard & Kroepsch,2003)。虽然现在科技期刊上公开出版的研究成果越来越多(De Silva & Vance,2017),但是由于各种知识付费问题以及科学内容本身的知识门槛,大多数公众依然无法及时获知和准确理解最新科学研究成果(McKinnon,Black,Bobillier,Hood & Parker,2019)。科学与公众之间的这种信息供需矛盾正是科学新闻发展的社会基础。科学新闻"就是把最新最权威的主流论文和研究动态翻译成公众能懂,并且对公众生活有确实影响的知识"(陆晔,周睿鸣,2015:6)。科学记者借助科学报道,充当了科学和公众之间的中间人,起到了内容把关和知识转译的作用。在此过程中,记者通过揭示科学与社会的关系,影响和引导公众对科学的认识;通过对新闻事件的选择,推动公共政策议程;通过科学新闻的不同呈现方式,影响着公众对科学的态度(Nelkin,2001)。同时记者也依靠科学家来诠释科学,以期增强报道的客观性、可信度和权威性(Boyce,Vernier,Nielsen & Schmiegelow,2002)。与此同时,科学家通过为科学新闻提供专业背景和评论等内容参与到新闻生产中(Conrad,1999; Soley,1994),使其研究成果成为影响政策的一种工具(Carlsen & Riese,2016)。科学家利用媒体与公众的接触还能获得个人职业发展(Dunwoody,Brossard & Dudo,2009)、科学共同体认可(Bubela et al.,2009)等个人收益。科学与媒体复杂交织,出现了“科学媒体化”景观。

但科学与新闻媒体的关系,或科学家与记者的关系,并不总是相互成就和促进,由于两者所属的职业文化的差异(见表1),他们之间也容易引发矛盾与冲突。科学传播的特殊性在于其位于斯诺所言的“两种文化”的结合点上。一方面科学共同体通过媒体来科普知识与宣传研究成果,另一方面媒体通过科学报道吸引受众注意力。但科学家与媒体两种不同的职业文化对科学新闻有着各自的标准、要求、诉求与期待,而两个群体最终目标的不一致又导致这种科学新闻生产标准的冲突。面对科学媒体化的趋势,有学者担心媒体标准将会挑战科学逻辑,影响科学工作的价值导向(贾鹤鹏,王大鹏,闫隽,2015)。具体而言,从目的上看,科学家希望能够及时传播科研成果与科学动态,维持科学与公众之间的良好关系。而记者更多是满足业务需要,追求新闻的曝光量和受众覆盖量。从传播速度上看,科学家为主导的信息传播速度较慢,而记者则因新闻时效性要求信息传播速度较快。从叙事导向上看,科学家往往诉诸理性,是事实导向。而记者经常诉诸情感,是个性导向。从观点的平衡性上看,科学家往往代表共同体内的科学共识,记者则因平衡性要求,会更注重信源观点的多元化。科学家注重理论的突破及新的研究可能性,记者则关注科学家的研究与现实问题的对应性及其带来的解决问题的前景。科学家叙述严谨,注重细节的表达并将其放在整体的限定条

**表1 科学家与记者职业文化的差异**

| 差异点 | 科学家 | 记者 |
|---|---|---|
| 目的 | 传播科研成果,维护科学与社会关系 | 新闻曝光与受众覆盖 |
| 速度 | 信息传播慢 | 信息传播快 |
| 取向 | 事实导向 | 个人导向 |
| 叙事 | 诉诸理性 | 诉诸情感 |
| 平衡性 | 注重科学共识 | 注重多元观点 |
| 核心关切 | 注重理论相关性 | 注重实践相关性 |
| 全面性 | 全面叙述事实 | 选择性报道事实 |
| 细节 | 注重细节 | 忽视细节 |
| 结果 | 客观表达研究结果 | 往往夸大研究结果 |

件之下,但科学细节在记者的报道中往往被忽视,选择性关注和报道是新闻常见的报道策略。以上这些科学家和记者职业文化的不同,直接导致科学家对新闻中科研成果的表达会加上一系列限制条件,记者则倾向夸大科学家的研究成果,忽视其起作用的条件制约(Fjæstad,2007)。这些职业文化的差异可以概括为新闻性和科学性之间的冲突。

接下来,我们将以新冠肺炎疫情期间关于药物"瑞德西韦"的新闻报道为案例,对科学与新闻的张力进行分析。

## 二、"瑞德西韦"新闻报道案例分析

"瑞德西韦"是美国生物制药公司吉利德科学公司研发中的一种药品,目前并未在任何国家上市。在新冠肺炎疫情暴发初期,权威医学刊物《新英格兰医学杂志》发表了一篇关于"瑞德西韦"的研究论文,发现"瑞德西韦"在实验室环境下能有效地抵抗新型冠状病毒。而关于"瑞德西韦"最早的新闻报道来源于美国 CNN 发布的一则消息,称美国的首例新冠肺炎确诊男性患者已于 2020 年 2 月 3 日出院,其治疗过程中使用了"瑞德西韦"静脉注射并使症状得到明显改善。这一线索被中国国内一些媒体解读为对抗新型冠状病毒的希望,[①]随后中国国家药品监督管理局药品审评中心紧急通过"瑞德西韦"临床试验审批,在 2 月 5 日启动了临床试验。[②]

临床试验采用了标准的随机双盲对照试验,尽管试验结果需要时间与严格的科学程序的验证,但是关于"瑞德西韦"的早期报道中对药物研发的进度与临床效果的过度推断十分严重。许多社交平台的媒体账号以美国病例为由头,发布或转发了"随机盲选,700 多例全部见效"等不准确或虚假的消息。[③] 事实上,记者只要有基本的科学素养就不会发布这些明显错误的"科学消息"。首先,随机双盲试验下如果都有效,意味着实验组和对照组没有区别,也就是说使用和不使用刺激物"瑞德西韦"并没有组

① 如《北京日报》2020 年 2 月 2 日推送新闻《新希望！抗病毒新药瑞德西韦即将启动临床试验》,称"(瑞德西韦)为抗击疫情带来曙光"。搜狐新闻 2020 年 2 月 4 日发布文章《"抗击肺炎的希望"——瑞德西韦,于 2 月 4 日下午顺利抵达中国》,称美国首例患者"在注射瑞德西韦后……出现了立竿见影的改善"。

② 根据国家药监局药品审评中心(CDE)网站显示,其下属的药品审评中心受理了新冠病毒潜在有效药物"瑞德西韦"的临床试验申请,由中日友好医院呼吸与危重医学科主任曹彬教授牵头执行,申请入组 270 例新冠病毒感染者,申请实验时间为 2020 年 2 月 3 日至 4 月 27 日。实际开始临床试验时间为 2020 年 2 月 5 日,入组患者共计 761 例,其中轻、中症患者 308 例,重症患者 453 例。

③ 2020 年 2 月 5 日临床试验开始当日,互联网上流传"瑞德西韦"显效的传闻,许多自媒体账号称"17 个小时就从 ICU 状态恢复了 96%的肺功能""所有参加临床实验的 270 名病人的肺部功能都正在恢复!""随机盲选,700 多例全部见效",并获得大量转发。为此《中国青年报》采访了中日友好医院曹彬教授团队并发表文章《中日友好医院辟谣:瑞德西韦临床试验结果未出》进行了辟谣。

间差异,其结论反而不支持“瑞德西韦”的有效性,更无法得出“全部见效”的结论。其次,双盲条件下在实验结束前不会对外公布分组情况,药物和安慰剂的使用除了特定研究人员没有人知道,因此也无法提前判断药物是否有效。实验从编盲到揭盲①需要相当长的周期,以充分观察实验轻中症和重症患者的临床试验表现。

在新冠肺炎疫情暴发的早期,在全社会新增和确诊病例均不断增加的紧张焦虑情况下,可以理解公众对“瑞德西韦”临床试验结果的期待,但是媒体不应该用不实信息迎合或者盲目助燃这种希望。新型冠状病毒作为一种人类仍在进行探究的全新病毒,无论是病理研究还是药物、疫苗开发,都需要系统的科研攻关。但即使全世界都为此投入巨大的人力和物力,也无法改变这一攻关作为科学过程受客观科学规律制约的现实。因此,其相关科研活动需要时间展开,其研究结论也需要多方验证,循序推进。但是媒体的报道往往忽视这一特征,或至少没有提及这些研究可能需要的时间。在新冠肺炎疫情早期,公众最关心新冠肺炎病毒的传染性与致死率,人类对该病毒的认识经历了“不会人传人”“有限人传人”“儿童不易感”到“所有人都易感”的变化,但是媒体的报道普遍没有强调这些论断的阶段性局限和背景,公众从媒体上接收到有关病毒的传染特性信息是前后不一致和矛盾的,并因此容易产生极大困惑。在“特效药”瑞德西韦的报道中亦是如此。简单梳理可以发现,媒体对药物效果的报道先后经过了“体外抗病毒最强”“孤儿药”“人民的希望”②的过程,而在中国的临床试验未观察到“瑞德西韦”联合标准疗法与标准疗法相比有统计学意义上显著的临床获益,各种关于其疗效的表述,从“无法治愈新冠病毒只是相对有效”再到世界卫生组织的表态“无法明确”是否为特效药,公众接收的始终是支离破碎、前后矛盾的信息。当媒体的乐观承诺在临床试验的复杂性和医学研究结果的不确定性中落空时,公众对疫情乃至对科学研究的态度和信心都会发生变化(Roberson,2020),导致科学面临研究成果不符合公众期待的困境。

---

① 药物临床试验需要将受试者分为实验组和对照组,要求研究者和受试者均不知道受试者使用的药物是试验药物还是安慰剂,因此需要进行编盲处理。编盲指不参与临床试验过程的人员根据随机分配表,对试验用药进行分配编码。盲法试验结束后,因要将实验组和对照组的安全性与疗效进行对比,此时需要知道受试者是属于实验组还是对照组,这个过程就是揭盲。

② 《北京商报》2020 年 2 月 7 日报道《瑞德西韦是目前体外抗病毒活性最强的药物》,全文突出专家称“瑞德西韦”体外抗病毒活性最强,对专家所强调的不确定性淡化处理。环球网 2 月 8 日报道《“特效药”瑞德西韦何时能用》,在“瑞德西韦”尚未在中国开展任何临床试验的情况下明确将“瑞德西韦”称为“特效药”。腾讯新闻 3 月 24 日新闻《FDA 授予瑞德西韦孤儿药资格,治疗新冠肺炎!》、《重磅!“人民的希望”瑞德西韦获“孤儿药”认证,用于新冠肺炎》,使用“最有潜力”“寄予厚望”“人民的希望”等词语描述“瑞德西韦”。

## 三、科学属性与新闻价值的张力表现

新闻价值指一个新闻话题具有被媒体发表的价值大小，通常从新闻话题或事件的接近性、趣味性、显著性等方面来衡量。当一个事件的新闻总价值随着该事件所具有的价值要素的数量以及强度的增加而增加时，其获得关注乃至报道的机会就更大。事实上，新闻价值也是一种“工具化实现”（instrumental actualization）的过程：当记者或编辑确定了一个事件中的新闻价值时，会更倾向于在新闻中突出强调这一价值。所以新闻价值既是结果，也是达到新闻编辑目的的一种手段（Staab，1990），记者通过建构新闻价值进而建构新闻故事。科学新闻也不例外，虽然科学新闻报道具有相对独特的生产标准（Artz & Wormer，2011），但记者同样需要从科学研究中挖掘新闻故事与重点突出具有新闻价值的内容，在这一过程中科学性与新闻性时常具有差异乃至冲突。

我们于 2019 年 8 月与北京科技记者编辑协会开展联合调查，调查对象为全国的媒体从业者与科普工作者（以科学家为主），通过使用“北京科技记协”微信公众号、微信群及微信定向邀请的方式完成调查，最终获取有效样本 $N=611$，其中媒体从业者 n=378，科普工作者 n=233。我们将结合部分调查数据，对上文论及的科学传播所表现出来的两种文化的张力进行分析。

### （一）科学严谨性与新闻可读性

从内容层面上看，科学恪守严谨，媒体则关注可读性。这两种属性虽不必然冲突，却常常在科学新闻的实际报道中表现出不一致性。

从对媒体从业者（n=378）的调查来看（图 1），在对参与科学传播的操作规范上，尽管大多数的媒体从业者都认同科学细节的重要性（n=306）及严谨叙事平实写作的重要性（n=283），但在具体权衡科学的严谨性与可读性的优先次序时，被调查的媒体从业者群体内态度发生分裂。48.1%的媒体从业者（n=182）支持为了保证内容的科学性，可以牺牲可读性；30.5%的媒体从业者（n=115）则反对此观点，不认同为了科学性而舍弃内容的可读性的做法。这说明，即使是在媒体工作者内部，关于科学性与可读性的平衡也是一个具有争议、见仁见智的问题。同样对科普工作者（n=233）的调查也显示（图 2），51.9%的科普工作者（n=121）认为参与科普的最大困难在于“缺乏写作技巧，不知如何平衡科学性和可读性”，科学严谨性与新闻可读性的平衡是困扰媒体工作者和科学家进行科学传播的最大困难。

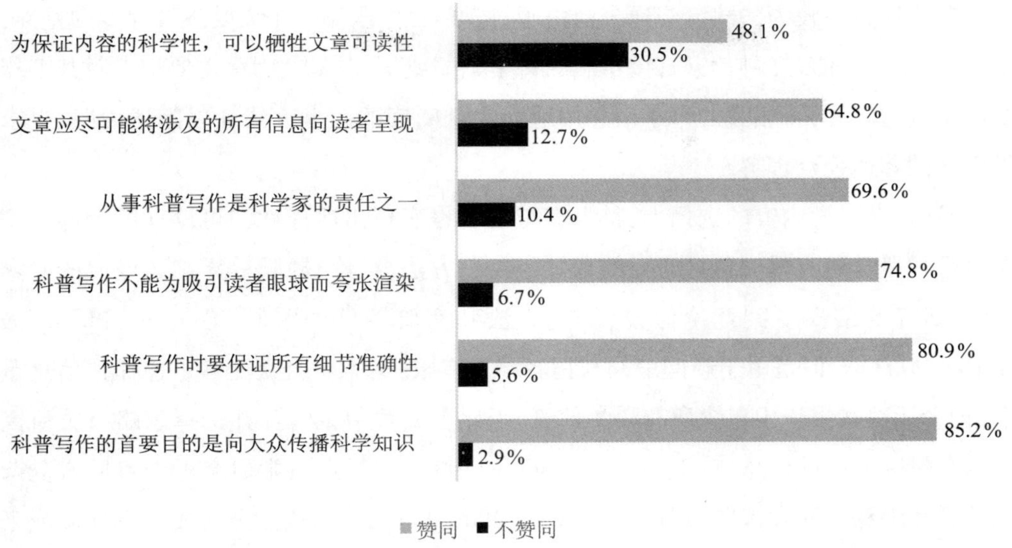


**图 1　媒体从业者对科普写作的看法(n=378)**

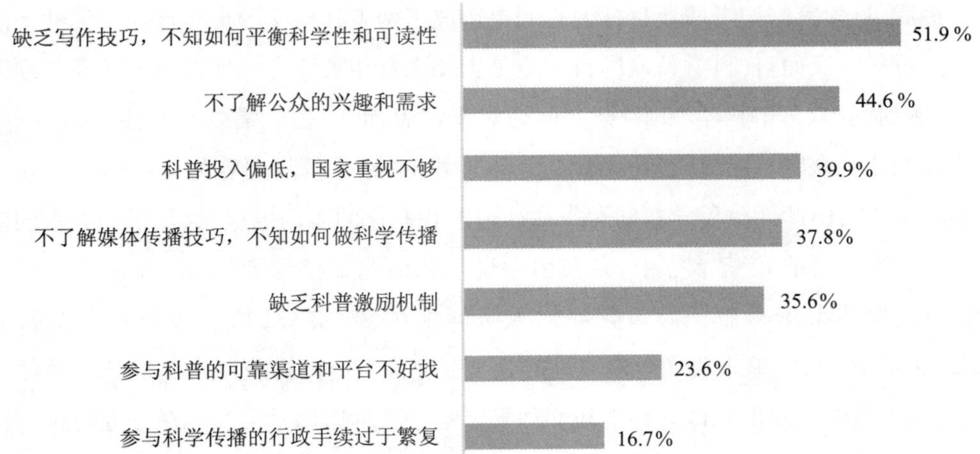


**图 2　科普工作者参与科学传播遇到的困难(n=233)**

这种严谨性与可读性的分裂表现在以下方面。首先,从语言应用上看,科学语言与新闻语言有明显的不同。科学家接受标准化学术训练,能够精确地定义并使用专业术语,其学术色彩十分浓厚。除专业名词外,还有许多学术表述如“低水平危险”“显著性”等概念,较难被普通公众完全理解,时常造成困惑,这导致学术论文往往在趣味性和可读性方面较为欠缺。普通公众由于科学门槛的限制和个人受教育程度的差异,往往无法充分理解经科学家直接生产的科学论文或研究报告,因而需要记者对其工作及成果进行转译,将相关的科学信息用适合大众阅读的叙事方式加以阐述说明,以求被更多的普通公众理解。

其次,在科学内容的选择上,科学家与记者也表现出严谨性和可读性的差异。一个完整的科学研究报告包括研究的背景、对象、方法、结论、局限等详细而专业的专家知识,研究的结果受到理论假设、研究方法和实验条件的限制(Hijmans, Pleijter & Wester,2003)。但是由于新闻篇幅与记者精力有限,又需要受众能够迅速抓住信息重点,记者无法在报道中包含所有科学信息,因此在实践中记者往往选择忽略有关研究背景和研究方法的信息(Lichter & Amundson,1996),“报道科学研究意味着回避复杂的信息和艰深的科学议题”(Hijmans et al.,2003:171),一定程度上造成科学新闻流于表面化、简单化(陆晔,周睿鸣,2015)、只有支离破碎的科学事实的现状。而科学研究的结果与采用理论、方法、条件和不确定性的范围有关,缺失了这些背景信息和制约条件,科学传播时就容易跑偏,甚至误导公众。

最后,科学家与记者职业目标的不同也造成了两者在科学的严谨性与可读性上的差异。对科学家而言,科学新闻的目的应是告知大众相关研究问题的所处阶段与预期成果,达到“公众理解科学”的目标。但是对于记者而言,他们需要在“注意力经济”下快速抓住受众眼球,许多量化指标(如点击率)主导了新闻内容的生产(Pinheiro & Adissi,2015),由此部分科学新闻写作往往追求戏剧化的轰动效应,大量聚焦夸张的前景展望。尤其是在疾病治疗中,以及引发恐慌的话题如核污染(Murcott & Williams,2013)中,媒体报道易流于简单化和耸人听闻地预测“突破”或引发恐慌(Ryan & Tankard Jr,1974)。追求轰动效应或许能让某一新闻短时间内获得密集的公众关注和信息扩散,但作为知识载体的科学新闻如果习惯了这种以煽动性和刺激受众心理为特征的报道方式,对研究背景刻意省略、对研究内容错误概括、对研究结论过度推断以片面追求新闻的趣味性,会使公众误解科学研究的结论或者做出不正确的决策,危害媒体与科学的社会公信力。

### (二)科学的缓慢性与媒体的时效性

从时间层次上看,科学与新闻还存在着缓慢性与及时性的分野。从科学研究的角度来看,一个全新的科学问题充分暴露需要时间,例如新冠肺炎病毒从爆发至今在全世界范围内已经发生了多株形的变异,在不同的发展阶段有不同的外在表现,人们对其认识是逐渐深化的,因此其科学研究的成果具有累积性、渐进性。即便是新冠肺炎疫情期间媒体和公众最为关切的新型冠状病毒疫苗问题,其从研发到商业化应用最快也需要一至两年时间,这是科学研究的客观规律。

但新闻以时效性作为行业竞争的依据和新闻生产的标准。受制于截稿日期及其他媒体的竞争压力(Shoemaker & Reese,1996),记者需要及时地跟踪科学动态,告知公众最新的科学研究进展。一个记者,“尤其是在截稿期限的压力下报道一个故事,记者会成为新闻故事的俘虏”(Göpfert,2007:218)。除编辑部内部的截稿时间压力,公众兴趣与关注焦点的转移也要求记者迅速以最新信息满足公众新的需求。在一个类似新冠病毒性肺炎的具有高度动态性的科学问题上,公众的兴趣和关切常常一日一变。尤其是在新媒体时代,网络带来的时空扁平化对新闻报道的时间要求更加紧迫,传统的“及时性”要求在网络时代甚至变成了“瞬时性”,记者和编辑还要根据不同的平台生产文字、视频等不同的新闻版本,愈发挤压记者和编辑的可用时间,无论是记者还是编辑,都很难把握科学研究的细微差别,导致科学新闻报道常常出现准确性缺失。

对媒体工作者参与科学传播遇到的困难的调查显示(图3),69.3%的媒体工作者(n=262)认为网络中充斥着虚假的科学信息与伪科学观点,而自己面临的内容发布的时间限制并不允许对这些信息进行逐一的核查(n=94),科学知识的晦涩难懂(n=219)与科学家的不易接触(n=107)、沟通困难(n=63)使事实核查更难进行,由此也导致科学新闻准确性的缺失。在这种背景下,近些年来新闻业出现了一种“抢先发

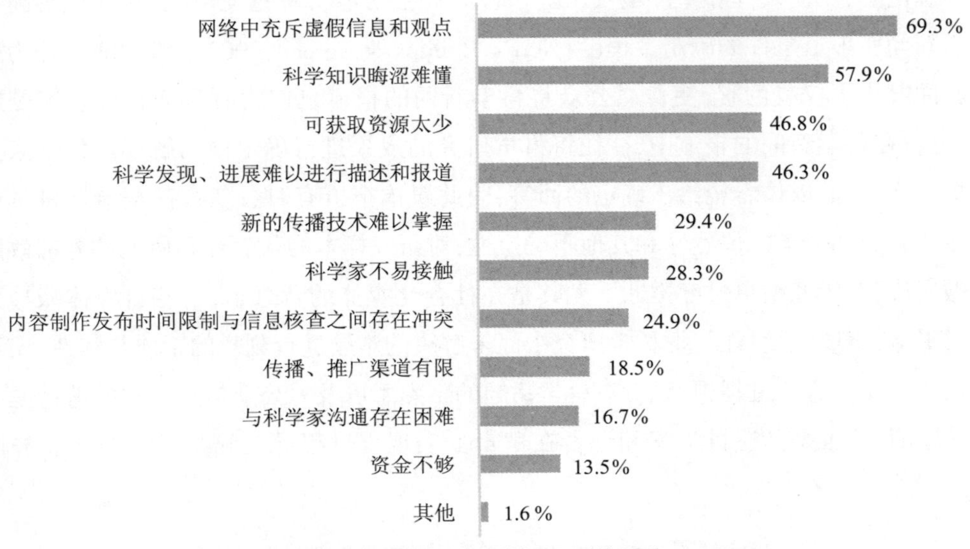


**图3 媒体工作者参与科学传播遇到的困难(n=378)**

布,跟进纠正”的报道现象,也就是媒体发布信息或转发信息时完全追求速度不做事实核查,将希望寄托于后面跟进报道进行纠错,新闻真实性变成了一种“渐进真实”。但是后期发布的纠正信息往往已与公众关注点错位,其实际传播效果大打折扣。媒体追求独家、首发报道,但这种时间紧迫意识应基于全面严谨的事实核查,不准确的独家、首发报道将会让受众形成先入为主的错误观念认知,损坏科学的严肃性以及公众对科学和新闻的信任和信心。

### (三)科学不确定性与新闻确定性

从对科学的认知上看,科学家与记者存在着不确定性与确定性两种截然相反的认知思维。现代科学的基本共识是,科学是趋向真理的无限渐进过程,所有的科学研究成果都是一定时空条件下的“相对真理”。尤其是在类似于新型冠状病毒研究的前沿科学中,更不存在绝对的确定性。这种科学不确定性来源于多个方面,既有缺乏经验数据造成的“经验不确定性”,也有缺乏可解释的科学机制导致的“理论不确定性”,还有缺乏验证手段导致的“实践不确定性”(Leung,Wong & Yung,2015)。不确定性是科学发展的本质特点,科学研究的推进过程,也是对确定性的不断挤压过程。对事物本质认识上存在不确定性,并不会削弱科学的有效性和公信力。而意识到这种科学的不确定性和科学试探性前进的本质,对于培养公众对科学新闻的批判性理解和参与是十分重要的(McClune & Jarman,2010)。

信息是减少不确定性的工具,媒体通过提供事件的信息减少公众信息缺失所带来的不确定感,从而发挥守望环境及风险预警的社会功能。研究发现,公众往往会高估科学新闻所报道事件的确定性程度(Norris,Phillips & Korpan,2003),科学的光芒为科学新闻赋予了权威色彩,使普通公众将科学新闻的报道也作为真理而接受。这是因为,记者在科学新闻的报道中,往往将科学研究的成果进行确定性的解读。科学家主要提出问题,而媒体希望给出确定的回答,因此媒体报道有时会忽视甚至掩饰科学研究在实验室环境下的偶然性和其他不确定性,对研究样本的代表性和研究的外部效度不做交代,对研究结果过度推断。尤其是在社会化媒体的背景下,一些自媒体账号为吸引眼球,赚取流量,往往把科学研究中尚未解决的难题进行刻意的歪曲与编造,误导公众的认知。这一过程中,记者对科学话题的不熟悉以及对公众信息需求的考量是主要的原因,这也是前述科学家和记者在逻辑上表现出过程导向和结果导向之差异的写照。

## 四、循证新闻:科学与媒体的共有文化

半个多世纪来,尽管斯诺命题所言的“两种文化”及其分裂是否存在备受争议,但是从科学传播的实际情况来看,科学家与媒体记者始终保持了较远的距离,科学传播两种文化的张力是不争的现实。有学者主张,这两种文化在科学传播中的良性状态应该是形成一种“共有文化”(common culture)或“多元文化”(multi culture)(Van Dijck,2003),即科学家与记者要形成一种相互依赖的工作关系(刘兵,2019)。不过,这样一种相互依赖的工作关系到底该如何实现?换言之,有什么机制能够维持科学家与记者的紧密联系和文化上的良性互动?

任何事物的长久存在与永续发展都应该建立在对规律的理解和尊重上,科学新闻也不例外。我们认为,“共有文化”应该是建立在合规律性基础上的共有文化,即科学传播既需要尊重科学规律,也需要尊重新闻规律。事实上,上文提及的科学与新闻的冲突,有许多便是新闻工作者既未能把握科学规律,又不恪守新闻规律的后果。例如关于早期“瑞德西韦”临床试验结果的传播,虽然明显违背了基本的科学常识,但是记者和编辑对流传于社交媒体上的伪科学信息没有做任何事实核查便转发扩散,只在辟谣信息发布后将原有报道一删了之,是对科学规律与新闻规律的践踏。

尽管科学家与记者存在着众多客观的职业文化冲突,记者也无法掌握各个领域的科学知识,但是记者对两种文化规律的尊重、对新闻专业主义的坚守或许能缓和这一张力。尊重科学规律意味着,记者在科学新闻的报道中,要进行必要的背景交代,对相关科学结论不做夸大与过度推导,对尚需检验的科学研究与阶段成果要慎重报道;尊重新闻规律则意味着,记者在科学新闻报道中不能仅追求时效性,还要做全面的事实核查,不传播虚假信息和不确定的信息。这种合规律性的科学新闻生产的共有文化,即为“循证实践”(Evidence Based Practice,EBP)。

循证实践肇始于二十世纪七八十年代的循证医学,并从医学领域不断向心理、教育、管理、法律、公共政策领域扩散,掀起了循证教育、循证立法、循证管理、循证政策等声势浩大的循证实践运动。循证实践被定义为一个过程,各种职业的实践者根据不同情境下的知识消费者的具体问题,基于当前最佳的科学证据与科学数据进行决策(Practice,2006)。这一实践方式的目标,是将传统的直觉和非系统的经验决策方式转变为扎实的基于科学的决策方式,以消除不合理的实践行为(Reynolds,2008),体现了社会科学实践领域的科学化与工程化。我们认为,科学新闻尤其需要循证,因为新闻

生产是记者等新闻从业者依据新闻价值进行新闻筛选和决策的过程,而科学的特性又决定了科学新闻生产的决策过程不能完全由其拥有的新闻价值决定,而是要基于事实和证据的表达。应用于科学新闻的循证实践即循证新闻的实践结构可以进行如下归纳:循证新闻是基于当前最充分的科学证据,在征询相应领域专家意见的基础上,记者运用自己的新闻报道经验,评估新闻证据的确切程度与新闻可能产生的社会影响的新闻决策过程。

首先,循证实践下的科学新闻应基于当前的最佳科学证据,并征询科学领域内权威专家的解读与观点。在这里,证据是“从各种来源获得的知识,这些知识经过科学的验证证明了其可信性”(Higgs & Titchen,2001)。作为可信科学证据的科学研究,应具有规范的研究方法,其研究结果可重复,其发表经过规范的同行评审程序,或经过其他研究者的验证性研究。而对于没有确切证据,或者证据单薄、研究结论可靠程度不高的科学研究,记者应慎重报道或不报道。同时,最佳科学证据还可来自对某科学话题领域内权威专家的意见征询,以科学共同体的共识意见作为报道证据。当然,共识不等同于一致同意,科学共同体内对同一个问题往往也会存在不同的意见(金兼斌,2020),但是科学共识代表了科学共同体内大多数科学家的意见。对于违背科学共识的少数意见,在缺少有说服力的研究时,应谨慎报道,切忌机械套用平衡报道原则。

其次,循证实践下的科学新闻需要记者运用自己的职业技能和职业经验,评估不同科学议题并做出是否报道、如何报道的决策判断。面对各种不同的科学议题与不同的报道情境,不存在放之四海而皆准的现存判断准则或操作规范来帮助记者给出解决策略,因此记者需要发挥自身的报道经验来对新闻报道的内容进行筛选与决定,并在需要的时候寻求科学家的专业意见。不过循证实践下记者的涉入并非是完全主观的,而是在具体情境、具体问题下根据专家证据而做出的科学决策。传统的新闻实践过于强调新闻报道的主观性,记者的经验、资历往往决定了新闻从选题到报道的全过程。相比于传统的新闻生产模式,循证新闻基于证据的决策规则和决策过程是透明的,既可以被其他媒体从业者所借鉴,也可以被第三方机构所监督,即不同的记者能在给定的具体情境下做出大致相同的报道决策与具体策略,记者的经验、资历因素不再像过去那样几乎对新闻报道起决定作用。有学者将记者的这种经验称为“经确认的经验”(affirmed experience)(Rycroft-Malone et al.,2004),这意味着记者个人经验性的信息或观察被置于来自科学家、媒体同行、公众的各种检验过程中(Stetler et al.,1998),而且随着新闻的传播扩散持续不断地循证检验(Brodhead,Cox & Quigley,2018)。

再次,循证实践下的科学新闻要求根据证据的确切程度对科学新闻可能产生的社会影响进行评估。如前文所述,科学新闻对公众产生的影响有可能比科学研究本身产生的影响还大,而不准确的科学新闻会损害公众对科学的信任或引发社会不安,如对核污染的报道常常引发抢购食盐、海带的闹剧。在与公众生活、健康息息相关的问题上,更需要编辑室内部审慎讨论,基于证据的确凿程度决定是否报道、如何报道,避免不准确的新闻报道扰乱社会规范。例如1988年英国医生安德鲁·韦克菲尔德在《柳叶刀》发表研究文章,认为麻风腮疫苗(MMR)将引发儿童自闭症,而该研究后续被证实完全是基于个人利益的炮制,其他学者的研究与疫苗元分析审查均表明,疫苗的接种不会导致自闭症的发病率提高(Rao & Andrade,2011)。但是这一事件对西方社会影响深远,媒体对"麻风腮疫苗接种会导致孤独症"这一观点广泛的不当报道,导致公众对麻风腮疫苗的抵制运动,而接种率的迅速下降,使这些传染病的发病率在欧洲和美国快速抬头,并波及其他多种疫苗。盛行的疫苗阴谋论威胁着公共卫生安全(朱巧燕,2017)。类似的关于转基因、核能发展与生命医学的报道中,媒体都要意识到新闻报道可能产生的社会影响,慎重准确地报道。

综上,我们认为,科学传播两种文化的张力弥合,需要立足于对两种文化规律的认识与尊重。而这种合规律性的共有文化的建立,循证传统对数据与证据的重点关注使其适用于对严谨、规范的科学话题的新闻生产。循证新闻兼顾科学属性与人文属性,将新闻情境、记者、科学证据、科学家、公众整合到统一的框架体系中。本文尝试勾勒了循证新闻实践上的层次结构,未来的研究可以进一步定量探索其弥合科学与人文两种文化张力的效果,并探索可操作的相对规范的循证新闻生产流程。

## 参考文献


贾鹤鹏、王大鹏、闫隽(2015),《媒体报道能否改变科学进程——对科学媒体化的反思》。《现代传播(中国传媒大学学报)》,第37卷第2期,页25-27,33。

江晓原(2003),《当代"两种文化"冲突的意义——在科学与人文之间》。《上海交通大学学报(哲学社会科学版)》,第5期,页3-7。

金兼斌(2020),《科学传播中的科学共识与平衡叙事问题》。《中国编辑》,页32-38。

刘兵(2019),《"两种文化"命题与科学主义》。《中国科学报》,第005版。

陆晔、周睿鸣(2015),《面向公众的科学传播:新技术时代的理念与实践原则》。《新闻记者》,第5期,页4-11。

王立武(2018),《从科技新闻传播看"两种文化"的培养》。《新闻世界》,第6期,页81-84。

朱巧燕(2017),《媒体应该如何报道单项科研成果》。《青年记者》,第15期,页19-21。

Artz, K.& Wormer, H.(2011).What recipients ask for: An analysis of ' user question generated'science coverage. *Journalism*, 12(7), 871-888.

Boyce, M.S., Vernier, P.R., Nielsen, S.E.& Schmiegelow, F.K.A. (2002). Evaluating resource selection functions. *Ecological modelling*, 157 (2-3), 281-300.

Brodhead, M.T., Cox, D.J.& Quigley, S.P. (2018). Practical ethics for effective treatment of autism spectrum disorder. 68.

Bubela, T., Nisbet, M.C., Borchelt, R., Brunger, F., Critchley, C., Einsiedel, E., ... Hyde-Lay, R. (2009). Science communication reconsidered. *Nature Biotechnology*, 27 (6), 514-518.

Carlsen, B.& Riese, H. (2016). High stakes: An interview study of researchers' motivations for and experiences of being interviewed by journalists. *Nordicom Review*, 37 (1), 85-99.

Conrad, P. (1999). Uses of expertise: Sources, quotes, and voice in the reporting of genetics in the news. *Public Understanding of Science*, 8 (4), 285-302.

De Silva, P.U.K.& Vance, C.K. (2017). Scientific scholarly communication.

Dunwoody, S., Brossard, D.& Dudo, A. (2009). Socialization or rewards? Predicting US scientist-media interactions. *Journalism & Mass Communication Quarterly*, 86 (2), 299-314.

Durant, J.R., Evans, G.A.& Thomas, G.P. (1989). The public understanding of science. *Nature*, 340 (6228), 11-14.

Fjæstad, B. (2007). 12 Why journalists report science as they do. *Journalism, science and society: Science communication between news and public relations*, 123.

Freedman, C. (2001). Science fiction and the two cultures: Reflections after the Snow-Leavis controversy. *Extrapolation*, 42 (3), 207-217.

Göpfert, W. (2007). 20 The strength of PR and the weakness of science journalism. *Journalism, science and society*, 215.

Higgs, J.& Titchen, A. (2001). Rethinking the practice-knowledge interface in an uncertain world: A model for practice development. *British Journal of Occupational Therapy*, 64 (11), 526-533.

Hijmans, E., Pleijter, A.& Wester, F. (2003). Covering scientific research in Dutch newspapers. *Science Communication*, 25 (2), 153-176.

Horst, M., Davies, S.R.& Irwin, A. (2016). Reframing science communication. *Handbook of Science and Technology Studies*, 881-907.

Leung, J.S.C., Wong, A.S.L.& Yung, B.H.W. (2015). Understandings of nature of science and multiple perspective evaluation of science news by non-science majors. *Science & Education*, 24 (7-8), 887-912.

Lichter, S.R.& Amundson, D. (1996). Food for thought: Reporting of diet, nutrition and food safety May 1995-July 1995.

McClune, B.& Jarman, R. (2010). Critical Reading of Science-Based News Reports: Establishing a knowledge, skills and attitudes framework. *International Journal of Science Education*, 32 (6), 727-752.

McKinnon, M., Black, B., Bobillier, S., Hood, K.& Parker, M. (2019). Stakeholder relations in

Australian science journalism.*Public Understanding of Science*,28(5),554-571.

Murcott,T.H.L.& Williams,A.(2013).The challenges for science journalism in the UK.*Progress in Physical Geography:Earth and Environment*,37(2),152-160.doi:10.1177/0309133312471285.

Nelkin,D.(2001).Beyond Risk:reporting about genetics in the post-Asilomar press.*Perspectives in Biology and Medicine*,44(2),199-207.

Nisbet,M.C.,Brossard,D.& Kroepsch,A.(2003).Framing science:The stem cell controversy in an age of press/politics.*Harvard International Journal of Press/Politics*,8(2),36-70.

Norris,S.P.,Phillips,L.M.& Korpan,C.A.(2003).University students' interpretation of media reports of science and its relationship to background knowledge, interest, and reading difficulty. *Public Understanding of Science*,12(2),123-145.

Pinheiro,F.A.& Adissi,P.J.(2015).Scientific Research.*Psychology*,6(5).

Practice,A.P.A.P.T.F.o.E.-B.(2006).Evidence-based practice in psychology.*The American Psychologist*,61(4),271.

Rao,T.S.S.& Andrade,C.(2011).The MMR vaccine and autism:Sensation,refutation,retraction,and fraud.*Indian journal of psychiatry*,53(2),95.

Reynolds,S.(2008).Evidence-based practice:A critical appraisal.

Roberson,T.M.(2020).Can hype be a force for good?:Inviting unexpected engagement with science and technology futures.*Public Understanding of Science*,0963662520923109.

Ryan,M.& Tankard Jr,J.W.(1974).Problem Areas in Science News Writing.*Journal of Technical Writing and Communication*,4(3),225-235.

Rycroft-Malone,J.,Seers,K.,Titchen,A.,Harvey,G.,Kitson,A.& McCormack,B.(2004).What counts as evidence in evidence-based practice? *Journal of advanced nursing*,47(1),81-90.

Soley,L.C.(1994).Pundits in print:"Experts"and their use in newspaper stories.*Newspaper Research Journal*,15(2),65-75.

Staab,J.F.(1990).The role of news factors in news selection:A theoretical reconsideration.*European Journal of communication*,5(4),423-443.

Stetler,C.B.,Brunell,M.,Giuliano,K.K.,Morsi,D.,Prince,L.& Newell-Stokes,V.(1998).Evidence-based practice and therole of nursing leadership.*JONA:The Journal of Nursing Administration*,28(7/8),45-53.

Stinner,A.(1989).Science,humanities,and society—The Snow-Leavis controversy.*Interchange*,20(2),16-23.

Van Dijck,J.(2003).After the"Two Cultures"toward a"(multi)cultural"practice of science communication.*Science Communication*,25(2),177-190.

# 启发式效应还是领域间差异?探索线上争议性科学和社会议题态度改变及参与意愿的影响机制*

◎金　璐　刘于思**

**摘要**:近年来,社交媒体逐渐成为当代人新闻消费的主要场所。除信源和信息一致性等因素外,社会背书作为社交媒体独有的技术特征,为在线新闻选择提供了新的启发式线索,影响着社交媒体用户的信息决策。然而,人们对社会背书线索的依赖可能因不同议题领域而异。本研究通过2(立场:反对 vs 支持,被试间)×2(社会背书:低 vs 高,被试间)×2(议题:社会 vs 科学,被试内)的三因素混合实验设计,以开放校园和转基因两个争议性公共议题为例,考察议题立场和社会背书如何在社会和科学领域对态度改变和参与意愿产生差异化影响。研究发现,控制个体的认知需求差异后,无论社会背书高低,线上公共信息接触都能促成更积极的态度转变,这一效应对科学议题的支持者作用更为明显。反对者接触高背书信息时的参与意愿受议题领域的直接影响;支持者的参与意愿影响机制则表现为态度中介的议题领域间接效应。研究结论揭示了社会背书作用于线上信息加工的复杂影响机制,为细化社会背书效应的工作情境、有针对性地开展争议性信息传播提供了经验依据。

**关键词**:社会背书,启发式线索,争议性议题,科学传播,确认偏误

## 一、引言

伴随互联网和社交媒体的飞速发展,只需轻触屏幕,人们便可在几秒钟内轻松获取和选择大量如潮涌般的信息,信息的载体和形式也变得更加丰富多元。多样化的信息、更自主的选择、更高效的渠道,在理想情况下似乎本可以创造出一个观点碰撞、自

---

* 本文系国家科技重大专项“转基因生物新品种培育”课题“转基因生物技术发展科普宣传与风险交流”项目子课题“立体化科学传播体系”(2016ZX08015002)成果。

** 金璐,香港中文大学新闻与传播学院全球传播方向硕士研究生。刘于思,博士,浙江大学传媒与国际文化学院副教授。

由交流的表达空间。事实却不如想象的美好,在这个包罗万象的网络空间中,我们似乎越来越少看到平和的对谈,更多的反而是观点的分裂与对立。在近几年的公共讨论中,中美贸易战、香港反修例运动、AO3 事件、方方日记等事件都曾引发大量的讨论,但不同观点之间常常难以沟通,在政治、性别、文化、民族等议题下,我们似乎都在修筑一道道藩篱。每个事件背后,我们不断见证着社会的割裂,这种现象在疫情期间甚至愈演愈烈,极端情绪在全球网络中散布,相异的观点激烈地相互攻讦。

在社交媒体进行新闻信息选择时,选择性接触和推荐算法机制发挥着重要作用,同时,作为启发式效应,点赞、转发、评论等社交背书线索也会影响人们的信息选择。在复杂的机制发生后,人们的态度如何变化,关系到赛博空间中观点对立和极端化形成的原因。近年来,社交媒体将不同新闻来源的新闻聚合起来,帮助用户摆脱了选择特定报纸、电台、电视节目和新闻网站的繁复工作,加之独特的社交功能,成为越来越多人普遍的新闻消费方式。根据皮尤研究中心的数据,2018 年约三分之二(68%)的美国成年人使用过社交媒体来获取新闻,47%的人经常或有时利用社交媒体获取新闻(Pew,2018),2019 年,该数字已经增长到 55%(Pew,2019)。尽管许多人会担心社交媒体新闻的准确性,大多数人依然继续在社交媒体上获得新闻。Facebook、Twitter、Reddit 分别有 73%、71%、62%的用户在这些平台上接触新闻。这种现象在中国也具体可感,年轻人大多通过微博、微信接收每日的新闻,而不再使用传统媒体或单独的新闻软件来接收新闻,众多新闻机构在社交媒体开设新闻账号,以适应社交媒体传播的内容吸引读者。可以说,社交媒体和新闻消费的关系已经成为理解媒介环境的重要部分。

那么,究竟是什么导致了"极端化"的发生?人们使用社交媒体过程中是否容易被说服?在社交媒体获取新闻信息时,人们的态度容易受到哪些要素的影响?影响机制如何?社会背书在指导人们信息选择的同时,是否也影响着人们的态度改变?受众对不同领域议题的既有立场和自身的人格特性又会对其态度造成什么影响?基于以上问题,本文在前人对社交媒体中信息选择影响因素研究的基础上展开,希望对社交媒体背景下新闻消费中态度和参与的影响因素做出探索性分析,考察议题立场和社会背书对个体态度改变的交叉作用,并从议题领域、认知需求等方面进一步探究态度变化与议题参与意向的影响因素和内在作用过程机制,选取转基因和高校校园开放两个议题,分别作为科学议题和社会议题的代表,开展不同情境下的比较研究,探究互联网观点对立与割裂的原因,寻找可能的解决方案。其研究结论有助于理解社交媒体对个人信息接受、观念态度塑造的影响,以求为探索如何突破信息茧房的限制、呈现多样化的信息以及缓和个人观点的极化提供现实性意义,对社交媒体环境下的新闻消费产生更深刻的理解。

## 二、文献综述

### (一)数字化时代的信息选择:从选择性接触到回音室和信息茧房

在互联网高度发达的今天,人们每天都在接触大量如潮涌般的信息,第二天的所有信息又迅速更新,信息过载成为当代人生活的常态。面对海量信息,人类会本能地做出适应性的反应——对信息进行筛选。个体在信息过载后重新过滤信息输入,忽略部分优先级较低的信息(李永宁、吴晔、张伦,2019),或许是因为社交媒体大量的信息带来信息过载的困扰,使人们不得不对信息做出筛选和取舍。个人自身的选择性接触(selective exposure)意味着那些与自己既有立场、观点、态度相一致的信息往往会获得较高的"优先级"。选择性接触理论产生于传统媒体背景下,但在网络媒体中也被证实了有效性(Knobloch-Westerwick & Johnson,2014,2015; Johnson,Bichard & Zhang,2009)。在便捷的网络空间中,任何感兴趣的话题下,人们都可以找到与其志同道合的观点,轻松选择自己偏好的内容。由此观之,互联网似乎给选择性接触提供了更加丰厚的土壤。

回音室(echo chamber)效应解释了互联网环境中偏激的错误、过度自信和没有道理的极端主义的根源(Sunstein,2006),因为具有近似想法的人,在信息容量足够大、信息充分流动的情况下,会更容易聚集在一起,归入同一回音室里,然后不断放大相似的理念,并竖起高墙隔离对立的观点。处于回音室当中的人们能够寻找到强化其现有观点的信息,从而加剧社会和政治的两极分化和极端主义(Barberá,Jost,Nagler,Tucker & Bonneau,2015)。仅选择与自己一致的内容常常让人忧虑:我们害怕人们重复暴露于相似的信息,困于同质化信息的回音室,最终导致个体接触的信息窄化、观念极化(李武、艾鹏亚、杨韫卿,2019)。

在信息过滤的过程中,学者们产生了对"信息茧房"(information cocoons)的担忧,认为如果置身其中,我们只能获取令自己愉悦的内容(Sunstein,2006)。形成信息茧房的主要原因除了外界的算法推荐,确认偏误(confirmation bias)也在发挥着无形的作用。该假设认为,人们倾向于以确认或加强个人先前的信念或假设的方式来搜索、解释、偏爱和回忆(Plous,1993),更相信和自己原有判断一致的信息。确认偏误和选择性接触都证实了民众在选择信息时偏好与自己相近的观点的倾向,而进行信息选择后,接触的信息会影响个体的意见,因此,议题立场本身可能影响人们对议题的态度。由于处理相似的信息比冲突信息需要更少的认知努力(Ziemke,1980),所以遇到与自己认知一致的信息往往让人觉得安心和省力,使大多数人维持或更加确信自己原有的观点,其态度改变的可能性较小。而对冲突信息来说,尽管人们可能会规避选择此信息,但一旦获得了接触的可能,不同观点的输入依然可能在一定程度上促进态度改变。

线上新闻常常包含特定的叙事框架,影响公众的认知和情感。框架通过对某一议题提供主导性的角度来影响公众对争议性议题的评价和判断,通过选择性描述凸显某个方面或属性,暗示该议题和什么因素相关,以促使人们对某一议题产生定性、归因解释、道德评估或处置意见(Entman,1993),在认知或情感上影响人们的想法或感受(Bryant,Thompson & Finklea,2012)。这种效应能够激发人们长期记忆中已经存在的想法或信念来发挥作用(马得勇,2016),也就是说,当人们头脑中同时具备关于某事物正面和负面的认识时,信息框架将通过突出某一种倾向的观点而使其观点、态度发生转变。而在个体未能接触对立方的任何论据时,信息告知对立的合理观点而使其发生态度改变,则是说服作用的显现。尽管两者的作用机制存在差别,信息立场均可能引导个体的态度与议题本身的立场接近。

社交媒体环境中信息的碎片化本质常常被诟病限制了人们获取信息的多样性,但另一方面,也有学者认为社交媒体实际上能够使用户暴露于更多的多样化信息(Pentina & Tarafdar,2014)。对信息的自我选择实际上使用户在信息消费过程中具备了主动性,算法推荐也帮助用户在面临巨量信息时降低了获取信息的成本、提高了效率(李武等人,2019)。由于社交媒体中同时存在强联系和弱联系,社交媒体相对面对面交流而言,可以提供更多来自弱联系的增量信息。同时,社交媒体网站降低了社交边界,从而使持有相反政治观点的用户之间的交流成为可能(Brundidge,2010)。此外,社交媒体还用点赞、转发、评论等社交性功能革新了人们习惯的新闻消费方式,使人们在选择、阅读新闻的同时可以看到好友或陌生人对此的态度,他人的背书又反过来影响用户的新闻选择。可见,我们在社交媒体的信息选择不仅受到选择性接触、确认偏误的影响,而且同时受他人背书影响。因此,有必要延伸地考察社会背书对新闻接触和信息加工效果的潜在作用。

### (二)"看看别人怎么做":社交媒体中的启发式线索与社会背书效应

社交媒体的出现改变了受众的新闻消费方式,社会化新闻(social news)变得越来越重要,甚至取代电视、印刷媒体和新闻网站,成为大多数人新闻消费的主要场所。在社交媒体时代,面对信息过载和大量选择,寻找可信信息变得更具挑战性。读者只有有限的时间和注意力来决定读什么,而当人们在众多信息中做出选择决策时,社交媒体环境中指引选择的参考性线索也发生了巨大变化。社交媒体对新闻消费的增加凸显了社会背书对决定哪些新闻值得阅读的重要性(Messing & Westwood,2014)。许多新闻来源提供总体的热度排名,将最流行的新闻放在首页上最醒目的位置;社交网站脸书(Facebook)会统计用户给出的点赞数,以表示对照片、故事、社区页面等的综合喜爱度;通过转发或“喜欢”推文,集体意见也存在于推特(Twitter)当中;诸如 Yelp 或 Amazon 这样口碑网站也会提供星级评分系统,以反映用户的总体评价(Damla,2018)等。这些都成为用户在信息决策中可以参考的社会背书线索,它是社交媒体的独特景观之一,附着了社交圈中他人的背书行为。

社交媒体中类似点赞、转发、评论、收藏、关注这样的行为被称作“社会背书”(social endorsement),它体现了社交媒体空间中“他者”的态度,是媒体使用者对其感兴趣或认为重要的信息所做出的反馈行为,构成了社交媒体区别于传统大众媒体的关键特征(夏倩芳、原永涛,2017)。通俗地讲,在社交媒体中进行信息筛选时,“看看别人怎么做”是人们习以为常的经验。这种观察他人行为并观照自身的从众心理,是因为人们认为他人的支持可能预示着与自身的相关性和效用(Sundar & Nass,2001),且相信别人的态度对形成自己的观点大有裨益(Axsom,Yates & Chaiken,1987),而一旦大量相似的个体支持某种特定对象或态度时,有必要跟随大流(Sunstein,2009)。

作为社交媒体中最为关键的启发式线索(heuristics cues),社会背书指引着人们的信息选择(Bond,Settle,Fariss,Jones & Fowler,2017)。启发式线索是人们在信息处理能力不足的情况下依靠启发式或思维捷径来快速处理信息的依据(Tversky & Kahneman,1974),这些线索可以激活特定的启发或思维方式,影响在线信息使用(Dogruel,Joeckel & Bowman,2015; Kim,2015)。当人们在社交媒体信息流中接触大量信息时,如果冲突信息被很多人背书,社交媒体用户将有更大的可能选择接触这条与自己观点抵触的信息。这有益于个体暴露于更加多样化的网络信息,降低个体原有意见被强化和极化的可能。因此,既有立场和社会背书对态度改变影响可能是交叉性的,议题立场对态度改变的影响将受到社会背书的调节作用。也就是说,如果与自己“同阵营”的信息获得了很多人支持,或者冲突性信息无人问津,都可能会使个体对原有立场更加自信和坚定。相反,冲突性信息如果获得多数背书,个体或许会因此仔细阅读,重新审视自己的观点,或反而强化自身观点。

既有研究发现,他人的社会背书使人们更可能对信息感兴趣并诉诸行动(徐智、杨莉明,2016)。社会背书线索会削弱选择性接触的影响,原本倾向于选择一致信息的读者,在社会背书线索出现时,可能倒向那些被更多人推荐的新闻。也就是说,相比感知的新闻来源与自身立场的一致性,新闻消费者将更可能利用社会背书做出是否采信的决定(Messing & Westwood,2014)。社会背书影响人们的信息选择决策这一结论已在多方面被研究证实(Steffes & Burgee,2009; Lerman,2007),包括社会背书影响获取新闻的来源选择(Knobloch-Westerwick,Sharma,Hansen & Alter,2005)、歌曲下载选择(Salganik,Dodds & Watts,2006)、参加课程(Steffes & Burgee,2009)以及在新闻聚合服务中选择并认可朋友背书的文章等(Lerman,2007)。尽管社会背书和启发式效应在政治(Dancey & Sheagley,2013)、健康(Lazard,2020)、消费(Johnson & Hong,2020)、风险管理(Hong & Cameron,2018)等领域均能起到促进传播效果和行动意向的作用,然而,在不同议题或内容领域,社会背书是否发挥着相似的效应,尚未得到充分的关注和回答。既有研究发现,被试在信息加工过程中拥有的知识、能力、动机、素养和怀疑等因素都能够调节社会背书对信息可信度的感知(Bae,2020; Gugerty & Link,2020; Smith,Hitt,Nazione,Russell,Silk & Atkin,2013)。具体而言,在包括健康、环境等议题在内的科学领域中,人们可能由于自身知识水平的局限或科学能力信心的低下,而更易受到社会背书的启发式效应影响。相反,对于政治领域的社会议题而言,个体需要在特定的制度环境中基于程序正义开展与自身利益休戚相关的集体决策,则更可能指向信息的有效加工和协商(deliberation)过程。因此,议题领域本身可能直接影响或调节社会背书带来的信息接触后的态度改变。

除了信息附带的特征外,受众自身的人格也会影响个体的可说服度(persuasibility),与个体的态度改变密切相关。认知需求是影响说服的重要人格特征之一,它是指人们在参与和享受需要付出努力的认知活动上存在着的一种稳定的差异(Cacioppo,Petty,Feinstein & Jarvis,1996)。认知需求较高的个体乐于开展抽象思考,较低者则认为思考不是其乐趣所在,只能尽力而为,说服认知需求高的个体需要更多论据和更高的有效信息质量(Perloff,2010)。可以合理推测,乐于思考的人往往有自己的想法,不容易被轻易说服或受新闻立场的影响。综上,本研究首先提出如下研究假设:

H1:在控制个体的认知需求后,人们在科学和社会领域接触线上新闻信息后的议题态度将受到其原有立场和新闻社会背书的单一和交叉影响,且这种影响模式可能因议题领域的不同而有所差异。

同时,态度对行为有一定预测作用,研究态度、行为关系的理性行动理论(theory of reasoned action,TRA)和计划行为理论(theory of planned behavior,TPB)都强调态度能够预测一定情形下的行为(Perloff,2010; Fishbein & Ajzen,1975; Ajzen,1991)。在一些议题中,人们常常会具有强大态度(strong attitudes),比如燃烧国旗、流产、死刑、枪支控制等,尤其是关于政治、种族、性别角色等主题(Perloff,2010)。强大态度会持续较长时间,影响判断,引导行为,并且使人们拒绝改变(Krosnick & Petty,1995)。强大态度具有稳定性,因为强大态度往往和信念及价值观相连,且人们对其具有强大态度的议题往往会进行明显的选择性接触,更愿意与相似的人讨论,使态度强化,对反对观点更有抵抗力(Wang Erber,Hodges & Wilson,1995)。议题立场如果很强硬,可能会对议题态度和关联行为产生影响。因此,议题立场可能通过影响个体态度,进一步影响个体的行为意向。综上,提出假设 H2:

H2:在控制个体的认知需求后,人们在科学和社会领域接触线上新闻信息后的议题参与意愿将受到其原有态度和新闻社会背书的单一和交叉影响,这种影响模式可能因议题领域的不同而有所差异,且议题态度可能中介议题领域对参与意愿的影响。

## 三、研究方法

### (一)实验设计

通过以上研究问题和假设,我们构建了一个探讨议题立场、启发式线索(社会背书)和议题领域影响态度改变和参与意愿的探索性设计方案。首先,本研究基于有调节的中介模型(如图 1 所示),采用 2(立场:反对 vs 支持)× 2(社会背书:低 vs 高)×2(议题:社会 vs 科学)的三因素混合实验设计,以议题态度为中介变量,将议题立场和社会背书作为调节变量,探究议题领域和态度、参与意愿之间的关系,以及它们之间的关系如何受到社会背书和议题立场的调节,以验证研究假设,回答研究问题。其中,社会背书和议题立场为被试间设计,议题领域为被试内设计。

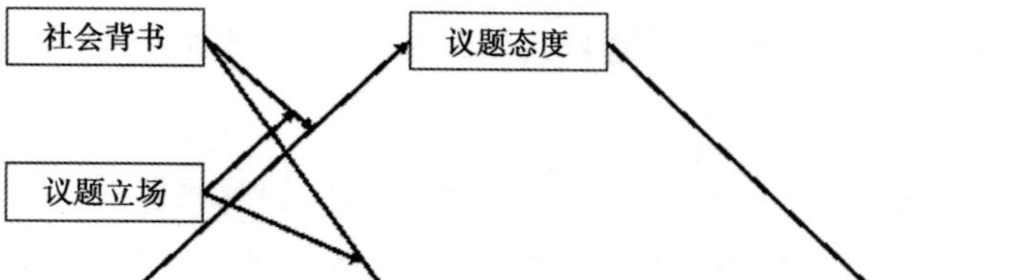


**图 1　态度中介议题领域影响参与意愿的有调节中介模型**

### (二)实验参与者

研究于 2020 年 3 月在中国东部一所综合性大学开展,共招募 100 名被试,其中男性 20 人,女性 80 人,覆盖理工农医类专业 41 人,人文社科类专业 57 人。对于两个被试间设计的实验条件组合而言,被试的分组情况如表 1 所示。随机化检验结果显示,各组被试构成在性别($\chi^2=3.141, p>.05$)、专业($\chi^2=9.946, p>.05$)和年级($\chi^2=11.728$, $p>.05$)上均无显著差异。

**表 1　各实验组被试构成情况**

| 议题领域 | 社会背书 | 议题态度 | |
|---|---|---|---|
| | | 反对 | 支持 |
| 社会议题 | 低 | 22 | 28 |
| | 高 | 22 | 28 |
| 科学议题 | 低 | 26 | 24 |
| | 高 | 28 | 24 |

### (三)变量定义与测量

本研究的自变量包括议题领域、议题立场和社会背书。其中,议题领域指该议题分属的不同领域,分为科学议题和社会议题两类。议题立场分为积极和消极两种,积极立场即该报道总体支持议题中所讨论的对象(转基因或开放校园),消极立场则对所报道的对象持负面、不支持的态度。社会背书被划分为高、低两个层次,将点赞数作为社会背书的体现,参照 Messing 和 Westwood 的做法(2014),将点赞数在 20000 以上的作为高社会背书,点赞数 0-1000 作为低社会背书条件。同时,研究希望将被试的认知需求差异作为协变量进行控制。我们在常用的认知需求量表中选择了 4 项陈述(Cacioppo & Petty,1982),请被试描述选项与自身的符合程度,采用五级李克特量表测量,以获得被试的认知需求测量值。

研究观察的中介变量为被试对两个议题的态度。问卷所有题项均采用 5 级量表测量。各变量的操作方式如下:首先,本研究分别使用李克特量表和语义差异量表测量被试在接触实验物后对转基因及开放高校校园议题的态度。第一组量表选自 2005 年在欧洲展开的一项针对生物技术的调查报告并进行了删改(Gaskell, et al.,2006),被试被问及是否同意转基因食品和开放高校校园"在道德上可接受""对社会有益""对社会有风险""应该被支持鼓励""弊大于利",用 5 级量表进行打分。第二组语义差异量表参考了针对行为的态度量表(attitude towards the act scales)和转基因消费行为的态度量表(Bruner & Hensel,1998; Spence & Townsend,2006),包括针对每项议题的行动决策是"科学的—不科学的""有价值的—无价值的""愚蠢的—明智的""合理的—不合理的”“消极的—积极的”“危险的—安全的”等6项。测量态度的各组量表经内部一致性检验,信度良好(Cronbach's $\alpha_{转基因}$ =.927; Cronbach's $\alpha_{开放校园}$ =.931),可以合并计算均值。作为态度改变的计算基准,同时为了防止被试的疲劳效应,实验开始前被试对转基因和校园开放议题的初始态度通过更为简明的方式测量。被试要求回答“总体而言,您对转基因/校园开放的支持或反对程度是?”态度改变的程度通过新闻接触后的议题态度减去初始态度获得。

本研究的因变量是转基因和校园开放议题在行动层面上的参与意愿,这一变量被操作化为就这两个议题开展行动的意向高低。针对行为意愿的测量,本研究先使用5级李克特量表测量被试消费转基因食品和做出开放校园决策的可能性,然后使用一组量表测量被试的参与倾向(以转基因为例,如“吃东西时,我会确保我的食物不含有转基因成分”“我打算在某个时候购买及使用转基因食品”)和向他人推荐的意向(以转基因为例,如“我会向别人推荐转基因食品”“我会劝说别人不要购买食用转基因食品”等),采用5级量表评分(“完全不符合”“比较不符合”“一般”“比较符合”“完全符合”)。测量行为意向的各组量表经检验信度良好(Cronbach's $\alpha_{转基因}$ =.883; Cronbach's $\alpha_{开放校园}$ =.897),可以合并计算均值。

### (四)实验物与实验程序

在转基因与校园开放议题中,本研究收集了文本长度相近、形式相似的新闻文本。实验刺激材料以社交媒体截图呈现,图片仿照微博用户界面,以新闻文字作为微博文本,并在右下角设有点赞标志和点赞数。实验开始前,被试需要先回答对该议题的态度,表明其总体上对转基因食品和开放校园支持或反对的立场,然后依次向被试随机展示两个情境下点赞量不同的新闻内容。被试被要求回答“您认为这则新闻的点赞数如何”的问题,以检验实验对社会背书水平的操纵是否成功,使用5级量表进行评分。待阅读完成后,实验使用问卷中的几组量表测量被试的态度和参与意愿,并通过一组量表测量被试的认知需求水平。实验完成后,收集被试的部分个人信息,包括性别、专业类别、年级等。

## 四、研究发现

如前所述,为检验两种情境中作为实验刺激物的新闻材料是否有效地反映了预期的社会背书水平,在阅读实验物后,被试被要求回答“您认为这则新闻的点赞数如何”

以检验社会背书的操纵是否成功。在比较高社会背书组与低社会背书组在评价其读到的新闻的点赞量时是否有显著区别时,根据 Mann Whitney 检验,在转基因和开放校园情境中,高社会背书组($m_{转基因}=3.54$,$sd_{转基因}=.994$;$m_{开放校园}=3.68$,$sd_{开放校园}=.999$)对点赞量的评价都显著高于低社会背书组($m=2.66$,$sd=1.239$;$m_{开放校园}=3.10$,$sd_{开放校园}=1.129$),$Mann\ Whitney\ U_{转基因}=738.5$,$p<.001$, $Mann\ Whitney\ U_{开放校园}=896$,$p<.05$。因此,对社会背书的操纵被验证为有效。

**表 2　各实验组产生积极态度转变的人数及占比($N=100$)**

| | 反对/低背书 | 反对/高背书 | 支持/低背书 | 支持/高背书 |
|---|---|---|---|---|
| 开放校园[a] | 11(18.0%) | 10(16.4%) | 20(32.8%) | 20(32.8%) |
| 转基因[b] | 12(20.3%) | 9(15.3%) | 19(32.2%) | 19(32.2%) |

a$\chi^2=5.914$,$df=3$,$p>.05$
b$\chi^2=20.968$,$df=3$,$p<.001$

初步的描述性统计分析显示(见表 2),在校园开放这一社会议题下,接触新闻后产生积极态度改变的被试占总体的 61%,其中原反对者 21 人,支持者 40 人,四组产生态度转变的比例与总体相比无显著差异($Proportion_{反对/低背书}=22\%$,$Proportion_{反对/高背书}=22\%$,$Proportion_{支持/低背书}=28\%$,$Proportion_{支持/高背书}=28\%$,$\chi^2=5.914$,$df=3$,$p>.05$)。而对转基因这一科学议题而言,共有 59%的被试在接触了新闻信息后,议题态度发生了积极的转变,包括 21 名转基因反对者和 38 名支持者。四个实验组在态度转变比例上存在显著差异($\chi^2=20.968$,$df=3$,$p<.001$),其中,无论在何种社会背书条件下,反对者的态度转变比例都较总体更低($Proportion_{反对/低背书}=26\%$,$Proportion_{反对/高背书}=28\%$),而支持者的积极转变率更高($Proportion_{支持/低背书}=24\%$,$Proportion_{支持/高背书}=24\%$),一定程度上说明在科学领域内,当信息与自身原有态度一致时,个体态度有更大的概率来延续自身的原有认知,转变的可能性相对较小。

为验证研究假设,探究研究问题,研究将被试的认知需求水平作为协变量,使用 SPSS 内嵌 PROCESS 插件的模型 12(Hayes, 2013),对过程条件模型(conditional process model)进行检验,将自举抽样次数设定为 5000,置信区间为 95%,结果如表 3 所示。首先,对模型 1 而言,在预测被试接触在线新闻信息后产生的议题态度时,当控制了认知需求的影响后($\beta=.086$,s.e.$=.068$,$p>.05$),个体的议题态度主要受到议题领域($\beta=.464$,s.e.$=.094$,$p<.001$)和原有议题立场($\beta=.469$,s.e.$=.094$,$p<.001$)两个主效应及其交互效应($\beta=.414$,s.e.$=.187$,$p<.05$)的影响,而社会背书($\beta=-.029$,s.e.$=.094$,$p>.05$)及其与议题领域($\beta=.127$,s.e.$=.187$,$p>.05$)和议题立场($\beta=.165$,s.e.$=.190$,

$p$>.05)的二阶交互效应和三阶交互效应($\beta$=.171,s.e.=.374,$p$>.05)对议题态度均无显著的预测力。整个模型总体显著($F$=6.827,$p$<.001),共解释了被试议题态度差异的22.2%。

**表3 议题领域、立场和社会背书影响态度和参与的有调节中介效应分析($N$=100)**

| | 模型1:M(议题态度) | | 模型2:Y(参与意愿) | |
|---|---|---|---|---|
| | 系数 | s.e. | 系数 | s.e. |
| 截距 | 2.849*** | .225 | -.139 | .224 |
| 认知需求 | .086 | .068 | .062 | .050 |
| X:议题领域(0=社会) | .464*** | .094 | -.244** | .073 |
| W:议题立场(0=反对) | .469*** | .094 | -.061 | .074 |
| Z:社会背书(0=低) | -.029 | .094 | .015 | .069 |
| X * W | .414* | .187 | .047 | .140 |
| X * Z | .127 | .187 | -.057 | .138 |
| W * Z | .165 | .190 | .032 | .140 |
| X * W * Z | .171 | .374 | -.070 | .275 |
| M:议题态度 | | | .932*** | .053 |
| 模型拟合参数 | $R^2$=.222 | | $R^2$=.658 | |
| | F(8,191)=6.827,$p$<.001 | | F(9,190)=40.528,$p$<.001 | |

* $p$<.05, ** $p$<.01, *** $p$<.001

将议题态度的估计值根据模型1所得结论作图,结果如图2所示。具体而言,在5点测量的议题态度中,持支持立场和科学领域本身均更能使被试在信息接触后对议题产生中度偏高的积极态度,同时,支持者的积极转变效应在科学议题领域之下比社会议题体现得更为明显。可见,人们接触相应领域的新闻信息后,其议题态度主要受

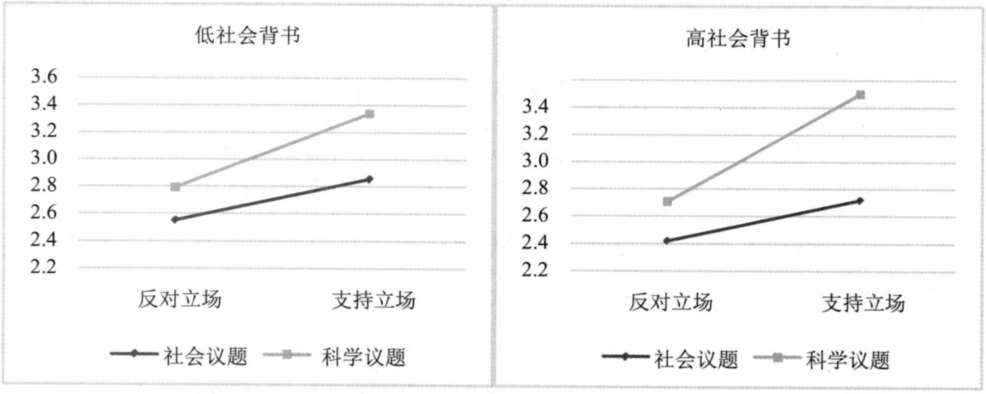


**图2 不同社会背书条件下议题领域和立场影响议题态度的调节效应示意图**

到原有立场的影响和议题领域的调节，且这种影响模式并不因被试处于低社会背书（如图2左图所示）或高社会背书（图2右图）的不同实验条件下而异。至此，研究假设H1中提出的大部分效应得到基本证实。

接下来，研究将建立有调节的中介效应（moderated mediation）模型（参见表3模型2），考察议题领域、立场和社会背书及其相互调节的交互效应如何通过议题态度进一步影响被试的议题参与意愿。该模型总体达到显著（$F=40.528, p<.001$），共解释了被试议题参与意愿差异的65.8%。关于议题的积极态度对更高的参与意愿具有显著的正向预测作用（$\beta=.932$, s.e.=.053, $p<.001$）。尽管人们对科学领域的转基因议题比社会领域的开放校园议题态度更积极，但其在科学议题上的参与意愿显著低于社会议题（$\beta=-.244$, s.e.=.073, $p<.01$）。因此，议题领域影响参与意愿的效应受到其议题态度的部分中介。除此之外，作为控制变量的认知需求无显著效应（$\beta=.062$, s.e.=.050, $p>.05$），议题立场（$\beta=-.061$, s.e.=.074, $p>.05$）和社会背书（$\beta=.165$, s.e.=.190, $p>.05$）及其与议题领域交互所产生的二阶（$\beta_{议题领域*立场}=.047$, s.e.=.140, $p>.05$; $\beta_{议题领域*社会背书}=-.057$, s.e.=.138, $p>.05$; $\beta_{议题立场*社会背书}=.032$, s.e.=.140, $p>.05$）和三阶效应（$\beta=-.070$, s.e.=.275, $p>.05$）对参与意愿亦未展现显著的预测力。最终得出议题态度中介议题领域及立场影响参与意愿的有调节中介的模型和结论如图3所示。

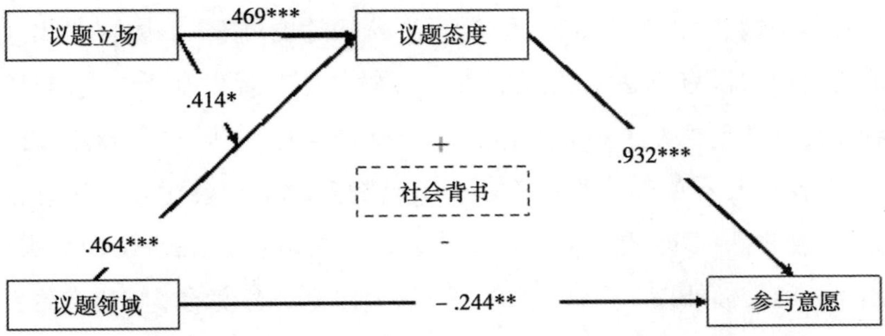


**图3　议题态度中介议题领域及立场影响参与意愿的有调节中介模型结果**

从前文的表3和图3中可以发现，社会背书在预测议题态度和参与意愿的模型中皆无显著的主效应或调节效应。尽管如此，进一步的直接和间接效应分析和对5点测量的参与意愿在不同实验条件下的估计值进行运算并作图后的图4显示，首先，当反对者接触高社会背书信息时，其参与意愿受议题领域的直接影响。具体而言，科学领域显著降低了接触高背书信息的转基因反对者的行动意向，其效应为-0.278（s.e.=.139, $p<.05$），自举置信区间为［-.5518，-.0047］，该区间范围不包括0，可判断该直接效应显著。其次，支持者的议题参与意愿影响机制表现为态度中介的议题领域间接效应。也就是说，无论支持者接触何种信息，科学领域都通过对议题积极态度的

增强间接提升着人们的参与意愿，这种效应在低社会背书的条件下成立，其自举置信区间为[.2399，.8188]，效应为0.526（s.e.=.240），且在高社会背书信息接触的情况下同样具有显著作用，自举置信区间为[.3633，1.0848]，效应为0.724（s.e.=.184）。研究假设H2提出的主要猜想亦基本获证。

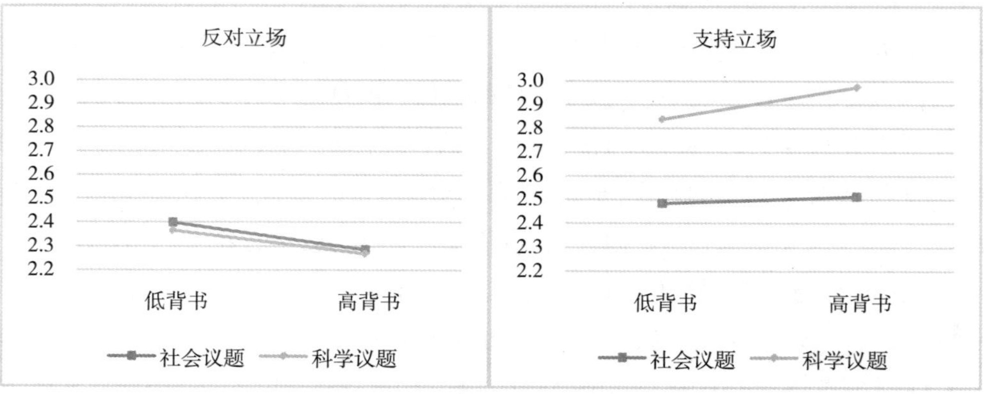


**图4　不同立场和社会背书条件下议题领域影响参与意愿的效应示意图**

此外，几位实验被试对开放式问题的回答交叉验证并揭示了社会背书启发式主效应失灵的进一步原因。例如，受访者A在实验中接触了高社会背书的信息后表示，与原有想法一致、听上去又很有道理的内容会坚定自己的观点，另外，点赞数也会有影响，因为“虽然点赞数不代表权威性，但是会给人感觉更可靠”。尽管如此，她更强调“还要看原文讲得有没有道理”。受访者B在接触与原有观点有所差别的高社会背书信息后也表示，自己主要关注文章内容是否合理，“点赞数只是一个辅助因素”，因为大家没有那么容易人云亦云。受访者C表示点赞多的文章会让自己认真看，但观点不一定会因此改变，更多时候会坚持自己的认知。受访者D在谈及社交媒体环境中的社会背书线索时，额外提到了评论的影响，认为评论对态度的影响比点赞更大，因为“如果评论区都很极端地坚持一个观点的话，就会对自己的观点产生怀疑，更不敢发表意见”。这些访谈的结果都进一步佐证了我们的实验结果，说明点赞对个体观点态度的影响作用并不强大，而文本自身的合理性可能是更重要的影响因素。

## 五、结论与讨论

在当下，我们习以为常的经验是：因为很多朋友点了某篇微信推文的“在看”而对信息内容产生好奇，或因为很多人转发了一条推文而点开链接、因为一条微博收到很多转评赞而仔细阅读。这些现象的出现让人不禁质疑，在这种情况下，信息内容是否与自己原有立场一致的问题还有那么重要吗？或者说,此时选择性接触还在发挥着支配作用吗？社会背书的出现在社交媒体语境下的新闻选择中扮演着什么样的角色？用户感知的社会背书越强,是否意味着他能接触更多或许并不支撑其原有观点的内容,从而有利于拓宽信息面、弱化个人意见极化？还是说当遇到相反观点被很多人背书时,反而会反过来强化原有观点？这些作用机制是否因不同的议题场景而异？基于以上问题,本文开展了此项研究,希望对社交媒体背景下科学和社会议题态度及参与意向的影响机制做深入剖析,以求对社交媒体新闻消费有更深刻的理解。

研究发现,对转基因这一科学议题和校园开放的社会议题持支持立场的被试比反对立场的被试态度改变发生得更多,说明人们在接触到与自己原有观点不一致的信息之后,依然能有所吸收和理解,也有一部分人能够被相反的信息所说服。持支持立场和科学领域本身均能使被试在信息接触后对议题产生更积极的态度,支持者的积极转变效应在科学议题领域之下比社会议题体现得更为明显。这可以提高我们缓和网络中极端观点交锋的信心,因为只要能让不同阵营的人或多或少接触到对立但合理的观点,总有一部分人可以理解,为观点的沟通提供基础。另一方面,这也凸显了突破信息茧房、回音室限制的紧迫性和必要性,因为如果选择性接触和算法推荐继续将人们困在同质化信息的漩涡中,人们持续主动回避不一致的信息,算法推荐他们喜爱的观点,我们接触到不同的声音的机会就会越来越少,后果只会是极端主义的再次盛行。

实验还发现,控制认知需求后,个体的议题态度仅受到议题领域和原有立场及其交互效应的影响,在一定程度上证明了议题领域和议题立场能够交叉地预测态度改变。议题领域对参与意愿的影响过程受到议题态度的部分中介作用。人们对科学议题持有更积极的态度和更消极的参与意愿,但科学领域仍通过对议题积极态度的增强间接提升着人们的参与意愿。对于这一看似吊诡的中介机制作用方向而言,议题领域的作用机制可能在于,校园开放性问题是与被试者的本科生身份密切相关的问题,具有心理距离上的接近性,对大学生来说卷入度较高,他们大多关注该议题并有自己的想法和认知,不容易轻易改变自己的观点。但转基因等话题关乎科学、健康等领域,并非所有同学都有深入了解和认识,在事后访谈中,也有人提到这类话题不是自己关注的重点,对自己而言“无关紧要”,所以新闻中言之有理的部分可以影响他们的态度。

出乎意料的是,社会背书及其二三阶交互效应在本研究中对被试接触新闻后的议题态度改变均无显著预测力。也就是说,人们接触相应领域的新闻信息后的态度主要受到原有立场的影响和议题领域的调节,但不因被试处于何种社会背书条件下而异。这表明,前人关于社会背书强大调节作用的研究结论并未在本研究中得到证实(如:Messing & Westwood,2014)。这或许是因为即使社会背书会左右人们的信息选择,但在做出信息选择后，接触的信息是否能说服个体并不为社会背书所左右，也就是说，一则信息在社交媒体中点赞量的多少虽然会影响人们是否选择阅读它，但并不会影响人们的观点和判断。这与学者 Stephan 等人（2015）的研究结果一致，他们通过实验发现，Facebook 中点赞的数量并不会影响人们评估新闻及其内容的方式，也不会影响新闻文章的说服效果。这样的结果可能与负面偏见（negativity bias）有关，因为负面的信息会引起更大的关注（Baumeister，Bratslavsky，Finkenauer & Vohs，2001），体现用户认同或共识的点赞数只能呈现正面的信息，但无法在数量上同时呈现支持者和反对者的数量占比，因此相比负面线索更不容易被记住和关注。

本研究的主要发现对科学传播的实践启示主要体现在，社会背书等启发式线索的效应在付诸实践的过程中并非万能，该机制能否在社会化媒体时代发挥作用，取决于不同议题领域之下社交媒体用户拥有的知识和动机。从本研究的结论出发，科学传播者或可在受众知识不足的情况下诉诸点赞量、转发量、好友关系强度等启发式线索，而在面对较高科学素养的公众时重点致力于改善信息内部核心论据和论证的质量。而在理论贡献层面，需要特别指出的是，社会背书在不同争议性议题领域中对信息传播效果产生的影响并非直接或显见。本研究的结论就表明，社会背书水平作为议题领域影响参与意愿过程中的隐含条件，发挥着“因事而异”的作用：当反对者接触高社会背书信息时，其参与意愿受议题领域的直接影响。但议题态度同时在高低社会背书的条件下对议题领域影响支持者参与意愿产生着间接的中介效应。社会背书如此细微且隐秘的作用机制表明，该领域需要更多未来工作来揭示其中的复杂性。例如，一项研究发现，人们会依赖于启发式线索来处理来自弱关系的信息，但当处理来自强关系的信息时，这些线索并没有被使用（Koroleva & Kane，2016），可见，社会网络中的关系强度与社会背书线索对信息加工和态度改变的交互作用应当在后续研究中得到更多的关注。与此同时，由于形如“有机”等科学中的“外行概念”（lay concept）本身亦能够产生启发式效益（Vega-Zamora，Torres-Ruiz，Murgado-Armenteros & Parras-Rosa，2014），转基因议题自身所涵盖的启发性线索可能更为复杂多样。此外，启发式效应对于目的正当的传播效率改进和信息设计而言，固然具有借鉴价值，但当启发式线索本身指向问题性后果时，同样最可能成为错误信息来源，这揭示了启发式应用的重要缺陷（Dancey & Sheagley，2013），同样需要今后的类似研究引起重视。

在研究局限与未来研究方向上，首先，前文述及议题态度和参与意愿的领域间差异可能是由不同领域所需的认知和参与成本不同而造成的。然而，此类知识和动机性假设并未在本研究中得到直接的测量和检验。后续研究可考虑将不同议题领域存在差异的解释性因素纳入社会背书研究，以提升此类分析结论在更多议题领域之上产生差异的解释力。其次,研究以转基因和校园开放作为特定类别议题领域的唯一情境,可能产生代表性不足的问题,亦有待后续研究通过不同议题类别下的多场景设计提升研究效度,加强不同领域间的可比较程度和结论的可推广性。第三,本实验中实验物的设计由于与实际的社交媒体新闻消费环境有一定差别,因而可能一定程度上影响实验结果:点赞的标识不够显眼,可能是影响实验结果的原因之一;实验物的新闻文本选取较长,与常见的社交媒体新闻形式存在一定差异,不太符合社交媒体新闻消费的使用习惯;实验物设计不够贴近真实社交媒体场景,尽管模拟了微博用户界面设计,但仅采用了静止的图片形式,缺失了社交媒体重要而特殊的"社交"功能和交互特性,实际上将被试置于独自完成新闻阅读的场景中,所以社交因素(比如同辈压力、从众心理等)对被试的影响会减弱,而在真实的社交媒体环境中,还存在很多熟人社交的场景,比如可以微博可以看到关注者的点赞评论、微信可以看到共同好友的点赞评论等,这在实验中都无法模拟,或许会导致实验数据不够准确等。第四,本实验只针对本科生进行,无法代表更广大人群的特征,被试的学生身份可能与其他身份人群所产生的效果不同。并且根据既有研究的观点,社会线索感知可能存在性别差异,例如男性的社会线索敏感度普遍较低,而女性对社会和谐的关注程度更高(Harteveld, Dahlberg, Kokkonen & Wouter, 2017),但在本研究中,招募的被试性别比例差距较为悬殊。因此,未来研究可以更广泛、合理、有代表性地招募被试。最后,从总体设计上来看,本研究仅将点赞数作为社会背书线索,忽略了社交媒体环境中背书线索的复杂性和多样性,不同的社会背书线索对受众的影响可能也不一样,比如,Stephan 等人(2015)的研究就发现负面的评论会降低新闻的说服力,但正面的评论对新闻的说服效果没有显著影响。未来研究可以在前人研究基础上进一步研究点赞、转发、评论等作为启发式线索的不同作用及其相互之间可能的交互作用。

## 参考文献

李武、艾鹏亚、杨韫卿,《智媒时代"信息茧房"再论:概念界定和效应探讨》。《未来传播》,2019年第6期。

李永宁、吴晔、张伦,《2010-2016年公共议题的公众注意力周期变化研究》。《国际新闻界》,2019年第5期,页27-38。

马得勇,《政治传播中的框架效应——国外研究现状及其对中国的启示》。《政治学研究》,2016年第4期,页58-70。

夏倩芳、原永涛,《从群体极化到公众极化:极化研究的进路与转向》。《新闻与传播研究》,2017年第6期。

徐智、杨莉明,《微信朋友圈信息流广告用户参与效果研究》。《国际新闻界》,2016 年第 38 期,页 139。

Ajzen, I. (1991). The theory of planned behavior. *Organizational Behavior and Human Decision Processes*, 50, 179-211.

Axsom, D., Yates, S. & Chaiken, S. (1987). Audience response as a heuristic cue in persuasion. *Journal of personality and social psychology*, 53(1), 30.

Bae, M. (2020). Emotive contents and heuristic cues regarding skeptical consumers. *Cogent Business & Management*, 7(1), 1787737.

Barberá, P., Jost, J.T., Nagler, J., Tucker, J.A. & Bonneau, R. (2015). Tweeting from left to right: Is online political communication more than an echo chamber? *Psychological science*, 26(10), 1531-1542.

Baumeister, R.F., Bratslavsky, E., Finkenauer, C. & Vohs, K.D. (2001). Bad is stronger than good. *Review of general psychology*, 5(4), 323-370.

Bond, R.M., Settle, J.E., Fariss, C.J., Jones, J.J. & Fowler, J.H. (2017). Social endorsement cues and political participation. *Political Communication*, 34(2), 261-281.

Bruner, G.C. & Hensel, P.J. (1998). *Marketing scales handbook*. Chicago, IL: American Marketing Association.

Bryant, J., Thompson, S. & Finklea, B.W. (2012). *Fundamentals of media effects*. Waveland Press.

Cacioppo, J.T. & Petty, R.E. (1982). The need for cognition. *Journal of Personality and Social Psychology*, 42, 116-131.

Cacioppo, J.T., Petty, R.E., Feinstein, J.A. & Jarvis, W.B.G. (1996). Dispositional differences in cognitive motivation: The life and times of individuals varying in need for cognition. *Psychological Bulletin*, 119, 197-253.

Damla, O. (2018). Fake News and Social Endorsement Cues: Do the Number of Likes, Shares and Comments Influence Engagement with Inaccurate News Articles?

Dancey, L. & Sheagley, G. (2013). Heuristics behaving badly: Party cues and voter knowledge. *American Journal of Political science*, 57(2), 312-325.

Dogruel, L., Joeckel, S. & Bowman, N.D. (2015). Choosing the right app: An exploratory perspective on heuristic decision processes for smartphone app selection. *Mobile Media & Communication*, 3(1), 125-144.

Entman, R.M. (1993). Framing: toward clarification of a fractured paradigm. *Journal of Communication*, 43(4), 51-58.

Fishbein, M. & Ajzen, I. (1975). *Belief, attitude, intention and behavior: An introduction to theory and research*. Reading, MA: Addison-Wesley.

Gaskell, G., Allansdottir, A., Allum, N., Corchero, C., Fischler, C., Hampel, J. & Schreiner, C. (2006). Europeans and biotechnology in 2005: patterns and trends. *Final report on Eurobarometer*, 64(3).

Gugerty, L.& Link, D.M.(2020).How heuristic credibility cues affect credibility judgments and decisions. *Journal of Experimental Psychology: Applied*. Advance online publication. http://dx. doi. org/10.1037/xap0000279.

Harteveld, E., Dahlberg, S., Kokkonen, A.& Wouter, V.D.B.(2017).Gender differences in vote choice: social cues and social harmony as heuristics.*British Journal of Political Science*, 49, 1141-1161.

Hayes, A.F.(2013).*Introduction to Mediation, Moderation, and Conditional Process Analysis: A Regression-Based Approach*.New York: The Guilford Press.

Hong, S.& Cameron, G.T.(2018).Will comments change your opinion? The persuasion effects of online comments and heuristic cues in crisis communication.*Journal of Contingencies and Crisis Management*, 26, 173-182.

Johnson, E.K.& Hong, S.C.(2020).Instagramming social presence: A test of social presence theory and heuristic cues on Instagram sponsored posts.*International Journal of Business Communication*, 2, 1-17.

Johnson, T.J., Bichard, S.L.& Zhang, W.(2009).Communication communities or "cyberghettos"? A path analysis model examining factors that explain selective exposure to blogs, *Journal of Computer-Mediated Communication*, 15(1), 60-82.

Kim, K.J.(2015).Heuristics in digital communication media: Theoretical explications and empirical observations.*Quality & Quantity: International Journal of Methodology*, 49(5), 2187-2201.

Knobloch-Westerwick, S.& Johnson, K.B.(2014).Selective exposure for better or worse: Its mediating role for online news' impact on political participation, *Journal of Computer-Mediated Communication*, 19, 184-196.

Knobloch-Westerwick, S.& Johnson, K.B.(2015).Confirmation bias in online searches Impacts of selective exposure before an election on political attitude strength and shifts, *Journal of Computer-Mediated Communication*, 20, 171-187.

Knobloch-Westerwick, S., Sharma, N., Hansen, D.L.& Alter, S.(2005).Impact of popularity indications on readers' selective exposure to online news.*Journal of Broadcasting & Electronic Media*, 49, 296.

Koroleva, K, & Kane, G.C.(2016).Relational affordances of information processing on Facebook.*Information & Management*, 54(5), 560-572.

Krosnick, J.A.& Petty, R.E.(1995).Attitude strength: An overview.In R.E.Petty & J.A.Krosnick (Eds.), *Attitude strength: Antecedents and consequences* (pp.1-24).Hillsdale, NJ: Lawrence Erlbaum Associates.

Lazard, A.J.(2020).Design cues for tobacco communication: Heuristic interpretations and usability of online health information about harmful chemicals.*International Journal of Medical Informatics*, 141(9), 104-177.

Lerman, K.(2007).Social information processing in news aggregation.*IEEE Internet Computing*, 11(6), 16-28.

Messing, S.& Westwood, S.J.(2014).Selective exposure in the age of social media: Endorsements trump partisan source affiliation when selecting news online. *Communication research*, 41 ( 8 ), 1042-1063.

Perloff, R. M. ( 2010 ). *The Dynamics of Persuasion: Communication and Attitudes in the Twenty-First Century*. Routledge.

Pew Research Center ( 2018 ). *Social Media Use in* 2018. Retrieved from https://www.pewresearch.org/internet/2018/03/01/social-media-use-in-2018/.

Pew Research Center ( 2019 ). *Americans Are Wary of the Role Social Media Sites Play in Delivering the News*. Retrieved from https://www.journalism.org/2019/10/02/americans-are-wary-of-the-role-social-media-sites-play-in-delivering-the-news/.

Plous, S. ( 1993 ). *The psychology of judgment and decision making*. Mcgraw-Hill Book Company.

Salganik, M.J., Dodds, P.S. & Watts, D.J. ( 2006 ). An experimental study of inequality and unpredictability in an artificial cultural market. *Science*, 311 ( 5762 ), 854-856.

Smith, S.W., Hitt, R., Nazione, S., Russell, J., Silk, K. & Atkin, C.K. ( 2013 ). The effects of heuristic cues, motivation, and ability on systematic processing of information about breast cancer environmental factors. *Journal of Health Communication*, 18, 845-865.

Spence, A. & Townsend, E. ( 2006 ). Examining consumer behavior toward genetically modified ( GM ) food in Britain. *Risk Analysis*, 26 ( 3 ), 657-670.

Steffes, E.M. & Burgee, L.E. ( 2009 ). Social ties and online word of mouth. *Internet Research*, 19 ( 1 ), 42-59.

Sundar, S.S. & Nass, C. ( 2001 ). Conceptualizing sources in online news. *Journal of Communication*, 51 ( 1 ), 52-72.

Sunstein, C.R. ( 2006 ). *Infotopia: How many minds produce knowledge*. New York, NY: Oxford University Press.

Sunstein, C.R. ( 2009 ). *Going to extremes: How like minds unite and divide*. New York, NY: Oxford University Press.

Tversky, A. & Kahneman, D. ( 1974 ). Judgment under uncertainty: Heuristics and biases. *Science*, 185 ( 4157 ), 1124-1131.

Vega-Zamora, M., Torres-Ruiz, F.J., Murgado-Armenteros, E.M. & Parras-Rosa, M. ( 2014 ). Organic as a heuristic cue: What Spanish consumers mean by organic foods. *Psychology & Marketing*, 31 ( 5 ), 349-359.

WangErber, M., Hodges, S.D. & Wilson T.D. ( 1995 ). Attitude strength, attitude stability, and the effects of analyzing reasons. In R.E. Petty & J.A. Krosnick ( Eds. ), *Attitude strength: Antecedents and consequences* ( pp.433-454 ). Hillsdale, NJ: Lawrence Erlbaum Associates.

Ziemke, D.A. ( 1980 ). Selective exposure in a presidential campaign contingent on certainty and salience. *Annals of the International Communication Association*, 4 ( 1 ), 497-511.

# 媒体接触、谣言知识、感知差异和传播效果:对食品安全网络谣言第三人效果的考察*

◎冯 强 马志浩 陶 炜**

**摘要**:作为一种特定的信息类型,食品安全谣言广泛存在于互联网络。尽管已经有大量研究用第三人效果理论分析其他信息类型的感知影响,但以第三人效果视角对网络谣言展开的研究依然缺乏。本研究以食品安全议题为分析对象,研究其网络谣言的第三人感知效应(感知的自我和他者差异)及其影响因素和对个体的影响。借助网络问卷调查(N=795)发现,人们相信食品安全网络谣言对他人的影响超过自己,存在显著的第三人效果。通过结构方程模型分析发现,食品安全信息的媒介接触和食品安全网络谣言的知识都能够显著影响第三人感知。另外,第三人感知也正向影响到对食品安全网络谣言的风险感知和治理支持态度。本研究对理解网络谣言的影响机制具有理论价值和现实意义。

**关键词**:网络谣言,食品安全,第三人效果

## 一、背景

近些年来,媒介的感知影响效果一直被传播学界广泛探讨,这一媒介效果研究的分支聚焦于探讨感知媒介影响的间接效应。在本领域中,由心理学家戴维森(Davison,1983)所提出的第三人效果(the third-person effect)假设便是典型研究路径。第三人效果的基本假设是一个人通常觉得信息(特别是负面信息)对他人的影响超过对自己的影响,并基于这种感知展开个人决策和行动。人们通常会低估媒介信息对自

* 本文英文初稿曾宣读于2019年国际传播学会年会。潘忠党、王蔚、李佳瑞、韩婕等师友对论文修订给予了宝贵建议,特此致谢,文责自负。本文得到山东大学基本科研业务费专项资金资助(2018TB015)。

** 冯强,山东大学新闻传播学院副研究员,博士生导师。马志浩,南京大学新闻与传播学院助理研究员。陶炜,山东大学新闻传播学院硕士研究生。

身的效果,但同时往往会高估媒介信息对他人的影响(Perloff,2002)。既有元分析(meta-analysis)发现,第三人感知(the third-person perception)稳定存在,且属于中等强度(Sun,Pan & Shen,2008)。

然而,既有关于第三人效果的研究鲜有探讨网络谣言议题。在互联网时代,以电脑为中介的传播网络改变了谣言的传播生态,也为谣言研究提供了研究条件和新的研究问题。随着新媒体技术的迅速普及,谣言的传播速度越来越快,传播范围也越来越广。网络谣言作为一种媒介信息,已经广泛存在于互联网上。费舍(Fisher,1998)指出,网络上有许多不同的资源和条件可以提升和促进传播的谣言风格。某些类型的网络传播有传统谣言的特征,比如在聊天室等空间中的非正式、比较随意的网络讨论和传播。

食品安全议题成为全球性的议题。作为人口最多的国家,我国也面临日益突出的食品安全问题。俗语说:“民以食为天,食以安为先。”在过去的十多年里,中国遭遇了许多食品安全事件,包括 2008 年的“三聚氰胺奶粉”事件,2010 年的“地沟油”事件,2013 年的“毒生姜”事件,2017 年的“镉大米”事件等。食品安全问题成为中国公众、社会和国家迫切和多维度的风险(Yan,2012)。在此语境下,关于食品问题的信息,包括谣言,往往引起公众广泛的关注和快速传播。

本研究的目的在于把第三人效果理论应用于食品安全网络谣言这一在传播学经验研究中还较少被关注的话题上。本研究也探讨在网络谣言的信任和传播过程中的相关影响因素,包括知识、媒介接触等。第三人感知产生的食品安全网络谣言的风险感知以及对治理支持态度的影响,也在本研究考察范围内。

## 二、文献综述

### (一)网络谣言和食品安全网络谣言

在心理学家纳普(Knapp,1944)看来,谣言是一种命题,旨在使人相信对当前热点问题的推断,并在未经权威证实的情况下广为传播。他指出,谣言具有三个基本特征:传递性、信息性和表达性。奥尔波特和波斯曼(Allport & Postman,1946)提出了谣言传播的两个必要条件:事件的重要性(importance)和模糊性(ambiguity),两者的乘积等于谣言流通的体量。美国社会学家史部塔尼(Shibutani,1966)提到了谣言的三个特征:集体行为、告知性和建构意义。

作为信息交换和社会互动的平台,互联网在信息流通方面也存在把关方面的弊端。

由于缺少监管和自律,诸多暴力、恐怖和低俗信息在互联网上广泛传播。互联网即时化、互动性、门槛低的特点也为谣言传播提供了便利条件。谣言无处不在。甚至关于互联网的历史也被谣言围绕(Fisher,1998)。随着社交媒体成长和普及,风险信息以网络化的方式传播和扩散。在这种方式上,谣言和其他虚假信息被更快速、更容易地传播。

作为网络谣言的特定类别,食品安全谣言通过互联网得以广泛传播。在传统媒体,由于多重把关人的存在,公众只能获得有限的食品安全的风险信息(Mou & Lin,2014)。相反,社交媒体提供给用户诸多关于食品安全的风险信息,并为交流食品安全议题提供了通讯条件(Magistad,2012)。在我国,社交媒体成为个人分享食品安全风险的重要平台。通过对我国12个重要食品安全事件的6186个微博帖子进行内容分析,牟怡(Mou,2014)发现,公众倾向于使用微博来表达关于食品安全事件的观点、治理和政策,而不是纯粹地使用微博交流信息。在微博上,公众使用的多媒体性能较少,更倾向于表达负面情绪。

第三人效果理论被广泛应用于不同媒介场景和具体议题中的经验研究。研究者将第三人效果理论应用于不同媒介内容,包括广告、新闻、媒介暴力信息、色情内容等。有学者(Paul,Salwen & Dupagne,2000)利用元分析技术对第三人效果的感知效果强度进行研究,发现了足够的证据支持。

然而,关于第三人效果的研究结果充满变数。一些研究发现,人们在某些内容和议题上也出现高估信息对自己的影响,同时低估对他人的影响,也即"第一人效果"(the first-person effect)。可能的解释是,第三人效果中的信息往往是负面的或者并非人们想要的(Gunther & Mundy,1993)。由于存在不切实际的乐观主义心理,人们倾向于认为自己比他人更不容易受到负面信息影响。

网络谣言往往被认为是错误的或者有害的。我国也推出了相关法律和规定来防范和处理网络谣言。在此情况下,我们可以推测,网络谣言在个人感知中会存在第三人效果。所以,我们提出第一个研究假设:

H1:人们倾向于认为食品安全网络谣言对他人的影响高于对自身的影响(即第三人感知效应)。

### (二)第三人感知的影响因素

第三人效果的原因和结果已经被广泛探讨。信息的合意性,个人与他人的社会距离,个体和群体差异(教育程度,知识,自尊感,心理过程)都已经被验证是第三人感知潜在的调节因素(Perloff,2002)。也有学者(Sun,Pan & Shen,2008)通过元分析指出,信息的合意性,参照群体的属性(易受影响性,人口统计学相似性和是否是该信息的受众等)都是第三人感知的调节因素,但社会距离(地理距离)的调节效应并不显著。本研究探讨关于食品安全的媒介信息接触和食品安全网络谣言的知识是否会影响第三人感知,即第三人感知是否受到媒介接触和知识的调节影响。

1.食品安全信息的媒介接触

从理论上讲,媒介接触作为第三人感知的影响因素,通常会放大第三人感知,因为大众媒体可以提供人们克服不确定性的知识信息(Salwen,1998)。然而,经验研究存在结论的不一致性。例如,有研究发现,对广播剧的接触与感知与对他人影响存在正相关(Gunther & Storey,2003)。然而,另一项研究指出,对健康信息的接触对媒介信息感知影响的自我—他人差异存在负面影响(Wei,Lo & Lu,2008)。

就食品安全问题而言,公众往往是通过大众媒体获得和了解最近的食品安全事件,而非通过个人亲身经历。媒体告知公众关于营养和相关的健康议题,远多于医生、护士和注册营养师(T Borra,Earl & Hogan,1998)。然而,传统媒体通常聚焦于食品安全的负面问题,新媒体上存在关于食品安全的负面信息和虚假新闻,这些都可能使受众认为食品安全问题对自我和他人的健康存在消极影响,从而可能缩小他者与自我差异。基于以上讨论,我们提出以下研究假设:

H2:个体对食品安全信息的媒介接触与第三人感知间存在负相关。

2.关于食品谣言的知识

人们关于事件的知识构成了影响或调节第三人感知的关键因素。作为一个权变因素(contingent factor),客观知识或主观知识可以作为处理不确定性的直觉因素。一个人越感觉自己相关知识越多,或者一个人实际上拥有的相关知识越多,越可能觉得自己富有掌握能力。既有研究对自我感知的知识对第三人效果的影响展开了探讨,即当个体越觉得自己是有知识的,越觉得其他人更容易被影响。例如,魏然和罗文辉(Wei & Lo,2007)研究发现,个人关于攻击型广告的知识与自我—他者感知沟存在正相关关系。

然而,个体的客观知识是否也会影响第三人感知这一问题还没有引起学者的足够重视。受既有关于主观知识研究的启发,本研究试图探讨关于食品安全网络谣言的客观知识是否会影响到第三人效果。鉴于主观知识和客观知识的高度相关关系,我们提出以下假设:

H3:个体关于食品安全网络谣言的知识与第三人感知间存在正相关。

### (三)第三人效果产生的个体影响

#### 1.食品安全网络谣言的风险感知

有研究以公路安全运动为研究对象发现,风险感知在第三人效果和积极行为采纳的关系中扮演着调节作用(Lewis, Watson & Tay, 2007)。与感知的同侪规范有关的风险行为感知可以正向预测个体采纳健康行为的意向和放弃健康风险行为(Mou & Shen, 2018)。鉴于风险感知和实际行为间的这种积极关系,本研究认为,在我国食品安全网络谣言的场景中,第三人效果和风险感知间也存在正相关。

H4:第三人效果能够正向预测个体对食品安全网络谣言的风险感知。

#### 2.对食品安全网络谣言的监管支持

对某些议题或者信息进行监管的支持是第三人效果的重要后续影响。人们对监管的支持态度往往聚焦于保护那些无助的他者(Dority, 1991)。以电影审查为例,学者研究发现,对于那些看暴力或色情电影的人来说,他们通常否认这些电影对他们的价值观产生负面影响。然而,他们通常认为电影会对普通公众产生危害,因此他们支持限制此类电影(Davison, 1983)。也有研究发现,在第三人效果与对说唱音乐管制态度间存在强相关(McLeod, Eveland & Nathanson, 1997)。关于网络色情的研究发现,感知公众与自身的差异成为支持审查行为的最强预测变量(Wu & Koo, 2001)。

网络谣言通常被看作负面或者有害的信息。在突发事件和灾难中,谣言散布也形成恐慌效应(Takahashi & Igata, 2012)。食品安全网络谣言也容易产生恐慌情绪。例如,同时吃烧烤和喝可乐有毒。基于以上讨论,我们提出以下假设:

H5:第三人效果认知差异可以显著预测对食品安全网络谣言审查的支持态度。

### (四)媒体接触、风险感知与审查支持态度

大众媒体常因为“偏见性”报道而招致风险学者批判。媒体被认为是风险的社会放大站(Kasperson, et al., 1988)。既有研究也发现,媒介使用可以影响个体有关食品安全议题的风险感知。对本地报纸的接触,对本地电视上食品安全问题的报道都能正向预测他们的食品安全的风险感知(Fleming, et al., 2006)。然而,谣言往往被等同于虚假新闻。谣言的风险感知也与真实、准确的新闻是否能够即时传播有关。在公共舆论中,在谣言(虚假新闻)和真实新闻之间存在零和博弈的关系。实际上,大众媒体有许多对谣言进行证伪的新闻。因此,我们提出以下假设:

H6:个体对食品安全信息的媒介接触与食品安全网络谣言风险感知间存在负相关。

风险感知对于个体决策乃至公共政策制定的形成都具有重要影响,风险的社会放大也形成了行为回应,进而产生政策方面的预防、监督和规制(Kasperson, et al., 1988)。有研究发现,一般型风险会产生更多的对政府管理的支持(Gerber & Neeley, 2005)。然而,只有少数研究分析过风险感知如何影响到对政府政策的偏好。原因可能在于那些影响风险的因素通常也会影响到政策偏好,从而在解释上产生内生性问题。我们提出以下假设:

H7:在食品安全网络谣言议题中,个体的风险感知和审查支持态度间存在正相关。

另外,媒体接触也会影响政策偏好。潘忠党等(Pan & Kosicki, 1996)给出如下解释。

首先,作为信息来源,新闻媒体为公众提供了关于政策估计的共享信息基础。其次,大众媒体为公众提供用于政策思考的抽象规则的解释,或作为范例的图像、例子和片段。最后,通过对范例、情感冲突、隐喻和其他框架装备的使用,大众媒体能够以各种方式架构公共议题(Garrison, 1988; Gamson & Modigliani, 1994)。经验研究(Sotirovic, 2001)也发现,媒介使用可以影响政策支持或偏好。基于以上讨论,我们提出以下假设:

H8:食品安全信息的媒介接触跟审查支持间存在正相关。

基于以上讨论,所有假设研究可以整合成以下研究模型(图1)。

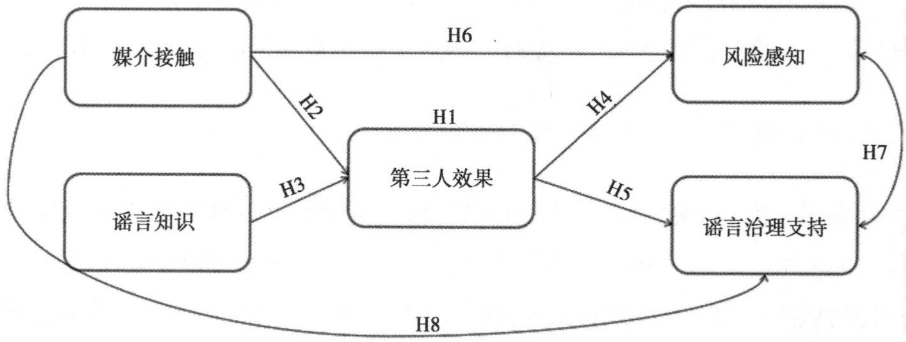


**图1 本研究的假设模型**

## 三、研究设计

### (一)调查过程

本次调查数据来自一次网络调查。调查时间起于2016年8月28日,结束于8月31日。本研究采用网络问卷调查的非随机抽样方式。具体调查如下:把修改后的问卷放置于调查网站——问卷星,通过滚雪球抽样方式进行调查。因为采用在线红包抽奖等激励方式,所以样本回收速度较快。

本研究共获得受访者1183人参与问卷调查,通过剔除回答时间过短、回答量表答案时呈现结构性特征等样本,同时对男女性别比例进行配额,共795份问卷数据纳入最后统计分析。其中,男女比例为44.8%(356人):55.2%(439人)。受访者平均年龄为28.8岁(标准差为9.340)。79.1%受访者具有大学本科及以上学历。80%的受访者个人年收入在9万以内。

### (二)变量测量

对食品安全信息的媒介接触。用四个题型测量,包括“过去的一年内,您对报纸/电视/网站/微博、帖子/上的食品问题的新闻(消息)关注情况”。选项采用5级李克特量表的形式(1=从不关注,5=非常关注)。科伦巴赫信度分析显示,量表信度良好($\alpha=0.853$)。

关于食品安全谣言的知识。用十个对错题进行测量,例如“小龙虾是一种虫子,外国人都不吃”等。每题回答正确得1分,回答错误得0分。因此,本量表得分范围为0至10分(均值为3.56,标准差为2.24)。科伦巴赫信度分析显示,量表信度良好($\alpha=0.705$)。

关于食品安全谣言的第三人感知。该变量主要考虑受访者遇到还未被证实的有关食品安全网上信息的感知。由三对题项进行测量。第一对是“你觉得这些信息对你的影响程度”和“你觉得这些信息对他人的影响程度”。第二对是“你相信的可能性”和“你觉得他人相信的可能性”。第三对是“你转发的可能性”和“你觉得他人转发的可能性”。选项采用5级李克特量表的形式(1=最低,5=最高)。科伦巴赫信度分析显示,量表信度良好($\alpha=0.7222$)。

网络食品谣言的风险感知。本量表由斯巴克斯(Sparks)和谢菲德(Shepherd)

(Sparks & Shepherd,1994)对食品生产和消费的潜在风险感知量表下的“严重性”(severity)因子修改而成。包括“目前,机构对网络食品谣言辟谣充分及时”“网络上食品谣言泛滥不会带来严重后果”“网络上的食品谣言影响面很小”。科伦巴赫信度分析显示,量表信度较好(α=0.630)。

食品安全网络谣言的治理支持。传播学中有关治理支持(support for censorship/restriction)的研究多体现在第三人效果方面,比如,有关暴力、色情节目等。例如,麦克里德等(McLeod,Eveland & Nathanson,1997)对暴力等摇滚歌词的治理支持采用 7 个题项,包括:支持国家和地方立法,支持行业自我监督,禁止内容销售等。受此类研究启发,本研究用以下题项测量食品安全网络谣言的治理支持:“国家应该及时对网络中的食品谣言加以辟谣”“国家应该严格关注网络中食品谣言的传播扩散。”科伦巴赫信度分析显示,量表信度良好(α=0.855)。

## 四、分析发现

首先,我们借助皮尔逊相关分析方法来检验主要变量的关系,为研究问题和假设提供初步分析结果。通过表 1 可以发现,食品安全信息的媒介接触与第三人感知间存在负相关($r=-0.200$, $p<0.001$),与治理支持间存在显著正相关($r=0.205$, $p<0.001$)。此外,关于食品安全信息的媒介接触与食品安全网络谣言的风险感知间也存在显著的负相关($r=-0.176$, $p<0.001$)。关于食品安全网络谣言的客观知识与第三人感知间存在显著的正相关($r=0.203$, $p<0.001$)。第三人感知与风险感知间存在显著的正相关($r=0.252$, $p<0.001$),与治理支持间也存在显著的正相关($r=0.095$, $p<0.001$)。

**表 1　主要变量零秩相关分析矩阵**

| | 1 | 2 | 3 | 4 | 5 | 6 | 7 | 8 | 9 |
|---|---|---|---|---|---|---|---|---|---|
| 1.媒介接触 | - | 0.063$^{+}$ | −0.200$^{***}$ | −0.176$^{***}$ | 0.205$^{***}$ | 0.060$^{+}$ | −0.012 | 0.176$^{***}$ | 0.097$^{**}$ |
| 2.知识 | - | 0.203$^{***}$ | 0.119$^{**}$ | 0.041 | 0.111$^{**}$ | 0.184$^{***}$ | −0.045 | −0.010 | |
| 3.第三人感知 | | - | 0.252$^{***}$ | 0.095$^{**}$ | 0.123$^{***}$ | 0.244$^{***}$ | −0.118$^{**}$ | −0.027 | |
| 4.风险感知 | | | - | 0.072$^{*}$ | 0.101$^{**}$ | 0182$^{***}$ | −0.097$^{**}$ | −0.042 | |
| 5.治理支持 | | | | | - | −0.011 | 0.070$^{*}$ | 0.037 | 0.095$^{**}$ |
| 6.年收入 | | | | | | - | 0.271$^{***}$ | 0.005 | 0.154$^{***}$ |
| 7.教育程度 | | | | | | | - | −0.069$^{+}$ | −0.050 |
| 8.年龄 | | | | | | | | - | 0.022 |
| 9.性别(1=男) | | | | | | | | | - |

我们用配对样本 T 检验的方法对假设 1 进行检验,来看在网络谣言方面是否存在第三人效果。统计结果发现在三种情况下,第三人感知效应均统计显著。在第一对变量中,即在判断信息在个人和他人的影响程度上,差值为 0.322($t=11.806$, $df=794$, $p<0.001$)。在第二对变量中,即在判断信息在个人和他人的相信程度上,差值为 0.306($t=10.581$, $df=794$, $p<0.001$)。第三对变量中,差值为 0.748($t=18.318$, $df=794$, $p<0.001$)。假设 1 被数据支持。

本研究首先对各变量进行因子分析,各题项的因子载荷均超过 0.5,显示各变量内部结构效度良好。其次,本研究利用结构方程模型技术对预设模型进行假设检验,主要利用 Stata 软件,模型参数采用最大似然法进行估计。在本研究中,食品安全信息的媒介接触、关于食品安全网络谣言的知识是模型的外生变量(exogenous variable)第三人效果、风险感知和谣言治理支持作为模型的内生变量(endogenous variable)。性别、年龄、受教育程度和个人年收入作为控制变量。

首先,我们对模型拟合度进行了检验。检验指标和结果如下,卡方检验 $\chi^2/df=1.789$, $p=0.167>0.05$。$RMSEA=0.032$, $SRMR=0.009$,均小于 0.08,并且模型的 $CFI=0.994$, $TLI=0.933$,均大于 0.90。根据以上指标,可以认为模型拟合结果良好,食品安全网络谣言第三人效果的结构方程模型得到了数据支持。另外,统计结果显示,本研究共解释了第三人感知的 13.5%的变差,解释了风险感知 10.1%的变差以及谣言治理支持 7.9%的变差。

其次,统计结果(图 2)表明,食品安全信息的媒介接触与第三人感知存在显著负相关($\beta=-0.202$, $p<0.001$),假设 2 被支持。另外,关于食品安全网络谣言的知识与第三人感知间存在显著正相关($\beta=0.170$, $p<0.001$)。假设 3 被支持。第三人感知与食品安全谣言的风险感知和谣言治理支持的关系也在本研究中被验证。其中,第三人感知与风险感知间存在显著正相关($\beta=0.185$, $p<0.001$),与谣言治理支持间也存在显著的正相关($\beta=0.119$, $p<0.01$)。假设 4 和假设 5 均得到数据支持。统计结果也发现,媒介接触与风险感知存在显著的负相关($\beta=-0.132$, $p<0.001$)。对食品安全信息的媒介接触与食品安全网络谣言的治理支持则有显著的正相关($\beta=0.242$, $p<0.001$)。假设 6 和假设 8 被数据支持。风险感知与审查支持间存在显著的正相关($\beta=0.086$, $p<0.05$)。假设 7 被数据支持。

## 五、结论和讨论

总体上来说,本研究把第三人效果理论延伸到食品安全信息的媒介接触和知识如

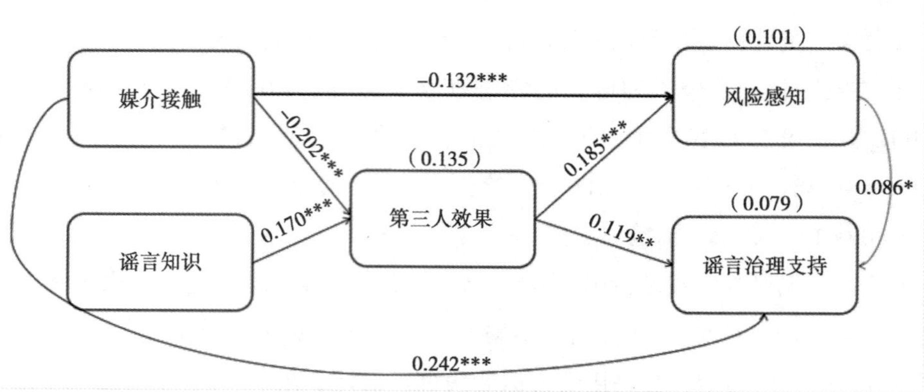


注释: * p<0.05; ** p<0.01; *** p<0.001。所有系数皆为标准化路径系数。

**图 2　本研究的结构方程模型估计系数**

何影响到食品安全网络谣言的第三人感知(他人和自我的差异沟)以及这种感知如何影响到食品安全网络谣言的风险感知和治理支持。我们也分析了第三人感知的中介效应。研究发现,在食品安全网络谣言议题上,媒介接触和知识可以影响第三人感知,进而影响到网络谣言的风险感知和对网络谣言的治理支持。

这项研究有几项关键发现。首先,就食品安全网络谣言而言,也存在第三人效果,即人们对于那些负面或者不想要的信息,倾向于认为它们对他人的影响超过对自己的影响。这与前人对负面信息的第三人效果研究结论一致(Gunther,1995; Hoffner, et al.,1999; Wei & Lo,2007)。

其次,我们检验了关于食品安全信息的媒介接触对第三人感知的影响。一个人接触食品安全信息越多,感觉到他人和自我的差异越小。一个可能的解释是,对食品安全问题信息的消极接触可能会带来对食品安全问题的更多的负面态度。人们可能认为这些问题比较严重,其背后的那些未被证实的信息对人们的影响和对自身的影响趋近一致。

第三,人们关于食品安全网络谣言的知识越多,越能识别食品安全网络谣言,越可能认为他人易受食品安全网络谣言的影响。既有研究发现,自我感知的知识对第三人效果具有正向影响(Lasorsa,1989; Peiser & Peter,2000)。本研究采用测量人们客观掌握的知识,进而分析其对第三人感知的影响,同样发现存在积极显著影响。无论是感知知识和客观知识对第三人效果的影响都建立在以下假设基础上,即人们越有见识,人们越可能认为他们对自身生活充满可控性。本研究证实了这一假设。如果一个人越能够识别食品安全网络谣言,他们会觉得自身在相信或者转发网络谣言等方面上的可能性更低。

第四,本研究也为考察第三人效果的后续影响,即对个人态度等的影响提供了证据支持。虽然第三人效果对感知的影响被广泛研究(Perloff,2002; Paul,Salwen & Dupagne,2000; Sun,Pan & Shen,2008),很少研究分析第三人效果与风险感知间的内在关系。本研究表明,这种自我和他者差异沟与食品安全网络谣言的风险感知存在正相关。同时,这种感知的差异沟也会影响到人们对食品安全网络谣言的支持态度,这与既有关于第三人效果产生的对负面信息治理支持的正向影响的相关研究一致(Gunther,1995; Lee & Tamborini,2005; Wei,Lo & Lu,2008; et al.)。

最后,在食品安全议题上,媒介接触与网络谣言的风险感知间存在负相关,同时媒介接触也可以通过减少第三人效果进而降低风险感知。第三人效果在媒介接触与网络谣言风险感知间存在部分中介效应(partial mediating effect)。这也意味着,媒介信息的传播有利于降低人们对网络谣言的风险感。

本研究具有如下理论意义。首先,既有研究主要分析传统媒体信息的第三人效果。把第三人效果理论应用于网络谣言上的研究较少。本研究推广了第三人效果理论的研究场景。其次,在测量网络谣言对自身和他人的感知影响方面,考虑到社交媒体用户的互动和转发等行为,我们不仅调查受访者对网络谣言的态度或价值观,也调查受访者认为自己和他人对这些信息转发的频次。这种题项同样体现和构成了第三人感知。第三,本研究整合了第三人感知的前因(媒介接触、知识)和后果(风险感知、治理支持)。这一模型可以在将来的社交媒体议题上进行应用和修订。最后,本研究对理解舆论和网络规制的关系具有启发意义。对于互联网治理而言,信息的负面影响不在于人们觉得这些信息对自身影响的严重程度,而在于认为这些信息对他人影响更大。这种感知差异沟对风险感知和治理支持具有直接正面影响。第三人效果理论可以帮助我们从另外视角解释公共舆论、风险感知与治理支持的复杂关系。

本研究存在以下局限性。第一,传统媒体和新媒体在信息生成、传播机制、可信度等方面均存在差异,不同渠道的媒介使用可能对第三人效果的影响存在差异,甚至相反。后续研究可以在网络语境下比较传统媒体和新媒体的接触在形成第三人效果方面的差异。第二,媒介使用方式,比如消极的媒介接触和积极的信息搜索行为可能对第三人效果的影响也存在差异。将来研究还可以从媒介使用方面去聚焦第三人效果的形成机制。第三,本研究使用的是便利样本,可能会影响结论的代表性和推广性。截面调查数据也在充分检验因果关系方面存在困难。

## 参考文献


Allport G W, Postman L. An analysis of rumor[J]. Public opinion quarterly, 1946, 10(4): 501-517.

Davison W P. The third-person effect in communication[J]. Public opinion quarterly, 1983, 47(1): 1-15.

Dority B. Civil Liberties Watch: Profile of a Censor[J]. The Humanist, 1991, 51(1): 43.

Fisher D R. Rumoring theory and the Internet: A framework for analyzing the grass roots[J]. Social Science Computer Review, 1998, 16(2): 158-168.

Fleming K, Thorson E, Zhang Y. Going beyond exposure to local news media: An information-processing examination of public perceptions of food safety[J]. Journal of Health Communication, 2006, 11(8): 789-806.

Garrison W A. The 1987 distinguished lecture: A constructionist approach to mass media and public opinion[J]. Symbolic interaction, 1988, 11(2): 161-174.

Gamson W A, Modigliani A. The changing culture of affirmative action[J]. Equal employment opportunity: labor market discrimination and public policy, 1994: 373-394.

Gerber B J, Neeley G W. Perceived risk and citizen preferences for governmental management of routine hazards[J]. Policy Studies Journal, 2005, 33(3): 395-418.

Gunther A C. Overrating the X-rating: The third-person perception and support for censorship of pornography[J]. Journal of Communication, 1995, 45(1): 27-38.

Gunther A C, Mundy P. Biased optimism and the third-person effect[J]. Journalism Quarterly, 1993, 70(1): 58-67.

Gunther A C, Storey J D. The influence of presumed influence[J]. Journal of Communication, 2003, 53(2): 199-215.

Hoffner C, Buchanan M, Anderson J D, et al. Support for censorship of television violence: The role of the third-person effect and news exposure[J]. Communication Research, 1999, 26(6): 726-742.

Kasperson R E, Renn O, Slovic P, et al. The social amplification of risk: A conceptual framework[J]. Risk analysis, 1988, 8(2): 177-187.

Knapp R H. A psychology of rumor[J]. Public opinion quarterly, 1944, 8(1): 22-37.

Lasorsa D L. Real and perceived effects of 'Amerika'[J]. Journalism Quarterly, 1989, 66(2): 373-529.

Lee B, Tamborini R. Third-person effect and Internet pornography: The influence of collectivism and Internet self-efficacy[J]. journal of Communication, 2005, 55(2): 292-310.

Lewis I, Watson B, Tay R. Examining the effectiveness of physical threats in road safety advertising: The role of the third-person effect, gender, and age[J]. Transportation research part F: traffic psychology andbehaviour, 2007, 10(1): 48-60.

Magistad M K.How weibo is changing china[J].Yale Global,2012.

McLeod D M,Eveland Jr W P,Nathanson A I.Support for censorship of violent and misogynic rap lyrics:An analysis of the third-person effect[J].Communication Research,1997,24(2):153-174.

Mou Y.What can microblog exchanges tell us about food safety crises in China? [J].Chinese Journal of communication,2014,7(3):319-334.

Mou Y,Lin C A.Communicating food safety via the social media:The role of knowledge and emotions on risk perception and prevention[J].Science Communication,2014,36(5):593-616.

Mou Y,Shen F.(Potential)patients like me:testing the effects of user-generated health content on social media[J].Chinese Journal of Communication,2018,11(2):186-201.

Pan Z,Kosicki G M.Assessing news media influences on the formation of Whites' racial policy preferences[J].Communication Research,1996,23(2):147-178.

Paul B,Salwen M B,Dupagne M.The third-person effect:A meta-analysis of the perceptual hypothesis [J].Mass Communication & Society,2000,3(1):57-85.

Peiser W, Peter J. Third-person perception of television-viewing behavior [J]. Journal of Communication,2000,50(1):25-45.

Perloff,R.M.The third-person effect.In J.Bryant & D.Zillmann (Eds.),Media effects:Advances in theory and research (2nd ed.,pp.489-506).2002,Mahwah,NJ:Erlbaum.

Salwen M B.Perceptions of media influence and support for censorship:The third-person effect in the 1996 presidential election[J].Communication Research,1998,25(3):259-285.

Shibutani T.Improvised news:A sociological study of rumor[M].Ardent Media,1966.

Sparks P,Shepherd R.Public perceptions of the potential hazards associated with food production and food consumption:an empirical study[J].Risk analysis,1994,14(5):799-806.

Sotirovic M.Affective and cognitive processes as mediators of media influences on crime-policy preferences[J].Mass Communication & Society,2001,4(3):311-329.

Sun Y,Pan Z,Shen L.Understanding the third-person perception:Evidence from a meta-analysis[J]. Journal ofcommunication,2008,58(2):280-300.

Takahashi T,Igata N.Rumor detection on twitter[C]//The 6th International Conference on Soft Computing and Intelligent Systems,and The 13th International Symposium on Advanced Intelligence Systems. IEEE,2012:452-457.

T BORRA S,Earl R,Hogan E H.Paucity of nutrition and food safety ' news you canuse' reveals opportunity for dietetics practitioners[J].Journal of the American Dietetic Association,1998,98(2):190-193.

Wei R,Lo V H.The third-person effects of political attack ads in the 2004 US presidential election[J]. Media Psychology,2007,9(2):367-388.

Wei R,Lo V H,Lu H Y.Third-person effects of health news:Exploring the relationships among media exposure, presumed media influence, and behavioral intentions[J]. American Behavioral Scientist, 2008, 52(2): 261-277.

Wu W, Koo S H. Perceived effects of sexually explicit Internet content: The third-person effect in Singapore[J]. Journalism & Mass Communication Quarterly, 2001, 78(2): 260-274.

Yan Y. Food safety and social risk in contemporary China[J]. The Journal of Asian Studies, 2012, 71(3): 705-729.

# 查验是否影响信念:以中国公众的新冠疫情认知为例*

◎ 楚亚杰 余文婷**

**摘要**:新冠病毒全球大流行及随之而来的不实信息疫情再次引发人们对媒介素养教育的期待。从大众传播到数字传播,媒介素养的概念和内涵在不断演变,信息处理策略作为媒介素养的核心要素也需要不断做出调整以应对信息环境的变化。当下以查验为代表的信息处理策略是否能够化解不实信息对科学认知的负面影响?通过一项代表中国网民总体的问卷调查,本研究考察了媒介使用、媒介信任、先前经历及查验策略对新冠防疫知识和新冠谣言鉴别的影响。研究发现,频繁使用由专业人士把关媒介渠道的网民拥有更高的谣言鉴别力,搜索引擎的使用也正向预测了知识获取和鉴别能力;对专业媒体和平台媒体的信任一正一反地预测了知识获取及谣言鉴别;先前的不实信息经历反向预测了知识获取及谣言鉴别;积极的不实信息应对和消极的辟谣信息传播,均反向预测了知识获取和谣言鉴别力;自我报告的查验偏好正向预测了防疫知识获取,但对谣言鉴别无显著影响。研究确定了查验这一信息处理策略在新冠病毒认知上的有限作用,并对其中的不一致性做出解释。研究建议进一步丰富和拓展数字时代的媒介素养内涵,发展更加可靠的测量工具及重视传播与信念的交互作用机制。

**关键词**:新冠病毒,查验,信念,信息处理策略,媒介素养

新冠病毒引发的全球性不实信息疫情(infodemic of misinformation)再一次引发社会公众对当下信息环境的担忧。林林总总的应对方案中,有些指向内容生产者,有些指向传播平台,还有一些希望通过媒介素养教育来提高公众鉴别不实信息的能力。就受众取向的媒介素养解决方案而言,人们除了需要重新组织自己的媒介菜单(media

* 基金项目:国家转基因生物新品种培育重大专项"转基因生物技术发展科普宣传与风险交流"子课题"中国科学传播能力评估"(2016ZX08015002-005)。

** 楚亚杰,复旦大学新闻学院讲师,博士。余文婷,香港城市大学媒体与传播系博士候选人。

repertoires),还需要发展合理的信息处理策略(Information Processing Strategies,IPS),以应对潮水般涌来的真假难辨、良莠不齐的信息。

鉴于信息处理策略之于媒介素养的重要意义,本研究拟从数字传播环境凸显的查验策略入手,通过一项代表全国网民总体的问卷调查,探寻数字环境下中国民众的信息处理策略与新冠疫情认知的关系。

## 一、数字传播环境凸显查验策略的重要性

### (一)数字时代的媒介素养解决方案

媒介素养定义繁多,在不同时期、不同社会情境下也各有侧重。但毫无疑问,它始终是包括传播学、教育学等在内多个领域都十分关注的重要概念。从大众传播时代到数字传播时代,尽管不断遭遇信息素养(information literacy)、新闻素养(news literacy)、数字素养(digital literacy)等新兴素养概念的挑战,面对各种传播困境时它还是常常作为一剂实践领域所期待的"灵丹妙药"重回公众的视线。①

近年来,包括假新闻、谣言在内各种不实信息的泛滥再度引发人们对媒介素养研究的兴趣。这些媒介素养取向的解决方案,究其核心是武装公众的认知能力,帮助他们批判地看待媒介组织、媒介文本及媒介的影响,辨别事实和故事,识别媒介再现世界与真实生活之间的界限。② 这一解决方案的理论支持有多个来源,其中免疫理论(inoculation theory)就认为先前的信息接触能够帮助受众抵御未来的攻击,由此推论素养干预能够帮助受众获得面对不实信息的"免疫"能力。③

但迄今为止,关于媒介素养是否能够迎击不实信息的经验证据还严重不足。除此之外,源自不同路径和传统的素养概念及其测量也给经验研究带来巨大挑战。一项经验研究发现,在媒介素养、信息素养、新闻素养及数字素养当中,只有信息素养预测了美国民众对于虚假新闻报道的识别状况。④ 这些经验研究发现提醒我们关注不同素

---

① Jones-Jang, S.M., Mortensen, T., & Liu, J. Does media literacy help identification of fake news? Information literacy helps, but other literacies don't [J/OL]. [2020-9-10]. https://journals. sagepub. com/doi/abs/10. 1177/0002764219869406.

② Flynn, D.J., Nyhan, B., & Reifler, J. The nature and origins of misperceptions: Understanding false and unsupported beliefs about politics[J]. Political Psychology, 2017, 38: 127-150.

③ Jeong, S.H., Cho, H. & Hwang, Y. Media literacy interventions: A meta-analytic review[J]. Journal of Communication, 2012, 62(3): 454-472.

④ Jones-Jang, S.M., Mortensen, T. & Liu, J. Does media literacy help identification of fake news? Information literacy helps, but other literacies don't [J/OL]. [2020-9-10]. https://journals. sagepub. com/doi/abs/10. 1177/0002764219869406.

养概念之间的交叠与差异,以及不同测量工具可能带来的偏误。

基于上述发现,我们需要反思源于大众传播时代的媒介素养概念在去中心化和参与性变强的数字传播时代是否依然有效。换言之,传统媒介素养研究所强调的媒介信息批判,还能应对当下快速变动的复杂数字传播情境吗?此外,传统媒介素养所倡导的生产和参与又如何在数字环境中重新加以体现和测量?这些问题推动我们重新思考媒介素养外延和内涵的变动,以及相应地体现在信息处理策略上的重要变化。

### (二)信息处理策略的与时俱进

信息处理策略指的是个人在日常生活中探索出的一套应对大量媒介信息时行之有效的技巧,是个体付出认知心力逐步适应外部信息环境的结果。① 常见的信息处理策略有选择性浏览(selective scanning)、积极处理(active processing)、反思整合(reflective integration)、推敲(elaboration)等,分别代表媒介接触过程之中和之后受众主动的认知与思维活动。②

信息处理策略凸显了受众掌控信息的意识和能力,这与媒介素养的核心和目标不谋而合。媒介信息处理中的思考、质疑、拒绝及核实这样的认知策略,正对应于媒介素养所强调的“分析”“评价”等能力。③ 近半个世纪以来,以威斯康辛学派为代表的研究者试图不断发展和完善信息处理策略相关模型,不断拓展认知中介模型(Cognitive Mediation Model,CMM)、传播如何影响信念的整合模型(Integrated Model of Communication Influence on Beliefs,IMCIB)等,以整合传播学、教育学、认知心理学等既有理论资源,回应传播效果研究的经典问题。④

既有信息处理工具箱凸显了以个人认知能力为基础的关注、推敲等策略的重要性。它强调在向媒介学习时动机自身不能产生知识,动机只有在促进个体对相关媒介内容的关注和推敲时才能产生知识,关注和推敲增加了记忆留存及信息提取的可

---

① Kosicki,G.& McLeod,J.Learning from political news:Effects of media images and information-processing strategies[A].Mass Communication and Political Information Processing[M].Ed.Kraus, S.Hillsdale, NJ:Erabaum, 1990:69-83.

② Eveland,W.Information-processing strategies in mass communication research[A].The Evolution of Key Mass Communication Concepts:Honoring Jack McLeod[M].Eds.Dunwoody,S.,Becker,L.,McLeod,D.and Kosicki,G.Cresskill NJ:Hampton Press,2005:217-248.

③ 周葆华.媒介信息处理及相关因素:中国公众媒介素养基本现状[A].陆晔,等.媒介素养:理念、认知、参与[M].北京:经济科学出版社,2010:256-280.

④ Eveland,W.P.& Cooper,K.E.An integrated model of communication influence on beliefs[J].Proceedings of the National Academy of Sciences (PNAS),2013,110(Supplement 3):14088-14095.

能性。这类信息处理策略的作用在健康传播[①]、社会运动[②]等领域的研究当中获得验证。

媒介环境的变化促使人们不断变更和调整信息处理策略。数字传播时代,媒介体验当中的协作性增强,智能设备对于记忆外放(off-load)功能愈加重要。以往基于个体认知能力的信息处理策略也需要随着传播环境的变动进行更新或改变。查验被认为是新闻用户的核心技能。读者是信息的第一层"看门人",[③]如果读者可以在阅读信息时加以查验,甄别信息真伪,就能减少虚假信息的传播。[④] 作为新闻素养的主要构成内容,新闻用户通过避免被误导、寻找到可靠的信息、纠正错误信息等方面的能力,来"掌控"自己的新闻体验。[⑤] 同时,查验也是信息素养及其他素养的重要组成部分,常见的测量中往往将搜索、定位特定信息的能力视为个人信息技能的直观体现。[⑥] 媒介素养也关注查验能力,它凸显了媒介素养批判性和行动性的面向。[⑦]

基于上述发现,本研究将数字时代媒介素养的考察聚焦于信息处理策略中的查验偏好。毫无疑问,信息处理策略的关注、推敲、选择性浏览等,在当下的信息传播环境当中依然重要并且可能已发展出值得深入探究的新形式,但对查验策略的研究不仅有望打破现有不同素养研究的隔阂,还有望为当下实践领域流行的对策建议提供更为扎实的经验证据。

### (三)查验作为一种规范性期待及其争议

查验包含了某种规范性的期许,即希望某些信息纠错行为能够帮助人们澄清事

---

① Jensen, J.D. Knowledge acquisition following exposure to cancer news articles: a test of the cognitive mediation model [J]. Journal of Communication, 2011, 61(3): 514-534.

② 李宗亚,罗文辉,卢鸿毅,魏然.信息处理策略与政治讨论对赛局性知识与实质性知识的影响[J].中华传播学刊,2019,(36):117-155.

③ Pearson, G.D. & Kosicki, G.M. How way-finding is challenging gatekeeping in the digital age[J]. Journalism Studies, 2017, 18(9), 1087-1105.

④ Vraga, E.K., Tully, M., Maksl, A., Craft, S. & Ashley, S. Theorizing news literacy behaviors [J/OL]. Communication Theory, 2020: 1-21, [2020-9-30]. https://academic.oup.com/ct/advance-article-abstract/doi/10.1093/ct/qtaa005/5867271

⑤ Ashley, S., Maksl, A., & Craft, S. Developing a news media literacy scale[J]. Journalism & Mass Communication Educator, 2013, 68(1): 7-21.

⑥ Boh Podgornik, B., Dolničar, D., Šorgo, A., & Bartol, T. Development, testing, and validation of an information literacy test (ILT) for higher education[J]. Journal of the Association for Information Science and Technology, 2016, 67(10): 2420-2436.

⑦ 周葆华,陆晔.受众的媒介信息处理能力[J].新闻记者,2008,(4):60-63.

实、获得真相，这一点在“后真相”的全球性时代语境显得意义非凡。① 但这一期待面临多重挑战。首先，公众是否能够胜任查验者这一角色存疑。已有研究发现，在认知偏见的作用下，人们倾向于相信那些支持自己观点的错误信息②；此外，查验需要一定程度的付出和技能，显然并非人人都能如此。③

其次，查验能否带来积极的效果也仍存在较大争议。④ 在涉及政治信息及党派偏见的实验当中观察到更多逆火效应。⑤ 更多研究显示逆火效应证据不足，即使查验信息挑战了人们固有的意识形态，人们也会承认事实信息。⑥ 有研究认为，问题不在于查验是否有效，而在于何时有效（when）、为何有效（why），并建议与人们的动机及信息特征关联起来。⑦

尽管科学类信息在透明性、可验证性方面具有显著优势，但依然存在不确定性，科学界同样饱受不实信息及其社会后果的困扰。多年来科学界一直同儿童疫苗、艾滋病等有关的谣言和错误治疗方法“作战”，但辟谣收效甚微甚至适得其反。⑧ 因此，我们有必要通过经验证据，考察查验这类具有数字传播时代特点的信息处理策略及其影响。

## 二、研究问题和假设

信息处理策略（特别是查验偏好）以及相关的媒介使用、媒介信任如何影响人们特定的信念（beliefs）？本研究以一项代表全国网民总体的问卷调查数据为基础，通过

---

① Lewandowsky, S., Ecker, U.K.& Cook, J.Beyond misinformation: Understanding and coping with the "post-truth" era [J].Journal of applied research in memory and cognition, 2017, 6(4): 353-369.

② Weeks B.& Garrett R.Electoral Consequences of Political Rumors: Motivated Reasoning, Candidate Rumors, and Vote Choice during the U.S.Presidential Election[J].International Journal of Public Opinion Research, 2014, 26(4): 401-422.

③ Edgerly, S.Seeking out and avoiding the news media: Young adults' proposed strategies for obtaining current events information[J].Mass Communication and Society, 2017, 20(3): 358-377.

④ Nieminen, S.& Rapeli, L.Fighting misperceptions and doubting journalists' objectivity: a review of fact-checking literature[J].Political Studies Review, 2019, 17(3): 296-309.

⑤ Nyhan, B.& Reifler, J.When corrections fail: The persistence of political misperceptions[J].Political Behavior, 2010, 32(2): 303-330.

⑥ Wood, T.& Porter, E.The elusive backfire effect: Mass attitudes' steadfast factual adherence[J].Political Behavior, 2019, 41(1): 135-163.

⑦ Edgerly, S., Mourão, R.R., Thorson, E.& Tham, S.M.When do audiences verify? How perceptions about message and source influence audience verification of news headlines[J].Journalism & Mass Communication Quarterly, 2020, 97(1): 52-71.

⑧ Bode, L.& Vraga, E.K.See something, say something: Correction of global health misinformation on social media[J].Health communication, 2018, 33(9): 1131-1140.

考察中国网民对于新冠疫情的事实型认知(防疫知识)与解释型认知(新冠谣言)状况,以及媒介使用、媒介信任及信息处理策略对不同认知的作用,尝试对上述问题做出实证检验与回答。

### (一)中国公众的新冠疫情认知状况如何?

需要说明的是,本研究将公众的认知结果定义为"信念"。知识和信念这两个概念之间的边界是哲学领域长期讨论的话题。从实用的角度来看,特别是在科学语境下,知识和信念都是人们对于现实的认知陈述;信念指的是有关现实某些特性的主观论断,它可能是准确的也可能不准确,还可能无法被归入上述两类,知识则是那些被事实检验过的或客观上准确的信念。① 历史地看,即便"最硬核"的科学知识本身也具有时代性和不确定性。基于以上考虑,我们用信念统括客观知识和主观论述。但为了研究的便利,我们将这些与新冠疫情有关的信念区分为事实型的防疫知识及谣言这种包含因果解释的主观陈述。②

不同社会文化情境下人们对同一事物的信念可能存在巨大差异,这种差异在科学议题上也同样存在。例如一项研究发现,同样面对甲型 H1N1 流感带来的健康风险,香港居民的风险感知和健康行为之间存在着与西方国家观察到的情形不一致的结果,研究者认为文化差异是一个重要的影响因素。③ 有研究系统回顾了亚洲各国在疫苗接种方面遇到的困境,考虑到文化差异,研究者提出了针对性的改进传播建议。④

同样的,不同人口学特征的群体可能在新冠认知方面也存在较大差异。有关新冠疫情初期中国民众防疫行为的研究显示,中国民众高度配合由政府发动和主导的全民抗疫举措,基本生活大幅压缩,社交活动基本断绝,并恪守防疫倡导的卫生习惯,尽管也存在自服药物等个别过度防疫行为,总体上民众的防疫行为高度一致并很快取得积极成效。⑤ 行为与认知的关系错综复杂,行为的一致未必基于相似的认知,且防疫行为具有法律约束性和较强的社会压力。因此,我们需要从考察民众的科学认知状况开

---

① Hindman,D.B.Knowledge gaps,belief gaps,and public opinion about health care reform[J].Journalism & Mass Communication Quarterly,2012,89(4):585-605.

② Uscinski,J.& Parent,J.*American conspiracy theories*[M].Oxford University Press,2014:31-36.

③ Lau,J.T.,Yeung,N.C.,Choi,K.C.,Cheng,M.Y.,Tsui,H.Y.& Griffiths,S.Factors in association with acceptability of A/H1N1 vaccination during the influenza A/H1N1 pandemic phase in the Hong Kong general population[J].Vaccine,2010,28(29):4632-4637.

④ Sheldenkar,A.,Lim,F.,Yung,C.F.& Lwin,M.O.Acceptance and uptake of influenza vaccines in Asia:a systematic review[J].Vaccine,2019,37(35):4896-4905.

⑤ 楚亚杰,陆晔,沈菲.新冠疫情下中国公众的知与行——基于"全国公众科学认知与态度"调查的实证研究[J].新闻记者,2020,(5):3-13,96.

始提出第一个研究问题。

研究问题1:不同人口学特征的中国民众在新冠疫情相关的防疫知识和谣言识别上有何差异?

### (二)中国公众偏爱哪些不实信息应对策略?

如前文所述,查验作为对抗不实信息影响的重要手段被实践领域寄予厚望。这一理念反映到新闻生产领域是各类事实核查类媒体的兴起。[①] 但一些研究发现,记者进行事实核查的动机并不是其所声称的提供"纯洁无偏的查验",而是准备与编辑或那些可能提出异议的人进行论战,从而捍卫自己先前的观点。[②] 同时,面对快节奏的新闻生产需求,记者们所进行的查验也往往来自极少的几个来源。[③] 因此,这些在极短时间内发生的认知偏差不可避免地会影响专业内容生产者的查验决断。

如果专业群体尚且受认知偏差的影响,那么对于未受过专业训练的普罗大众来说,是否也同样受此影响?对此,我们需要从几个角度考察查验策略在中国民众当中的应用状况:首先,考察个体面对不实信息时的应对行为是偏向积极还是消极;其次,考察面对替代性信息(如辟谣信息)时的应对偏向积极还是消极;最后,询问人们进行查验的行为意向,即个体所报告的查验行为偏好。关于查验行为在人群中的分布,有研究发现人们在社交媒体上是否分享事实核查信息与年龄、意识形态、先前行为有关。[④] 由此,我们提出第二个研究问题。

研究问题2:不同人口学特征的中国民众面对不实信息及辟谣信息时的反应有何差异?他们在查验偏好上又有何差异?

### (三)信息处理策略如何影响疫情相关的信念?

科学传播语境下,科学知识和信念的形成可能源自相同的信息传播过程。关于传播如何影响信念的整合模型(IMCIB)融合了以客观知识为基础的"缺失模型"(deficit model),以及传播学有关信念形成和态度形成相关的模型,试图建构一种更为系统和

① Young, D.G., Jamieson, K.H., Poulsen, S.& Goldring, A.Fact-checking effectiveness as a function of format and tone: Evaluating FactCheck.org and FlackCheck.org[J].Journalism & Mass Communication Quarterly, 2018, 95(1): 49-75.

② Shapiro, I., Brin, C., Spoel, P.& Marshall, L.Images of essence: Journalists discourse on the professional discipline of verification[J].Canadian Journal of Communication, 2016, 41(1): 37-48.

③ Brandtzaeg, P.B., Følstad, A.& Chaparro Domínguez, M.Á.How journalists and social media users perceive online fact-checking and verification services[J].Journalism practice, 2018, 12(9): 1109-1129.

④ Amazeen, M.A., Vargo, C.J.& Hopp, T.Reinforcing attitudes in a gatewatching news era: Individual-level antecedents to sharing fact-checks on social media[J].Communication Monographs, 2019, 86(1): 112-132.

全面的理论解释。它将相关因素划分为四个组别:"先赋变量"(priors)指的是意识形态和价值观、社会经济地位(SES)、动机这类存在在先的因素;"传播暴露"(communication exposure)指的是媒介使用和人际讨论这些信息传播渠道变量;"传播处理"(communication processing)则指的是"提出不同意见"(counterarguing)、"认知推敲"(cognitive elaboration)这样的信息处理策略;"效果"(effect)则是信念的生成。[①] 从影响机制来看,"先赋变量""传播暴露"和"传播处理"都会直接或间接影响"效果",但研究者强调这一理论模型并不是线性的,而是存在捷径和反作用回路。

从整合模型试图统括的变量和作用机制,我们不难看出传播对信念形成的影响是复杂的。任何尝试捕捉这些复杂性的模型,需要澄清由不同动机驱动、暴露于不同媒介内容的差异化媒介使用,需要阐明促进或阻碍从媒介学习影响因素之意义,需要阐明学习所必须中介步骤的意义,阐明反馈回路的意义。整合模型本身就涵盖了诸多因素,再加上捷径和交互回路的存在,以及概念测量上的困难,这一理论模型尚未得到足够的经验检验。但它仍为我们思考查验策略之于科学信念的作用提供了参考框架。基于整合模型的理念,我们尝试提出第三个研究问题。

研究问题 3:不实信息应对、辟谣信息传播及查验策略如何影响民众的防疫知识水平和谣言识别能力?

查验是否能纠正错误的信念?有研究证实了更正信息的作用,接触更正信息对准确信念的形成具有积极意义,[②]那些接触更正信息的人更能识别假新闻。[③] 因此,我们提出如下假设:

研究假设 1.1:积极的辟谣信息传播能够提高人们的新冠防疫知识水平。

研究假设 1.2:积极的辟谣信息传播能够提高人们的新冠谣言识别力。

经验研究发现,经常阅读事实查验文章会提高(自我报告的)政治知识水平,[④] 经常访问事实核查网站也会提高人们政治判断的准确性。[⑤] 因此,我们继续提出假设:

---

① Eveland, W.P.& Cooper, K.E.An integrated model of communication influence on beliefs[J].Proceedings of the National Academy of Sciences (PNAS), 2013, 110(Supplement 3):14088-14095.

② Weeks, B.Emotions, Partisanship, and Misperceptions: How Anger and Anxiety Moderate the Effect of Partisan Biao on Susceptibility to Political Misinformation[J].Journal of Communication, 2015, 65(4):699-719.

③ Porter, E., Wood T.& Kirby, D.Sex Trafficking, Russian Infiltration, Birth Certificates, and Pedophilia: A Survey Experiment Correcting Fake News[J].Journal of Experimental Political Science, 2018, 5(2):159-164.

④ Dunn, S.W., L. Butler, S., Meeks, K. & Collier, J. Communication Quarterly Rockin'the Gubernatorial Vote: Young People's Normative Democratic Attitudes and Behaviors in a Low-Involvement Election[J].Communication Quarterly, 2015, 63(5):603-619.

⑤ Gottfried, J.A., Hardy, B.W., Winneg, K.M.& Jamieson, K.H.Did fact checking matter in the 2012 presidential campaign? [J].American Behavioral Scientist, 2013, 57(11):1558-1567.

研究假设 2.1:被访者越偏好信息查验,其新冠防疫知识水平越高。

研究假设 2.2:被访者越偏好信息查验,其新冠谣言识别力越强。

## 三、数据和测量

### (一)样本描述

本研究使用数据来自"中国科学传播能力研究"项目组于 2020 年 3 月 2 日-3 月 23 日面向全国网民展开的《全国公众科学认知与态度调查》配额抽样调查。根据中国互联网络信息中心(CNNIC)《第 44 次中国互联网络发展状况统计报告》中的网民构成数据,分配性别(男性 52.4%)、年龄、学历和城乡(农村 26.3%)配额抽样。响应率约为 11%,有效样本量 3000 个。与类似主题问卷调查多采用的方便抽样相比,本次调查实现了对农村、中低学历群体的充分覆盖,较好地代表全国范围网民的基本特征。

### (二)因变量

根据已有研究对受众的特定认知或信念区别,本研究将其区分为有关病毒性质及预防的客观知识(即"防疫知识")和有关病毒来源的谣言(即"谣言鉴别")。针对新冠病毒及预防的客观知识主要来自科学共同体,并通过包含大众媒体在内的各种传播渠道进行广泛传播,而有关病毒来源的谣言难以追溯确切的来源,但具有广泛的传播性特征,反映出人们在不确定性增强的背景下试图对因果关系提出的解释。

防疫知识:对新冠病毒及相关预防知识的测量,主要采用"喝高度白酒并不可以抵抗新型冠状病毒(对)""病毒喜欢湿冷环境,因此打开家里空调和取暖器,室温增高到 30 度可以抵抗新型冠状病毒(错)""越光滑的地方,病毒越容易存活,因此病毒在毛衣上存活的时间相对金属表面短(对)""口含姜片出门可以预防新型冠状病毒性肺炎(错)"这 4 个媒体广泛报道的客观知识。根据被试答对与否,将 4 个题项加总为一个新冠"防疫知识"指标。

谣言鉴别:基于科学界对新冠病毒并非来自人工的共识,以及新冠病毒已在欧美国家开始流行的事实,询问被访者两种在网络上比较流行的谣言:"新型冠状病毒是美国研发的一种生物武器"、"新型冠状病毒只感染亚洲人,白人不会感染"(1=非常不正确,4=非常正确)。反向编码后形成一个新冠"谣言鉴别"指标。

### (三)自变量

不实信息应对:询问被访者在网上看到不实信息时是否有积极或消极的反应行为。① 积极行为包括"向网络平台报告""通过私信方式告知信息发送者""通过评论方式告知信息发送者""转发到社交平台并说明该信息为不实信息"这四种,加总平均后形成积极应对因子,消极行为则是"忽略该信息"。

辟谣信息传播:同样区分为积极反应和消极反应,询问被访者在网上看到辟谣信息时,是否有"分享到社交媒体平台""告知身边的亲朋好友"这两种积极传播行为(加总平均),以及"记住该信息,但不会与人分享""忽略该信息"这样的消极行为(加总平均)。

查验偏好:量表改编已有查验行为意向的测量,②询问被访者在网上浏览信息时的10项查验行为情况(1=极不可能,5=极可能):"我会检查信息来源""我会使用搜索引擎搜索更多相关信息""我会去知识型网站搜索更多相关信息""我会去检查图文是否相符""我会检查这是否是最新信息""我会咨询相关专业人士的意见""我会查看主流媒体是否发布了相关信息""我会咨询朋友/亲人的意见""我会到社交媒体(如微博、微信)上搜索相关信息""我会咨询其他信源"。加总平均后形成"查验偏好"指标。

### (四)控制变量

媒介使用:根据信息内容是否有专业人士把关,将12类信息获取渠道区分为"专业媒体""平台媒体"和"搜索引擎",询问被访者的使用频率(1=从不,5=总是)。"专业媒体"包括"中央级权威媒体(人民日报、中央电视台、新华社等)新闻网站或APP""市场化媒体新闻网站或APP(澎湃、财新、新京报、三联生活周刊等)""地方媒体(当地省市级报纸广播电视等)新闻网站或APP""商业新闻(腾讯、网易、今日头条等)网站或APP""各地政府的政务发布平台(如上海发布、武汉发布等)"及"各类专业团体的自媒体(如果壳、丁香园等)"这6类渠道(加总平均)。"平台媒体"包括"视频网站或移动短视频APP(腾讯视频、优酷视频、B站、抖音、快手等)""微博""微信""网络

---

① Tandoc Jr, E.C., Lim, D.& Ling, R. Diffusion of disinformation: How social media users respond to fake news and why [J]. Journalism, 2020, 21(3): 381-398.

② Edgerly, S., Mourão, R.R., Thorson, E.& Tham, S.M. When do audiences verify? How perceptions about message and source influence audience verification of news headlines [J]. Journalism & Mass Communication Quarterly, 2020, 97(1): 52-71.

论坛(天涯论坛、百度贴吧、校园 BBS)”“问答社区(知乎等)”这 5 类(加总平均)。“搜索引擎”则是“搜索引擎或 APP(百度、搜狗、必应、谷歌等)”。

媒介信任:询问被访者对上述 12 类渠道的信任水平(1=非常不信任,5=非常信任),根据媒介使用分类,分别加总平均,计算出“专业媒体”“平台媒体”和“搜索引擎”信任水平。

先前经历:询问被访者是否有“相信了一则科学技术信息,后来发现该信息是谣言”“发布(包括转发)了一则科学技术类信息,后来发现该信息是谣言”这样的经历,加总平均后形成不实信息的“谣言经历”指标。

人口学变量:包括性别、年龄、婚姻状态、城乡、教育水平及家庭收入。

## 四、研究发现

### (一)全国网民对新冠疫情的总体认知状况

总体上,本次调查全体被访者的“防疫知识”均值为 2.32(标准差=0.80,取值范围 0~4,$\alpha=0.76$),“谣言鉴别”均值为 2.58(标准差=1.11,取值范围 1~4,$\alpha=0.85$)。

如表 1 所示,本次调查发现男女之间、城乡之间在“防疫知识”和“谣言鉴别”上均无显著差异;结婚与否在“防疫知识”上无显著差异,但未婚人群的“谣言鉴别”力显著低于已婚群体($t=-2.88$,$p<0.01$)。

各年龄段人群在“防疫知识”水平上无显著差异,但在“谣言鉴别”力上存在显著差异($F=14.82$,$p<0.001$)。具体来看,30 岁以下群体的鉴别力显著低于其他年龄组,特别是 20 岁以下最年轻人群较其他年龄组显著更低;30 岁以上年龄组之间差异不大,50-59 岁组的被访者鉴别力最高。

不同教育水平被访者的“防疫知识”水平差异显著($F=10.55$,$p<0.001$),呈现出受教育水平越高其知识得分越高的线性特征,且不同组别之间的得分差异具有统计学意义的显著性;在“谣言鉴别”水平上也存在显著差异($F=21.72$,$p<0.001$),但呈现出“两端高中间低”的特征,即中等教育程度人群的鉴别力显著低于初级和高等教育组,而处于端点的两组在鉴别力上并无显著差异。

不同家庭收入群体的“防疫知识”水平也存在显著差异($F=7.97$,$p<0.001$),具体来看则是低收入组的知识水平显著低于中等收入组,但中高收入组之间并无显著差异。这一组间差异也在“谣言鉴别”上得到展现($F=12.93$,$p<0.001$),即低收入组的鉴别力显著低于中等收入组,中高收入组之间无显著差异。

**表 1　不同人口学特征群体的新冠疫情认知**

| | $n$ | 防疫知识 | | 谣言鉴别 | |
|---|---|---|---|---|---|
| | | *Mean±SD* | *t/F* | *Mean±SD* | *t/F* |
| **性别** | | | 0.39 | | -1.30 |
| 男 | 1572 | 2.33±0.81 | | 2.56±1.08 | |
| 女 | 1428 | 2.31±0.79 | | 2.61±1.15 | |
| **年龄** | | | **1.78** | | **14.82 ***** |
| 18-19 | 100 | 2.14±0.67 | | 2.05±1.07 | |
| 20-29 | 875 | 2.33±0.76 | | 2.41±1.16 | |
| 30-39 | 882 | 2.33±0.82 | | 2.62±1.10 | |
| 40-49 | 645 | 2.35±0.78 | | 2.67±1.09 | |
| 50-59 | 249 | 2.25±0.90 | | 2.88±1.07 | |
| 60+ | 249 | 2.30±0.84 | | 2.73±0.95 | |
| **婚姻状态** | | | **-0.58** | | **-2.88 **** |
| 未婚 | 740 | 2.31±0.75 | | 2.48±1.15 | |
| 已婚 | 2260 | 2.32±0.81 | | 2.62±1.10 | |
| **城乡** | | | **0.63** | | **-0.35** |
| 城镇 | 2211 | 2.32±0.79 | | 2.58±1.10 | |
| 农村 | 789 | 2.30±0.81 | | 2.60±1.14 | |
| **教育程度** | | | **10.55 ***** | | **21.72 ***** |
| 初级 | 540 | 2.26±0.86 | | 2.79±1.02 | |
| 中等 | 2170 | 2.31±0.78 | | 2.50±1.13 | |
| 高等 | 290 | 2.52±0.80 | | 2.82±1.08 | |
| **家庭收入** | | | **7.97 ***** | | **12.93 ***** |
| 低收入 | 1088 | 2.24±0.82 | | 2.45±1.07 | |
| 中等收入 | 1488 | 2.37±0.80 | | 2.68±1.12 | |
| 高收入 | 424 | 2.34±0.73 | | 2.60±1.17 | |

注:两组之间的均值比较使用独立样本 t 检验,三组及以上使用 One-way ANOVA。

* $p \leqslant 0.05$　** $p \leqslant 0.01$　*** $p \leqslant 0.001$

### (二)全国网民的查验偏好

全体被访者中“不实信息应对”的积极型均值为 3.54(标准差 = 1.05,取值范围 1 ~ 5,α = 0.89),消极型均值 3.66(标准差 = 1.22,取值范围 1 ~ 5),被访者更偏向置之不理这样的消极应对。“辟谣信息传播”的积极型均值为 3.66(标准差 = 1.08,取值范围 1 ~ 5,α = 0.82),消极型均值 3.45(标准差 = 1.12,取值范围 1 ~ 5,α = 0.74),积极传播辟谣信息的行为偏向更为突出;“查验偏好”均值为 3.76(标准差 = 0.84,取值范围 1 ~ 5,α = 0.94),在用户报告的几类应对行为偏好中均值最高。

如表 2 所示,就人口学特征来看所有被访者在性别上未表现出显著差异。与之类似的是婚姻状态,未婚者仅在积极面对不实信息时比已婚者表现得更活跃,其他方面的差异不明显。

被访者自我报告的“不实信息应对”“辟谣信息传播”“查验偏好”程度均呈现随着年龄增长线性下降的趋势,尤其是30岁以下群体显著高于30岁以上人群。这一趋势跨越积极和消极两类反应,折射出年轻群体内部的巨大分歧。

就城乡而言,数据显示农村网民所报告的积极型“不实信息应对”和“查验偏好”显著高于城镇网民,其他方面无显著差异。

所有三类策略中,无论积极还是消极的维度,接受中等教育被访者的自评都显著高于两端人群,而初级和高等教育水平者之间并无显著差异。同样的,这些相悖的选择反映出中等教育群体内部存在严重的不一致性。

中等收入群体所有策略自评得分都最低。家庭收入最高的群体在两类“不实信息应对”、消极的“辟谣信息传播”及“查验偏好”上均显著高于中等家庭收入群体。

**表2 不同人口学特征人群在信息处理策略上的偏好差异**

| | n | 不实信息应对 | | 辟谣信息传播 | | 查验偏好 |
|---|---|---|---|---|---|---|
| | | 积极 | 消极 | 积极 | 消极 | |
| | *n* | *Mean±SD* | *Mean±SD* | *Mean±SD* | *Mean±SD* | *Mean±SD* |
| **性别($t$)** | | **1.42** | **−0.16** | **1.83** | **−0.90** | **−0.45** |
| 男 | 1572 | 3.56±1.01 | 3.66±1.20 | 3.69±1.05 | 3.43±1.10 | 3.75±0.79 |
| 女 | 1428 | 3.51±1.08 | 3.67±1.24 | 3.62±1.12 | 3.47±1.15 | 3.77±0.89 |
| **年龄($F$)** | | **38.76 ***** | **8.95 ***** | **22.67 ***** | **17.89 ***** | **20.04 ***** |
| 18−19 | 100 | 3.93±0.95 | 4.00±1.21 | 3.89±1.15 | 3.85±1.22 | 4.04±0.85 |
| 20−29 | 875 | 3.77±0.98 | 3.79±1.23 | 3.84±1.03 | 3.63±1.15 | 3.94±0.79 |
| 30−39 | 882 | 3.64±0.93 | 3.61±1.18 | 3.74±0.97 | 3.44±1.09 | 3.82±0.76 |
| 40−49 | 645 | 3.37±1.12 | 3.70±1.18 | 3.58±1.17 | 3.37±1.09 | 3.68±0.92 |
| 50−59 | 249 | 3.03±1.12 | 3.53±1.33 | 3.23±1.20 | 3.18±1.06 | 3.44±0.88 |
| 60 + | 249 | 3.12±1.02 | 3.30±1.24 | 3.27±1.04 | 3.14±1.06 | 3.40±0.80 |
| **婚姻状态($t$)** | | **2.21 *** | **1.07** | **0.81** | **0.71** | **1.34** |
| 未婚 | 740 | 3.61±1.05 | 3.71±1.22 | 3.69±1.11 | 3.48±1.18 | 3.80±0.85 |
| 已婚 | 2260 | 3.51±1.04 | 3.65±1.22 | 3.65±1.07 | 3.44±1.10 | 3.75±0.84 |
| **城乡($t$)** | | **−2.14 *** | **−0.28** | **−1.64** | **−0.57** | **−3.35 ***** |
| 城镇 | 2211 | 3.51±1.03 | 3.66±1.19 | 3.64±1.08 | 3.44±1.11 | 3.73±0.85 |
| 农村 | 789 | 3.61±1.07 | 3.67±1.29 | 3.71±1.09 | 3.47±1.16 | 3.85±0.82 |
| **教育程度($F$)** | | **42.91 ***** | **25.64 ***** | **25.38 ***** | **24.67 ***** | **33.00 ***** |
| 初级 | 540 | 3.21±1.05 | 3.40±1.11 | 3.38±1.11 | 3.21±1.08 | 3.53±0.83 |

续表

| | n | 不实信息应对 | | 辟谣信息传播 | | 查验偏好 |
|---|---|---|---|---|---|---|
| | | 积极 | 消极 | 积极 | 消极 | |
| 中等 | 2170 | 3.64±1.03 | 3.76±1.98 | 3.74±1.08 | 3.54±1.13 | 3.84±0.84 |
| 高等 | 290 | 3.36±0.95 | 3.43±0.96 | 3.59±0.57 | 3.24±1.05 | 3.64±0.77 |
| **家庭收入(*F*)** | | **5.62**** | **4.19*** | **2.46** | **4.08*** | **3.88*** |
| 低收入 | 1088 | 3.58±1.06 | 3.73±1.20 | 3.69±1.07 | 3.48±1.15 | 3.76±0.85 |
| 中等收入 | 1488 | 3.48±1.06 | 3.60±1.26 | 3.61±1.10 | 3.39±1.11 | 3.74±0.86 |
| 高收入 | 424 | 3.65±0.96 | 3.73±1.14 | 3.71±1.05 | 3.55±1.06 | 3.86±0.76 |

注:两组之间的均值比较使用独立样本 t 检验,三组及以上使用 One-way ANOVA。

* $p \leqslant 0.05$ ** $p \leqslant 0.01$ *** $p \leqslant 0.001$

### (三)查验策略对新冠疫情认知的影响

为了进一步探测人口学变量、媒介使用、媒介信任及查验策略对个体新冠疫情认知的影响,我们建构了下面的预测模型。回归模型显示(见表 3),人口学变量中仅有教育程度正向预测了防疫知识水平;家庭收入越高、已婚及农村居民的谣言鉴别力更佳。

从媒介使用来看,越频繁使用由专业人士把关的信息渠道(即"专业媒体"),其谣言鉴别力越强;越频繁使用"搜索引擎",在知识获取和谣言鉴别方面的表现也越好;"平台媒体"的作用不明显。

从媒介信任来看,对"专业媒体"的信任显著预测了防疫知识和谣言鉴别,而"平台媒体"信任则这二者负相关;"搜索引擎"信任未体现出统计上的关联。

被访者先前的"不实信息经历"均显著反向预测了两类信念水平,即个人报告的不实经历越多,其新冠防疫知识水平和谣言鉴别力越低。

信息处理策略中的不实信息应对情况较为复杂,个人报告的积极应对偏好反向预测了防疫知识水平和谣言鉴别力,而消极反应越强,其谣言鉴别力也越低,但消极反应与知识获取无关。在辟谣信息传播偏好上,积极的辟谣信息传播正向预测了谣言鉴别力,研究假设 1.2 得到支持。而越消极对待辟谣信息,其防疫知识水平和谣言鉴别力越低。查验偏好正向预测了防疫知识的获取,研究假设 2.1 得到支持。但与谣言鉴别力未体现出统计上的关联,研究假设 2.2 未获得证实。

表 3 媒介使用、媒介信任、信息处理策略预测新冠疫情认知(N=3,000)

| | 防疫知识 | 谣言鉴别 | | 防疫知识 | 谣言鉴别 |
|---|---|---|---|---|---|
| 人口变量 | | | | | |
| 性别 | -0.01 | 0.02 | 先前经历 | | |
| 年龄 | -0.02 | -0.01 | 谣言经历 | -0.13 *** | -0.24 *** |
| 教育程度 | 0.07 *** | 0.01 | **$\Delta R^2$(%)** | **1.6 *** ** | **8.7 *** ** |
| 家庭收入 | 0.02 | 0.04 ** | | | |
| 是否已婚 | 0.02 | 0.04 * | 信息处理策略 | | |
| 是否农村 | 0.01 | 0.04 ** | **不实信息应对** | | |
| **$\Delta R^2$(%)** | **0.5 ** ** | **2.5 *** ** | 积极应对 | -0.14 *** | -0.16 *** |
| 媒介使用 | | | 消极应对 | 0.04 | -0.05 *** |
| 专业媒体 | 0.03 | 0.06 ** | | | |
| 平台媒体 | -0.01 | 0.01 | **辟谣信息传播** | | |
| 搜索引擎 | 0.05 * | 0.05 ** | 积极反应 | 0.07 | 0.06 ** |
| **$\Delta R^2$(%)** | **0.6 *** ** | **3.0 *** ** | 消极反应 | -0.19 *** | -0.25 *** |
| 媒介信任 | | | | | |
| 专业媒体 | 0.20 *** | 0.24 *** | **查验偏好** | 0.20 *** | 0.01 |
| 平台媒体 | -0.25 *** | -0.35 *** | **$\Delta R^2$(%)** | **3.5 *** ** | **5.5 *** ** |
| 搜索引擎 | -0.03 | -0.03 | | | |
| **$\Delta R^2$(%)** | **5.2 *** ** | **24.1 *** ** | **总的 $R^2$(%)** | **11.4 *** ** | **43.8 *** ** |

注:表格内的数字为标准化系数。* $p \leq 0.05$ ** $p \leq 0.01$ *** $p \leq 0.001$

## 五、结论与讨论

### (一)新冠认知和查验偏好在人群中的不均匀分布

总的来看,全国网民的"防疫知识"水平在性别、城乡、年龄、婚否等方面的差异不明显。但低教育水平、低收入水平人群的防疫知识水平显著低于其他群体。这一发现提醒决策者及公众,特别需要关注社会弱势群体在健康信息获取当中所处的不利位置,制定针对性知识传播方案,拓展弱势群体的资讯获取机会及提升他们的健康知识水平。

在"谣言鉴别"上,性别和城乡之间没有显著差异。已婚者、30 岁以上人群及中高收入群体的鉴别力显著更高。不同教育程度的被访者在鉴别力上出现"两端高中间低"的 U 形结构,即中等教育水平组的鉴别力既显著低于高等教育水平者,也显著低于仅接受初级教育水平的群体。这与不同教育程度群体在客观知识水平上的阶梯型差异明显不同，同时也提醒我们注意，面对陡然增强的不确定性，人们可能采纳了不同的信息处理策略。在信息不充分的条件下，低教育水平者可能诉诸信任、情感或社会交往网络，从而使得个人认知偏差得到抑制。① 相反，中等教育群体可能对自己的认知能力过度自信，在一定程度上体现了达克效应即邓宁-克鲁格效应（Dunning-Kruger effect）的影响。②

就信息处理策略的分布来看，被访者报告的查验偏好水平高于积极的不实信息应对和积极的辟谣信息传播。从行为指向来看，积极的不实信息应对和积极的辟谣信息传播都指向他人，即通过与相关方（信息生产者、平台、家人朋友等）的互动，促进准确信息的流通。查验偏好则更多指向个人的批判精神或独立思考意识。这也意味着，查验这类策略本身就蕴含了积极的意义，个体可能出于褒奖动机，夸大或高估了自己能力或偏好。

具体到不同群体，我们发现 30 岁以下年轻群体、中等教育水平者在所有维度（无论积极还是消极）都报告了相对其他群体更高的水平。这提醒我们注意，这些群体在偏好上可能存在较大差异或者对于自身缺乏稳定的判断，也有可能存在测量上的偏差和认知偏差，即能力相对较弱的群体反而普遍高估自身表现。

因此，面对新冠病毒对所有人群的普遍易感和全国上下一盘棋的疫情防控战略，人们在行为上可能体现出高度一致，但不同群体的认知及认知策略存在巨大差异。认知差异在外部环境约束较强时可能不直接影响行为，在约束变弱时可能影响个人的行为选择。基于这些发现，我们建议常态化的疫情防控仍需要加强面向特定群体的传播活动。

### （二）信息技能的重要性

研究发现，“专业媒体”的使用和信任正向预测了网民的“谣言鉴别”力，“专业媒体”信任还正向预测了“防疫知识”的获取；对“平台媒体”的使用未能预测知识获取和谣言鉴别，对“平台媒体”越信任其“防疫知识”和“谣言鉴别”力反而越低。这些发现体现了媒介信任对信念作用的复杂性。在中国当下复杂丰富的媒介环境下，科学信息的专业把关显得至关重要，专业内容供应依然是民众获取准确科学知识、形成正确判

---

① Margolin, D.B., Hannak, A.& Weber, I.Political fact-checking on Twitter: When do corrections have an effect? [J]. Political Communication, 2018, 35(2): 196-219.

② Kruger, J.& Dunning, D.Unskilled and unaware of it: how difficulties in recognizing one's own incompetence lead to inflated self-assessments[J].Journal of personality and social psychology, 1999, 77(6): 1121-1134.

断的重要渠道。而来源不明海量信息汇聚的平台媒体则可能加重用户的认知负担,如果不能形成处理海量信息的有效策略,则可能出现越信任收益越低的结果。

“搜索引擎”的使用频度正向预测了“防疫知识”水平和“谣言鉴别”力,但对“搜索引擎”的信任未体现出统计上关联。这说明搜索能力是数字信息环境下的一项基本技能,对个体的知识获取和鉴别具有重要的支撑作用。已有研究也倾向于认为,传统媒介素养所强调的信息批判解读能力已经不足以应对当下快速变化的传播情境,对个人来说更重要的是快速高效使用在线工具进行搜索、定位和比较的能力。①

个体先前的不实信息经历反向预测了知识获取和鉴别。这与假新闻识别的研究发现一致,即那些频繁暴露于假新闻的人,其对假新闻识别力的鉴别力往往更低。②这一发现也揭示了个体元认知(metacognition)的基础性作用。

### (三)查验效果的有限性

就不实信息处理策略而言,本研究发现越积极的不实信息应对反而带来越“糟糕”的结果,即更低的知识获取和谣言鉴别力。但消极应对也会带来更低的谣言鉴别力。对此我们猜测,积极不实应对行为更多地体现出互联网低参与度的局限性。一项采集自美国社交媒体行为痕迹数据的研究显示,只有11%的人分享过政治类的事实核查信息。③ 本研究将积极的不实信息应对设计为“向网络平台报告”“通过私信方式告知信息发送者”“通过评论方式告知信息发送者”“转发到社交平台并说明该信息为不实信息”这样的互动行为,具有一定的参与门槛。同时,参与行为本身意味着更多的心力付出,行动者往往需要举证、提出不同意见才能完成上述行动,因此参与者可能对自己的观点更为自信,体现在信念上则是相互矛盾的观点并行不悖。当然这种负向关系还需要更多证据进行详查和检验。

针对辟谣信息的传播,本研究发现“忽略”这样的消极应对反向预测了知识获取和鉴别,积极的辟谣信息传播则会提高个体的谣言鉴别力。综合上述两类行为体现的预测力,我们初步认为人们需要依托更为便利的方式参与不实信息的更正活动,辟谣信息的存在减轻人们在举证等方面所需付出的额外精力,从而促进了准确信息的流通。因此,

---

① Mihailidis, P.& Viotty, S.Spreadable spectacle in digital culture: Civic expression, fake news, and the role of media literacies in “post-fact” society[J].American behavioral scientist, 2017, 61(4): 441-454.

② Jones-Jang, S.M., Mortensen, T.& Liu, J. Does media literacy help identification of fake news? Information literacy helps, but other literacies don’t[J/OL]. American Behavioral Scientist, 2019: 1-18, [2020-9-10]. https://journals.sagepub.com/doi/abs/10.1177/0002764219869406.

③ Amazeen, M.A., Vargo, C.J.& Hopp, T.Reinforcing attitudes in a gatewatching news era: Individual-level antecedents to sharing fact-checks on social media[J].Communication Monographs, 2019, 86(1): 112-132.

数字环境中事实核查生产除了内容供给,还应考虑如何方便人们传播的问题。

查验偏好只正向预测了科学知识的获取。已有研究也发现,人们进行查验的动机往往是“确认”(confirm)驱动的,即人们倾向于查验那些信息来源更可靠、与自己既有立场相一致的信息。① 类似的研究发现也强调,事实查验的效果研究应该从改变态度或信念这样的有限效果取向,扩展到抵制不实信息和增强准确信念上。②

### (四)研究不足

数字传播环境下的个体既是信息消费者也是传播者,作为把关人个人能够在自己传播网络中促进或阻止不实信息的传播。媒介素养作为对抗不实信息泛滥的利器被寄予厚望。但来自实践领域的热盼不等于理论研究的盲从。通过对新冠疫情下中国网民认知结果的分析,我们部分确认了查验信息处理策略的作用,这给未来的理论研究和实践提供了一定的支持。但同时我们需要反省媒介素养概念的时代内涵,以及媒介素养与其他素养概念的相通之处,特别是打通不必要的概念壁垒,发展更为精确可靠的测量工具,从整体上推进素养研究及不实信息研究。

受限于问卷调查方法内在缺陷,本研究所采集的查验策略是个体主观报告的信息,不可避免受个人认知偏差的影响。被访者所报告的推敲、查验这样的信息处理策略可能存在测量上的信效度问题,③正如一些研究者所警告的,目前存在的查验效果争议,相当一部分可从方法、测量和实验细节的差异进行解释。④

此外,正如传播如何影响信念的整合模型(IMCIB)所强调的,信息处理策略和信念之间可能存在反作用回路,即信念影响了人们采取何种策略。对于反作用的研究需要一定的时间跨度,单次的实验或问卷等截面型的数据无法回答这样的问题。

受众视角的研究往往归因于个人,但现实生活中信息环境、信息质量、传播方式的创新、社会网络等因素可能都会直接或间接地影响个人的选择,对此我们也应保持警醒,在倡导个人技能和素养提升的同时,监督并促进结构性因素的不断改进。

---

① Edgerly, S., Mourão, R.R., Thorson, E.& Tham, S.M. When do audiences verify? How perceptions about message and source influence audience verification of news headlines[J]. Journalism & Mass Communication Quarterly, 2020, 97(1):52-71.

② Barrera, O., Guriev, S., Henry, E.& Zhuravskaya, E. Facts, alternative facts, and fact checking in times of post-truth politics[J/OL]. Journal of Public Economics, 2020[2020-9-28]. https://www.sciencedirect.com/science/article/pii/S0047272719301859.

③ Schemer, C., Matthes, J., Wirth, W. Toward improving the validity and reliability of media information processing measures in surveys[J]. Communication Methods and Measures, 2008, 2(3):193-225.

④ Nieminen, S.& Rapeli, L. Fighting misperceptions and doubting journalists' objectivity: A review of fact-checking literature[J]. Political Studies Review, 2019, 17(3):296-309.

# 议题沟通、话语结构与媒介:科学危机与中国社交媒体上"基因编辑"议题的社会表征演变*

◎ 陈安繁　张　幸　李　爽　杨　娜　朱文慧**

**摘要**:在"基因编辑婴儿"事件发生后,采用网络议程设置的框架,本研究通过对新浪微博(简称微博)上有关"基因编辑"讨论文本的议题属性进行挖掘,对事件前后社交媒体上各类主体关于"基因编辑"议题的话语结构及其演变进行了考察,具体有以下几点发现:(1)科学危机重塑"基因编辑"议题的社会话语结构:"基因编辑婴儿"这一科学危机事件将微博上有关"基因编辑"这一科学议题的话语结构从"科学框架"主导转换为"社会框架"主导;(2)科学的"媒介化":媒体话语在微博上"基因编辑"议题中扮演着越来越重要的角色,科学家关于此议题的网络议程受到媒体的影响;(3)"去科学化"的科学:"基因编辑"以一种更全面和多元的方式被解读,其科学框架从主导走向了边缘,其社会话语呈现去"科学化"的趋势;(4)民间与官方话语的脱钩——科学危机下普通民众与政府的议程沟通失效。本研究最后提出了存在的局限,并指出了本文在科学传播领域理论和实践中的贡献。

**关键词**:基因编辑,媒介化,去科学化,网络议程设置,社会话语

## 一、"基因编辑婴儿"事件:从科学共同体危机到社会危机

2018年11月26日,中国南方科技大学(Southern University of Science and Tech-

* 项目:本研究受2016年国家科技重大专项"转基因生物新品种培育"课题"转基因生物技术发展科普宣传与风险交流"(2016ZX08015002)、中国科学技术大学25系专业学位项目(DA2110251001)支持。
致谢:感谢中国科学技术大学人文与社会科学学院科学传播与科技政策系博士生王慬,因其生命科学的学术背景而被邀请对本文基因编辑的内容进行知识性把关,其专业性审查的贡献对本文的科学性尤为重要。

** 陈安繁,中国科学技术大学人文与社会科学学院科学传播与科技政策系,博士。张幸,新加坡国立大学文学暨社会科学院传播与新媒体系,博士候选人。李爽,中国科学技术大学人文与社会科学学院科学传播与科技政策系,硕士研究生。杨娜,中国科学技术大学人文与社会科学学院科学传播与科技政策系,硕士研究生。朱文慧,中国科学技术大学人文与社会科学学院科学传播与科技政策系,硕士研究生。

nology,SUST)生物系副教授贺建奎及其团队在社交媒体平台 YouTube 对外宣布:借助基因编辑(Gene Editing)技术 CRISPR/Cas9,成功将一对双胞胎婴儿胚胎细胞的 CCR5 基因进行改造,以使婴儿获得对部分艾滋病的免疫力,并宣布第一对应用此技术的基因编辑婴儿——“露露”和“娜娜”已健康出生。[①] 随后,在 11 月 27—29 日于中国香港举办的第二届世界人类基因编辑峰会(The Second International Summit on Human Genome Editing)上,贺建奎又介绍了其团队在 CRISPR-Cas9 介导的人类生殖细胞和胚胎中 CCR5 基因组编辑的工作,并于 11 月 28 日上午 12:46 围绕“人类胚胎编辑(Human Embryo Editing)”主题进行发言,同时回应各界对其“基因编辑婴儿”项目的提问(Wang et al.,2019)。

此次“基因编辑婴儿”事件,因其在技术、伦理、透明度等方面存在的问题引起全球舆论一片哗然,并招致社会各界的广泛抵制:从技术上看,使用 CRISPR-Cas9 可能会导致脱靶突变,从而带来潜在的健康风险;从道德上讲,存在科学价值可疑、风险收益率不合理、伦理审查不合法、知情同意无效等诸多伦理问题(Li et al.,2019)。例如,在 11 月 28 日进行的第二届世界人类基因编辑峰会的观众问答环节中,来自科学界、媒体的与会人员分别对该事件提出了质疑,主要集中于医疗需求的满足与胚胎植入决定权、制度性伦理道德程序、数据公开和病人的隐私冲突、知情同意程序与实验审核、项目资金的来源、基因编辑脱靶问题、实验的合规性和法律审查等方面(National Academies of Sciences,Engineering and Medicine,2019)。[②] 随后 *MIT Technology Review* 刊发长文,邀请基因编辑、生殖科学、法律方面的相关专家对贺建奎的部分论文手稿进行点评,评论认为其实验存在如下问题:未完全成功编辑基因、未验证编辑后的细胞是否具有 HIV 抵抗性、参与实验的医生并未知情、婴儿的父母不知情或受胁迫、实验可能获得了一位诺贝尔奖得主的支持、包含商业目的、歪曲婴儿出生时间、在确知动物试验存在问题的情况下依旧在婴儿上进行测试等(Regalado,2019)。

然而,针对这一事件的争议性讨论并未止步于此,数以百计的国内外科学家共同致信,谴责贺建奎及其团队进行旨在编辑人类胚胎基因的行为(Cyranoski & Ledford,2018)。就在 2018 年 11 月 26 日当天,贺建奎所在的南方科技大学也在官网声明,对其所做的人体胚胎基因编辑研究深表震惊,学校和生物系对此不知情,其所在的生物系学术委员会也于当日立即召开讨论,认为贺建奎的研究行为严重违背了学术伦理和

---

① The He Lab. About Lulu and Nana: Twin Girls Born Healthy After Gene Surgery As Single-Cell Embryos[EB/OL].(2018-11-26)[2021-05-26].https://www.youtube.com/watch? v=th0vnOmFltc.

② Global News. Scientist who claims to have made gene-edited babies speaks in Hong Kong[EB/OL].(2018-11-28)[2021-05-26].https://www.youtube.com/watch? v=0jILo9y71s0.

学术规范。[①] 从国内来看,中国医学科学院的研究人员 Wang 等人(2019)在国际著名医学期刊《柳叶刀》(*The Lancet*)发文呼吁,在快速发展的基因组编辑技术领域,科学界应当在从事负责任的生物医学研究并在应用时秉承最高的生物伦理标准,共同维护人类生命的基本尊严和科学界的集体诚信及科学声誉,反对在缺乏全面科学评估的情况下,以生殖目的进行人类胚胎基因组编辑的任何违法违规的临床操作,同时指出:基因编辑尚处于基础研究阶段,其安全有效性必须得到审慎的评估;对人类生殖细胞系进行基因组编辑的临床研究必须遵循技术标准和道德规范;禁止以繁殖目的对人类胚胎进行基因操纵;科学家必须在研究中明确社会责任,并在实施高风险研究之前评估和预防对人类健康的任何潜在风险;倡导所有研究和医疗机构应加强伦理委员会的审查和对研究过程的监督(Wang et al.,2019)。著名科普作家方舟子(2019)亦撰文《为什么要严禁制造"基因编辑婴儿"》,直指基因编辑的脱靶问题可能会造成婴儿的免疫及其他缺陷,因此贺建奎的个体实验是完全失败的,并可能带来生命伦理问题。而此事件在媒体上也进一步发酵,引发了对"基因编辑婴儿"的激烈讨论,贺建奎本人也被描述成"科学怪人""弗兰肯斯坦"(Frankenstein),被指责其科研行为越过了可以接受的道德伦理底线。

2018 年 11 月 26 日,中国卫健委(Chinese National Health Commission)责成事件发生所在地的广东卫健委(Guangdong Health Commission)对此事进行深入调查,此外中国科学院(The Chinese Academy of Sciences)也发文对这一试验进行谴责,中国遗传学会(Genetics Society of China)和中国干细胞研究学会(Chinese Society for Stem Cell Research)联合发表声明表示该实验"违反了国际公认的规范人体实验和人权法的伦理原则"(Cyranoski,2018)。2019 年 1 月 21 日,新华社刊发关于"基因编辑婴儿事件"的调查报告结论,文中指出:"该事件系南方科技大学副教授贺建奎为追逐个人名利,自筹资金,蓄意逃避监管,私自组织有关人员,实施国家明令禁止的以生殖为目的的人类胚胎基因编辑活动;贺建奎通过他人伪造伦理审查书;策划他人顶替志愿者验血,指使个别从业人员违规在人类胚胎上进行基因编辑并植入母体;该行为严重违背伦理道德和科研诚信,严重违反国家有关规定,在国内外造成恶劣影响。"随后,中国有关机构立即叫停了贺建奎的研究活动并展开了调查,并于 2019 年 12 月 30 日判处其三年徒刑并罚款 300 万元人民币。

"基因编辑婴儿"这一丑闻被认为是中国乃至世界上最重大的科学危机之一,该

① 南方科技大学. 关于贺建奎副教授对人体胚胎进行基因编辑研究的情况声明[EB/OL].(2018-11-26)[2021-05-26].https://www.sustech.edu.cn/.

事件受到了科学家和公众的广泛批评(Kolata & Belluck,2018),也被认为是极不负责任的行为,并违反了全世界科学家的道德共识。“基因编辑婴儿”,可以说不仅引发了科学共同体内部的文化危机,也点燃了公众对科学家信任降低的社会危机,而此种公众信任需要科学家符合公众期许的科学道德伦理实践来建立(Guttinger,2018)。由此来看,这起丑闻不仅是科学界的危机,还破坏了公众对基因编辑科学及其应用的信任(Cyranoski & Ledford,2018),这种信任危机可能会导致公众对基因编辑的看法发生逆转。在此事件发生之前,在中国,美国、日本和欧洲等国家进行的民意测验调查结果显示,基因编辑技术及其应用在公众中获得了广泛的信任和支持(Funk & Hefferon,2018; Regalado,2018; 陈梁 & 张志安,2018; McCaughey et al.,2016)。然而此类丑闻的科学危机,可能会严重威胁科学家乃至科学界的声誉,进而撕裂社会各界在相关科学议题上达成的共识。

除了以上科学界、新闻媒体与公众对“基因编辑婴儿”事件的关注和回应,我们发现在社交媒体上,关于此事件的讨论也是相当热烈。社交媒体自身的开放性和互动性,使得参与“基因编辑”议题讨论的主体趋于多元化和异质化的特点。这也符合在公众参与科学的时代,科学传播的实践进路。本研究试图聚焦于“基因编辑”这一科学话题,来探究“贺建奎基因编辑婴儿事件”的发生,是否重塑了关于基因编辑科学的社会表征和话语,以及在此背景下,科学传播的不同参与主体之间关于基因编辑科学的议程互动与沟通关系的演变。

## 二、“基因编辑”的社会话语及其议题演变

自 2011 年以来,生物技术已经与量子科技、人工智能、先进计算、网络空间与安全科技、未来信息通讯、新材料新制造、空间科技等,共同成为中国重大科技战略布局的组成部分和重点规划领域(中国科学院,2009),从而推动了基因编辑技术的快速发展及其在作物育种、动物模型和基因治疗中的各种应用。基因编辑(genome editing),也称为基因组编辑或基因组工程,是一组用于在生物体基因组中插入(insert)、删除(delete)、修饰(modify)或替换(replace)DNA 的遗传技术(Ceasar et al.,2016)。沈平等人(2017)指出,目前主流的基因编辑技术主要有锌指核酸酶(Zinc finger protein,ZFP)、转录激活因子样效应物核酸酶(Transcription activator-like effector nucleases,TALEN)和规律成簇的短回文重复序列(clustered regularly interspaced short palindromic repeats,CRISPR/Cas9)三种,而其中当前最为前沿的是基因编辑技术 CRISPR/Cas9,因其能快速、简便、精准地实现基因敲除、敲入、激活、干扰等编辑功能而成为一种强大的遗传筛

选工具(雷婷等,2019),在成为科学界新宠的同时,也日益发酵成社会公众热议的话题。值得注意的是,2013 年,中国科学家率先使用一种称为 CRISPR-Cas9 的革命性基因编辑技术对水稻和小麦这两种粮食作物进行了有针对性的基因组修饰(Shan et al.,2013)。此外,在过去的十年中,中国科学家将 CRISPR-Cas9 应用于研究人类疾病的动物模型中,并培育了一系列基因修饰的动物,其中包括山羊、绵羊、猪、猴子、狗以及其他哺乳动物(Larson,2015)。2015 年,广州中山大学干细胞研究员黄军就及其研究团队,报告了世界上首次尝试在无生命的人类受精卵中使用 CRISPR-Cas9 技术编辑导致 β 地中海贫血的基因(Liang et al.,2015)。2016 年,由四川大学成都华西医院肿瘤学家尤璐带领的研究小组进行了世界首例临床试验,向肺癌患者注射含有通过 CRISPR-Cas9 编辑的基因的细胞(Cyranoski,2016)。

基因编辑在中国的迅猛发展,使得这一生命科学共同体内部的高深话题,由"旧时王谢堂前燕","飞入寻常百姓家",从而获得了巨大的社会关注。当然,基因编辑科学成为社会热议的一个话题,其中有几个节点尤其值得关注。其一是 2015 年中山大学黄军就副教授因其编辑人类胚胎基因的工作入选了《自然》杂志评选的 2015 年度十大科学人物,并且 CRISPR 技术被《科学》(Science)杂志评为 2015 年度十大科学突破之首,使得该技术被寄予剑指诺奖的重望,引起了全球现象级的关注。麻省理工学院的华人科学家张锋也因其 2013 年在实验室对 CRISPR 技术的贡献,而于次年被《科学》杂志评为 2013 年年度十大科学人物之一,其本人也因卷入 CRISPR 专利案中,将这一技术日益带入普罗大众的视野;其二就是"韩春雨事件"。2016 年 5 月 2 日,《自然》杂志子刊《自然 · 生物技术》(Nature Biotechnology)刊登了一篇名为《DNA 引导的 NgAgo 蛋白可用作基因编辑工具》的文章,而该文章出自河北科技大学韩春雨团队之手。此文发表后,在各种因素的叠加下在国内引发了轰动效应,被某些专家和媒体誉为"诺奖级"的发现。在随后的时间里,不断有科学同行质疑其论文结果不可重复,存在学术造假的嫌疑,这一事件的反转引起了轩然大波。北大生物学家饶毅与中科院院士邵峰甚至联名致信河北科技大学校长,称"在进一步实验验证其正确与否之前,各方(包括河北科大)宜谨慎对待韩春雨及其研究成果,不宜给予过高或不必要的支持。河北科大如果真的在今日开学典礼横幅那样热捧韩春雨、继续争取 2 亿以上经费,恐怕欠合适,建议考虑暂缓,待验证结束后确定"①。最终,此事件以 2017 年 8 月《自然 · 生物技术》撤稿而收场。

① 袁岚峰. 韩春雨撤稿一周年回顾[EB/OL].(2018-08-07)[2021-05-26].https://www.guancha.cn/YuanLanFeng/2018_08_07_467133_4.shtml.

可以看出,目前中国关于“基因编辑”科学的讨论,并未局限在科学共同体之内,多元社会主体的参与讨论使得这一生命科学研究领域获得了更为多元、更趋综合的社会命题。那么,社会有关“基因编辑”的话语存在什么样的结构?从以往的研究实践来看,有关争议性科学社会话语的研究或许可以给我们的研究提供一些借鉴,例如核电(Gamson & Modigliani,1989)、地球工程(Luokkanen et al.,2014)、生物技术(Nisbet & Lewenstein,2002; Matthes & Kohring,2008; Listerman,2010),以及最近的遗传技术及其应用(Petersen,2001; Tranter,2010; Ruan et al.,2019)。从对争议性科学表征研究的框架来看,大致可以分为两个路径:媒体表征与公众表征。

关于前者,在科学传播研究中,与争议性科学相关的媒体框架引起学术研究的关注(Nisbet et al., 2003; Anderson et al., 2005; Cobb, 2005; Stewart et al., 2009; Listerman,2010)。作为公众获取科学信息的重要来源,媒体在塑造科学问题的话语方式方面起着重要作用(Nisbet & Lewenstein,2002),其主要是通过框架化来实现的。框架涉及选择感知现实的某些方面并使得它们对沟通和理解更为重要(Entman,1993),当讨论一个特定的问题时,框架被认为选择了一些与主题相关的属性并包括在媒体议程中(McCombs,1997)。Gamson 和 Modigliani(1989)在开创性的工作中追踪了 1945 年至 1980 年媒体对核电的报道,并总结了七个媒体框架,包括进步(progress)、能源独立(energy independence)、魔鬼的讨价还价(devil's bargain)、失控(runaway)、公众问责(public accountability)、成本效应失衡(not cost effective)以及软路径(soft paths)。Nisbet 和 Lewenstein(2002)沿袭既有的研究路径,分析了 1970—1999 年在《纽约时报》和《新闻周刊》上所发布的有关生物技术的报道,并提出了适用于生物技术的框架类型,包括进步(progress)、经济前景(economic prospect)、道德伦理(ethical)、潘多拉魔盒(Pandora's Box)、失控(runaway)、自然/养育(nature/nurture)、公共责任(public accountability)和全球化(globalization)。有关遗传技术及其应用,目前密切相关的一个话题是转基因生物(Genetically modified organism,GMO)及转基因食品(Genetically modified food,GMF)。学者们研究了不同国家(Ruan et al.,2019)、不同类型的媒体(Crawley,2007; Vicsek,2013),在报道 GMO 和 GMF 话题上的不同框架。例如,Ruan 等人最近一项比较英国、美国和中国 GMO 新闻报道的研究中研究确定了七个通用框架,包括事实、冲突、人类利益、法规、道德、经济后果和领导力(Ruan et al.,2019)。

自 20 世纪 80 年代以来,尤其是在过去的 10 到 15 年中,科学界不断努力使公众卷入复杂且具争议的科学技术领域(Simon,2018)。公众有关争议性科技的话语表征,随着社交媒体的普及和公众在获取有关特定科学信息的网络空间转向,引起了学术界越来越多的关注(Brossard & Scheufele,2013)。与媒体对争议性科技的表征不同,公众话语通过阐述和分享他们在科学话题上的想法和价值观,凸显了多元公众参与的集体表征在形塑科学技术上的作用。关于争议性科技议题的公众话语,过往研究为公众对基因编辑的感知提供了一些洞见。例如 Simon(2018)认为公众参与基因编辑议题讨论为其赋予了更为深刻的社会、政治、道德伦理和经济内涵。Calabrese 等(2019)对基因编辑婴儿在国外社交媒体平台 Twitter 上的文本进行语义网络分析,发现了四个主要相关议题,包括研究/应用、"CRISPR 婴儿"事件、农业生物技术法规、肌肉营养不良研究。McCaughey 等人通过对参与基因编辑议题调查的受众开放文本进行分析,发现公众对基因编辑最关注的几个话题包括下一代、科学研究、人类基因编辑、儿童、生命健康和利弊影响。同样,在中国的语境下,通过对中国公众在基因编辑技术的认知和态度进行的一项调查,中山大学的陈梁和张志安(2018)提出了公众在基因编辑话语中的关键议题,包括技术应用、科学进步、道德、法律和监管。

## 三、多元参与的图景:从科普、公众理解科学到公众参与科学

根据科学传播的理论发展路径,其发展经历了三个阶段,分别是科普(Science Popularization,SP)、公众理解科学(Public Understanding of Science and Technology,PUST)和公众参与科学(Public Engagement with Science and Technology,PEST)阶段(金兼斌,2018;刘华杰,2009)。在前两个阶段,其所遵循的是传统意义上基于科普阶段的中心广播式模型和公众理解科学的"缺失模型"(Deficit Model),亦即参照一种线性模式——科学共同体向公众传递科学知识的过程,仅仅是对科学知识的转译(Translation)而已。从公众的角度来看,科学家或其机构生产的科学信息传递,并不能保证公众的理解和接受。而这两个模型隐含的假设是:一旦为大众提供具体科学领域的知识,他们对科学相应的兴趣和理解也会提升。这种状况一直到了公众参与科学范式主导阶段才有所改变,此时科学传播的目的在于弥合科学家与公众之间的鸿沟,引入了一种对话模型(Dialogue Model),在传达科学信息的同时将其引入一个对话的语境(Bucchi,2014,2015)。如表 1,在这种范式的主导下,科学信息生产和传播的组织结构是非正式化和非机制化的,科学传播基于一种对话模型和公民立场,采用构建性的、开放的、对话性的话语模式,公众成了科学传播的中心,因而科学传播应该围绕受众而展开(Estrada & Davis,2015)。

在过去的几十年中,科学传播的关注点已从公众理解科学转向公众参与科学,这表明有关科学技术的沟通交流变得更具开放性、对等性与参与性。公众的接受和科研经费的预算使得科学家不得不将公众作为科学知识交流必须考虑的一部分(Rödder,

2009)。因此,科学传播不再仅仅是从 PUST 的角度(Wynne,1995)出发、将科学知识从科学家传播给公众的一种手段,也不再仅仅是一种增加公众对科学理解的方式。相反,PEST 强调需要让科学家、非专业人员和政策制定者共同参与到有关科学的公开讨论。因此,PEST 的参与者是多元化的,包括社会中的各类个人或团体,每个参与者都有其自身的诉求、兴趣以及相关专业知识水平。根据行动者网络理论(Actor-Network Theory),科学知识的再生产过程不仅涉及科学家,还包括不同参与者(Latour,2005),例如政治人物、律师、新闻工作者、学术界的同事和知识的使用者(Fioravanti & Velho,2010)。作为科学知识再生产的一部分,科学传播不仅是排他性的科学家活动,也是一种集体和互动的活动,其通过不同参与者之间的谈判而出现、发展和进步(Fioravanti and Velho,2010)。此外,网络媒体尤其是社交媒体的开放性、互动性、参与性(Rauchfleisch, 2015),给科学传播的多元主体参与提供了天然的条件,多元话语主体对其话语权力的灵活运用,不断消解着原有的权力边界并重构了社交媒体上科学议题的话语空间。

就科学参与主体来看,学者们对参与科学传播的多元主体进行了界定,Burns 等人(2003)认为参与科学传播的"公众"是一个非常不同的群体,至少由六种参与者组成:科学家、调解者(即科学传播者、媒体和其他媒体成员)、决策者(即政府以及科学和学术机构的决策者)、公众、关注的公众(即对科学感兴趣并有所了解的群体)和感兴趣的公众(即对科学感兴趣但不一定对科学有足够了解的群体)。此外,Zhang 等人(2021)在通过对中国微博文本的分析后发现,在讨论基因编辑的参与者中,存在四种主体类型,分别是政府、专业人士(包括科学家)、媒体和普通民众,本文参考这种框架,应用于接下来的实证分析当中。

**表 1　科学传播发展的三个阶段及其相对应的模型、视觉修辞、系统结构**

| 科学传播发展的阶段 | 科学传播的模型 | 话语模式 | 科学传播系统 | 应用媒体 | 科学信息生产和传播的组织结构 |
|---|---|---|---|---|---|
| 科普 | 中心广播模型 | 解释性的、封闭的 | 国家、政府立场 | 期刊、杂志、报纸、广播、电视 | 正式的、官方的、机制化的 |
| 公众理解科学 | 缺失模型 | 解释性的、半封闭的 | 科学共同体;企业;国际组织、NGO;传媒立场 | 期刊、杂志、报纸、广播、电视、网络 | 正式的、机制化的 |
| 公众参与科学 | 对话模型 | 构建性的、开放的、对话性的 | 公民立场 | 期刊、杂志、报纸、广播、电视、网络、新媒体 | 非正式的、非机制化的、业余的 |

基于此,我们提出本研究的第二个研究问题:参与基因编辑讨论的不同主体(政府、科学家、媒体和普通民众),在“基因编辑婴儿”事件发生前后,其议题结构有什么样的变化?

## 四、网络议程设置:作为分析框架

网络议程设置(Network Agenda-setting, NAS),亦即第三级议程设置(The Third Level Agenda-setting),是用于研究不同主体议程网络的方法。不同于传统的议程设置着眼于对象的显著性(如:议题和政治人物;议程设置的第一级)、揭示媒体议程中对象的属性(议程设置的第二级),网络议程设置主张媒体议题对公众的影响,可以由对象及其属性之间网络关系的显著性来施加(Guo,2012)。借鉴认知心理学的理论框架,网络议程将人们的认知理解表现为一幅图画,而其中的“节点”或者元素相互连接(Kaplan,1973)。这些“节点”或元素可以是对象与其属性,也可以是更高级别的结构(例如框架)(Guo et al.,2015),而不同元素的关系可以通过其共现关系来实现(Carroll,2015)。随着互联网和社交媒体的快速发展,后来对 NAS 的研究涉及社交媒体(Vargo et al.,2014)对网络议程设置的影响。此外,最近的 NAS 研究还关注了不同媒体类型(Intermedia agenda setting)(Vargo & Guo,2016; Vargo et al.,2018)和不同类型的社交媒体账户(Chen et al.,2019)之间的议程网络相互关系。关于社交媒体上的第三级议程设置的研究也逐渐获得更多的关注,部分研究聚焦于微博上转基因争论的议题,采用第三级议程设置的方法,检验了不同议程设置主体(认证机构用户、认证个人用户和普通用户)之间属性议程网络的关系。借鉴以往的 NAS 研究,本研究聚焦于多个主体之间(政府、专业人士、媒体和普通民众)的议程互动,来研究有关基因编辑的社交媒体讨论上的议程设置关系。

基于以上文献的梳理,我们试图提出以下研究问题:“基因编辑婴儿”事件发生前,不同的参与主体在中国社交媒体上讨论基因编辑的议题属性网络之间存在什么样的关系?这种关系在两个阶段又有什么样的差异?

## 五、研究方法

### (一)数据搜集

本研究的数据来源于中国最大社交媒体平台之一的新浪微博,根据《2018 微博用户发展报告》和 2020 年微博第一季度的财报,其月活跃用户高达 5.6 亿①,因此非常适合作为我们研究的载体。然而其目前数据应用程序接口(API, application programming interface)并不开放给独立研究的个体,为了解决这一问题,我们采用其高级检索(Advanced Searching)功能,并在微博移动端(weibo.cn)采集相应的数据。研究者基于 python 语言编写爬虫程序,以"基因编辑"为关键词,以 2010 年 1 月 1 日—2019 年 12 月 31 日为检索区间,最终获得与"基因编辑"相关的微博 27682 条。此外,除了微博博文的信息,其所对应的账户信息(包括账户名、账户 ID、账户的认证信息、账户的标签等)也一并被存储下来作为分析的单元。

### (二)变量测量

#### 1.微博用户类型

参照以往的文献(Chen & Zhang,2021),本研究将微博上参与"基因编辑"讨论的用户分为四类:(1)政府,包括不同级别的党政机关、事业单位所运营的官方微博账号,例如广东省政法委员会和梧州市检察院;(2)科学家,包括具有在遗传学,生物科学,医学等相关领域的专业知识的个人和组织机构,例如上海春谷生物医药科技有限公司、孙洪涛(心血管外科医生和健康博客"孙宏涛医生"),Guokr(科技信息网站"果壳")和《科学技术日报》;(3)媒体,包括非科学新闻媒体以及从事非科学新闻工作的新闻工作者的自媒体,例如延鹏(深圳传媒集团记者,"见证者延鹏"),Chinanews Online(中国新闻社的新闻网站,"中国新闻网")和人民日报("人民日报");(4)普通民众,以上三类之外的微博账户,包括无认证用户,其他行业博主/公司/协会。

#### 2.议题属性

为了确定中国微博平台上"基因编辑"的议题属性类别,本研究参考以往研究社交媒体上基因科学讨论的文献所提出的框架来做探索性的质性分析。采用扎根理论的思路和以往社交媒体文本议题识别的实践(Chen, Su & Chen, 2019; Chen, Chen, Ng & Yong, 2020; Chen, Zhang, 2021; 陈安繁,罗晨,胡勇,徐永妍,徐靖杨,2020),通过预研究(Pilot Study)的半开放编码(semi-open coding),来探索"基因编辑"微博文本中隐含的议题属性。首先,我们将 27683 条"基因编辑"相关的微博数据随机抽取了 2074 条

---

① 微博.2019 Annual Sina Weibo User Report[EB/OL].(2020-04-29)[2021-05-26].http://ir.weibo.com/node/7726/html.
微博.2018 微博用户发展报告[EB/OL].(2019-03-15)[2021-05-26].https://data.weibo.com/report/reportDetail/.

微博;其次,两位编码员对这2000条微博共同进行编码,通过反复的讨论、修改和议题合并,最终确定了9个与“基因编辑”相关的子议题(见表2),分别是科学发展与进步、科学风险、立法与监管、科技伦理、经济效应、社会议题、科学丑闻、相关科学家、国际议题。此后,采用以上确立的“基因编辑”议题属性框架,在接下来的正式编码中,我们随机抽取了5536条微博(占总数据集的20%),两位编码员在遵循此议题属性框架的前提下,独立地判断每一条微博中是否出现了9个议题(可以多选)。之后通过信度测试,两位编码员之间在9个议题上的信度(inter-coder agreement)分别达到了0.83,0.94,0.91,0.88,0.79,0.85,0.92,0.87,0.85,因此符合内容分析的标准。

**表2 微博上“基因编辑”的网络议题属性类别**

| 议题属性 | 界　定 | 例子 |
|---|---|---|
| 科学发展与进步 | 报告或者欢庆基因科技的最新和重要进站突破 | “重磅!突破全球难题,#世界首例舞蹈症猪#在中国诞生!” |
| 科学风险 | 揭示基因科技研发应用的一些潜在风险 | “CCR5基因编辑或有折寿风险” |
| 立法与监管 | 讨论和呼吁对基因科技研发应用的立法和监管 | “王岳教授法律解读基因编辑技术:如果违反法定程序或带来不良后果,实施机构和父母应承担相应责任” |
| 科技伦理 | 讨论基因科技研发应用相关的一些道德伦理问题 | “科技部部长谈基因编辑:约束科研伦理,让科学界多一些知道敬畏的人” |
| 经济效应 | 关于基因科技研发应用的经济和资本议题 | “‘首例基因编辑婴儿’之父的资本圈:贺建奎拥有7家公司股权,获2.68亿A轮投资” |
| 社会议题 | 基因科技研发应用可能带来的一些社会影响,例如强化社会不平等 | “假如出生前可修改身高肤色基因 洪晃:有钱人才做得起” |
| 科学丑闻 | 告知和谴责基因科学相关的丑闻,并讨论其后续的影响,例如:中国南方科技大学生物系副教授贺建奎及其团队所主导的“基因编辑婴儿事件” | “广东初步查明‘基因编辑婴儿事件’” |
| 相关科学家 | 讨论和评价与基因科学相关的有争议性和具有广泛影响力的科学家,例如贺建奎 | “起底多面贺建奎……” |
| 国际议题 | 讨论国家有关基因科技的国际竞争和冲突,反思基因科学的研发和推广 | “CRISPR基因编辑技术抗癌的人类临床试验在做最后阶段的准备,项目即将全面启动。这是美国使用CRISPR治疗癌症的首次尝试,标志着肿瘤治疗进入一个新时代,也开始了中美之间一场生物医学竞赛” |

3.发布时间

本研究中，为了验证贺建奎“基因编辑婴儿”事件对网民关于“基因编辑”议程的影响，我们将2018年11月26日作为断点，在此之前发布的微博属于危机前=0，在此之后的属于危机后=1。当我们根据微博用户类型进行划分，根据表3，可以发现在2018年11月26日之前(基因编辑婴儿事件前)，微博产生提及“基因编辑”相关微博为5655条，在2018年11月26日之后(基因编辑婴儿事件后)，提及该话题的微博数为22027条，事件的发生带来了微博上此话题讨论的声量的巨幅增长。此外，相较于事件前，事件后媒体(18.28%→22.76%)和普通民众(36.36%→47.45%)在讨论“基因编辑”话题中占据更大的比例。

**表3 “基因编辑婴儿”事件前后微博上不同用户类型(政府、科学家、媒体)的发文统计**

| | 发文数量(单位:条)及其所占比例(%) | |
|---|---|---|
| 用户类型 | “基因编辑婴儿”事件前 | “基因编辑婴儿”事件后 |
| 政府 | 921(16.29%) | 3284(14.91%) |
| 科学家 | 1644(29.07%) | 3279(14.89%) |
| 媒体 | 1034(18.28%) | 5013(22.76%) |
| 普通民众 | 2056(36.36%) | 10451(47.45%) |
| Total | 5655(100%) | 22027(100%) |

(三)基于机器学习的文本议题识别

为了确定剩余微博的“基因编辑”议题属性，我们采用计算机辅助的内容分析方法(Computer-assisted Content Analysis)来判别9个议题属性在每个微博中的分布情况。我们将正式编码的5536条微博作为训练的语料，采用了6种算法(K Neighbors, Decision Tree, Gaussian NB, SVC, Ada Boost, Gradient Boosting)来构建9个议题属性的分类器，在经过参数的调整和多轮训练之后，各分类器在9个议题上的表现如表4。其中，在6个分类器中，Ada Boost在立法与监管、经济效应、相关科学家3个议题属性上分类表现最佳，而Gradient Boosting在科学发展与进步、科学风险、科技伦理、社会议题、科学丑闻、国际议题6个议题属性上的分类表现最好，因此被分别选择作为相应议题属性的分类器应用到剩余微博的议题属性预测任务中去。

**表 4 基于机器学习所构建的分类器在各个议题属性上的表现**

| 分类器 | 议题属性 | | | | | | | | |
|---|---|---|---|---|---|---|---|---|---|
| | 1 | 2 | 3 | 4 | 5 | 6 | 7 | 8 | 9 |
| **K Neighbors** | | | | | | | | | |
| Accuracy | 0.564 | 0.710 | 0.774 | 0.698 | 0.728 | 0.816 | 0.567 | 0.738 | 0.603 |
| Precision | 0.784 | 0.798 | 0.827 | 0.798 | 0.797 | 0.838 | 0.710 | 0.813 | 0.756 |
| Recall | 0.573 | 0.727 | 0.774 | 0.695 | 0.733 | 0.803 | 0.566 | 0.737 | 0.618 |
| F1 | 0.531 | 0.716 | 0.766 | 0.673 | 0.677 | 0.798 | 0.534 | 0.706 | 0.572 |
| **Decision Tree** | | | | | | | | | |
| Accuracy | 0.901 | 0.943 | 0.925 | 0.967 | 0.948 | 0.968 | 0.875 | 0.979 | 0.927 |
| Precision | 0.904 | 0.945 | 0.933 | 0.984 | 0.947 | 0.958 | 0.891 | 0.991 | 0.912 |
| Recall | 0.904 | 0.945 | 0.933 | 0.984 | 0.947 | 0.958 | 0.890 | 0.991 | 0.898 |
| F1 | 0.904 | 0.945 | 0.933 | 0.984 | 0.947 | 0.958 | 0.890 | 0.991 | 0.900 |
| **Gaussian NB** | | | | | | | | | |
| Accuracy | 0.875 | 0.890 | 0.911 | 0.888 | 0.873 | 0.898 | 0.764 | 0.776 | 0.857 |
| Precision | 0.887 | 0.893 | 0.921 | 0.894 | 0.900 | 0.881 | 0.808 | 0.794 | 0.880 |
| Recall | 0.888 | 0.885 | 0.917 | 0.893 | 0.895 | 0.873 | 0.793 | 0.759 | 0.869 |
| F1 | 0/887 | 0.884 | .916 | 0.895 | 0.896 | 0.872 | 0.795 | 0.758 | 0.867 |
| **SVC** | | | | | | | | | |
| Accuracy | 0.609 | 0.540 | 0.550 | 0.549 | 0.658 | 0.483 | 0.573 | 0.565 | 0.556 |
| Precision | 0.360 | 0.290 | 0.261 | 0.278 | 0.420 | 0.256 | 0.351 | 0.321 | 0.280 |
| Recall | 0.600 | 0.538 | 0.511 | 0.527 | 0.648 | 0.506 | 0.592 | 0.562 | 0.529 |
| F1 | 0.450 | 0.577 | 0.345 | 0.364 | .0509 | 0.340 | 0.441 | 0.410 | 0.367 |
| **Ada Boost** | | | | | | | | | |
| Accuracy | 0.925 | 0.960 | **0.958** | 0.970 | **0.953** | 0.970 | 0.867 | **0.982** | 0.934 |
| Precision | 0.942 | 0.971 | **0.957** | 0.967 | **0.960** | 0.964 | 0.906 | **0.981** | 0.924 |
| Recall | 0.942 | 0.970 | **0.957** | 0.967 | **0.960** | 0.964 | 0.906 | **0.980** | 0.922 |
| F1 | 0.942 | 0.970 | **0.957** | 0.967 | **0.959** | 0.964 | 0.906 | **0.979** | 0.923 |
| **Gradient Boosting** | | | | | | | | | |
| Accuracy | **0.925** | **0.971** | 0.951 | **0.973** | 0.943 | **0.974** | **0.896** | 0.985 | **0.944** |
| Precision | **0.946** | **0.972** | 0.956 | **0.978** | 0.951 | **0.967** | **0.907** | 0.991 | **0.953** |
| Recall | **0.945** | **0.970** | 0.954 | **0.978** | 0.947 | **0.967** | **0.906** | 0.990 | **0.949** |
| F1 | **0.945** | **0.970** | 0.954 | **0.978** | 0.946 | **0.967** | **0.906** | 0.978 | **0.949** |

备注:1=科学发展与进步,2=科学风险,3=立法与监管,4=科技伦理,5=经济效应,6=社会议题,7=科学丑闻,8=相关科学家,9=国际议题

### (四)MRQAP

NAS 主要依赖社会网络分析方法来建构网络议程、对网络进行视觉化处理、计算网络间的关联程度。其中,QAP(Quadratic Assignment Procedure,二次指派程序)是一种对两个方阵中各个格值的相似性进行比较的方法,可以得出两个矩阵的相关系数,同时对系数进行非参检验。在关系型数据运算中,由于各观察值之间相互依赖,不服从观测独立性假设,因此大部分传统统计方法无法对关系型数据进行参数估计和假设检验。基于随机化方法(randomization test)的 QAP 则有效解决了这一问题,可对关系型数据进行相关分析和回归分析(刘军,2014)。

基于机器学习所判定的议题属性数据集,本研究首先根据用户类型(四分类)、危机前后(二分类)两个要素构建出 8 个属性共现矩阵(9 行 * 9 列),以探索不同属性之间的关联,矩阵中的数值表示属性之间的共现频率。接下来,运用 Gephi 网络分析软件来绘制属性网络,利用 QAP 中的 MRQAP(Multiple Regression Quadratic Assignment Procedure,多元回归二次指派程序)来回答研究问题。

## 六、研究发现

### (一)"基因编辑婴儿"前后微博上基因编辑讨论的语义网分析

群体对于某个事件的认知和表征可以通过话语来体现,具体地可以通过隐喻、词语选择、语法、表述语气或对某些单词或句子的强调来体现在文本中。在本研究中,我们试图通过对"基因编辑婴儿"事件前后微博上网民对于"基因编辑"讨论的文本进行语义网分析,来挖掘社交媒体上"基因编辑"表征的变化。首先,本研究将有关"基因编辑"的微博文本根据时间段划分为"基因编辑婴儿"事件前和事件后两个语料数据集;其次,通过计算两个数据集文本中词汇的共现频率,构建两个词语共现矩阵;再次,将两个矩阵输入 gephi 软件,计算每个词的网络属性和凝聚子群(见表 5),并将其共现网络进行可视化(见图 1 和图 2)。

**表5 “基因编辑婴儿”事件前后微博上“基因编辑”话题讨论的语义网凝聚子群及其高频代表词**

| “基因编辑婴儿”事件前 | | | “基因编辑婴儿”事件后 | | |
|---|---|---|---|---|---|
| 凝聚子群 | 子群百分比 | 高频代表词 | 凝聚子群 | 子群百分比 | 高频代表词 |
| 基因编辑科学研究进展与突破 | 5.70% | 人类、科学家、疾病、利用、团队、成功、Cas9、国际、世界、全球、健康、成果、突破、首例、生物学、体细胞 | 基因编辑婴儿事件调查和处理 | 6.78% | 科技、相关、国家、人员、胚胎、调查、团队、部门、记者、科研、诞生、南方、机构、活动、项目、依法、审查 |
| 基因编辑科学研究与应用 | 85.45% | 基因、编辑、技术、研究、CRISPR、细胞、治疗、基因组、美国、生物、科技、未来、科学、领域、DNA、人员 | 贺建奎相关人员调查 | 16.27% | 贺建奎、教育、对此、调查结果、科大、支持、知情、内容、转基因、一步、新京报、停薪留职、事实、斯坦福大学、官网、披露、关系、危险 |
| 基因编辑与生命科学 | 6.75% | 癌症、前沿、生命科学、科普、解决、革命性、关键、攻克、器官、全国、知识、意义、负责人、肌肉、器官移植 | 科研伦理 | 2.81% | 艾滋病、世界、实验、动物、喜欢、杨永信、泛滥、女人、彻头彻尾、非洲人、恶气、严重后果 |
| 基因科学与人类健康 | 2.10% | 时间、免疫、能力、进化、增强、机器、听力、意识、更高、永生、融为一体、平均、视觉、身高 | 基因编辑科学研究与应用 | 74.13% | 基因、编辑、婴儿、技术、人类、研究、伦理、首例、科学家、免疫、健康、治疗、发布、CRISPR、科学、国际、利用、组图、成功、美国、关注、基因组、干细胞 |

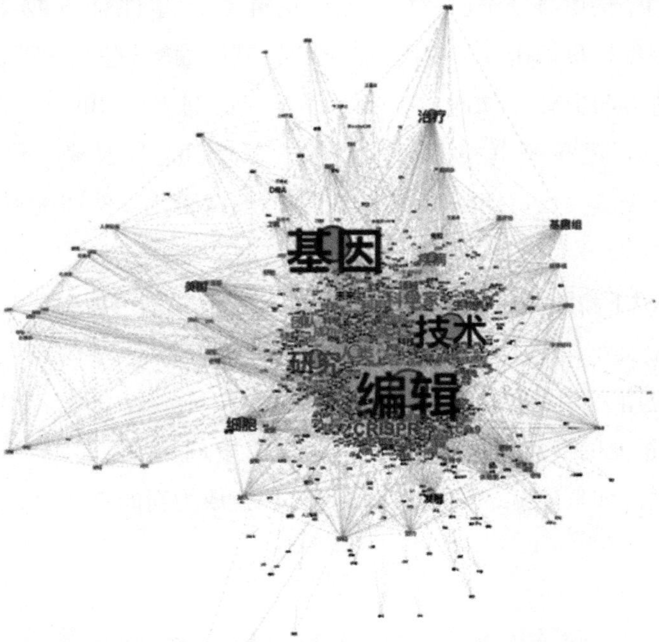


**图1 “基因编辑婴儿”事件前微博上关于“基因编辑”讨论的语义网**

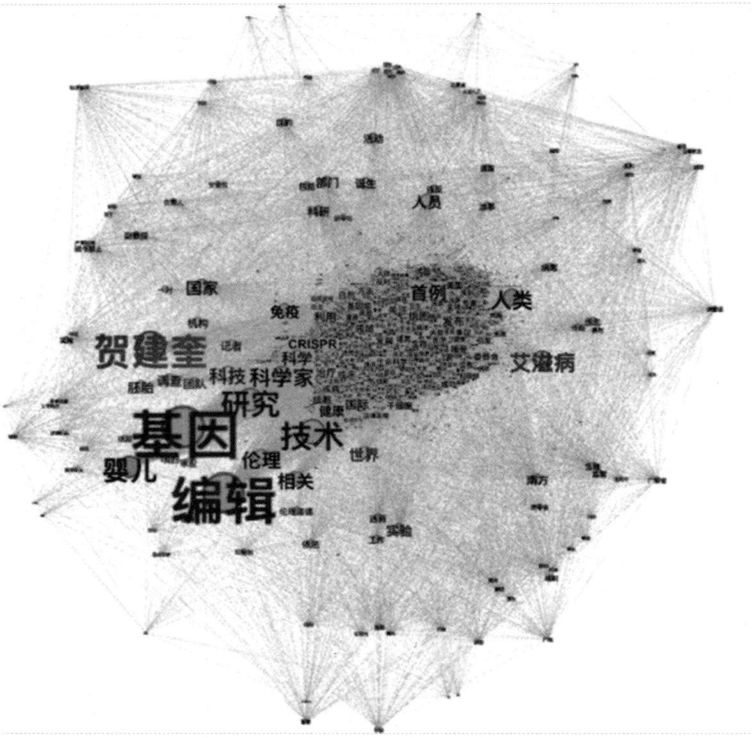


**图 2 “基因编辑婴儿”事件后微博上关于“基因编辑”讨论的语义网**

通过表 5 可以看出,“基因编辑婴儿”事件前后,微博上讨论“基因编辑”话题的文本可以划分为四个词语凝聚子群:对于“基因编辑婴儿”事件前,根据子群规模的大小排序分别是基因编辑科学研究与应用(85.45%)、基因编辑与生命科学(6.75%)、基因编辑科学研究进展与突破(5.70%)、基因科学与人类健康(2.10%)。而在“基因编辑婴儿”事件发生后,凝聚子群根据规模大小排序分别是基因编辑科学研究与应用(74.13%)、贺建奎相关人员调查(16.27%)、基因编辑婴儿事件调查和处理(6.78%)、科研伦理(2.81%)。

此外,根据图 1 和图 2 的语义网可视化,可以看出,“基因编辑婴儿”事件后,微博上“基因编辑”语义结构发生了较大的变化:“基因编辑婴儿”事件发生前,以“基因编辑科学研究和应用”为主导的基因、编辑、技术、研究、科学家、细胞、CRIPR、疾病、基因组、治疗占据了重要的节点,而在“基因编辑婴儿”事件发生后,围绕事件本身及其引发的社会讨论话语如贺建奎、伦理、婴儿、胚胎、调查成为新的重要节点。

### (二)不同用户类型议程属性网络的卡方分析

本研究使用卡方分析法(X2)对“基因编辑婴儿”事件前后不同用户类型(政府、科学家、媒体、普通民众)在九个议题属性的提及上是否存在差异进行了分析,见表6。结果表明:“基因编辑婴儿”事件前后,科学家类型用户在除了科学风险这一议题属性以外的八个议题属性的使用上存在显著的差异,而政府、媒体及普通民众类型用户在九个议题属性的使用上皆存在显著的差异。其中,事件发生后,政府和媒体这两类型用户在讨论基因编辑时都更多地提及立法与监管(4.6%→29.5%,5.5%→28.9%)、科技伦理(3.3%→23.1%,2.2%→32%)、社会议题(2.4%→29.1%,3.3%→32%)、科学丑闻(6%→64.9%,11.8%→65.5%)和相关科学家(1.4%→27.4%,1.7%→43.7%)这五个议题属性,在其他几个议题属性上则有显著的下降;对于科学家类型用户,相较于事件发生前,“基因编辑婴儿”事件发生后,其在讨论“基因编辑”议题时除了更多地提及立法与监管(7%→15.3%)、科技伦理(4.3%→18.4%)、社会议题(3.9%→18.4%)、科学丑闻(7.6%→47.8%)和相关科学家(3.2%→32.4%)这五个议题属性以外,还一如既往地讨论了科学风险(15.1%→16%)这一议题属性;于普通民众而言,“基因编辑婴儿”事件发生后,此类用户在提及科技伦理(4.6%→9.8%)、社会议题(7.5%→17.9%)、科学丑闻(11.4%→51.7%)、相关科学家(3.1%→68.9%)这四类议题上有显著的上升,而在其他几个议题属性上出现显著下降。

### (三)基于MRQAP的属性网络议程回归模型

本部分利用MRQAP首先检验了普通民众、政府、媒体和科学家在讨论“基因编辑”议题时的属性网络议程相关性,表7汇总了所有的模型结果。结果表明:(1)在“基因编辑婴儿”事件发生前,普通民众的“基因编辑”议题属性网络与科学家显著正相关($\beta=1.162$, $p<0.01$),但是与政府($\beta=-0.231$, $p>0.05$)和媒体($\beta=0.064$, $p>0.05$)的议题属性网络不存在显著的相关性(见表5模型1);在“基因编辑婴儿”事件发生后,微博上普通民众的议题属性网络分别与政府、科学家和媒体的议题属性网络显著相关(参见表5,模型4):普通民众与媒体之间的关联最强($\beta=1.466$, $p<0.01$),其次是普通民众与科学家之间的关联($\beta=0.721$, $p<0.01$),而普通民众与政府之间存在显著的负关联($\beta=-1.443$, $p<0.001$)。(2)在“基因编辑婴儿”事件发生前,媒体的议题属性网络与科学家和政府的议题属性网络存在显著正相关(见表5,模型2),但是媒体和政府之间的关联($\beta=0.700$, $p<0.001$)比媒体和科学家之间的关联($\beta=0.353$, p<

**表 6　不同用户类型议程属性网络的卡方分析**

| 议题属性 | 政府 | | χ2 df = 1 | 科学家 | | χ2 df = 1 | 媒体 | χ2 df = 1 | | 普通民众 | | χ2 df = 1 |
|---|---|---|---|---|---|---|---|---|---|---|---|---|
| | T1 | T2 | | T1 | T2 | | T1 | | T2 | T1 | T2 | |
| 科学进步与发展 | 82.3%（n = 758） | 30.1%（n = 989） | 806.611 *** | 80.4%（n = 1321） | 44.2%（n = 1448） | 582.845 *** | 73.5%（n = 760） | 29.8%（n = 1494） | 700.090 *** | 69.7%（n = 1433） | 6.0%（n = 625） | 5073.882 *** |
| 科学风险 | 35.9%（n = 331） | 12.8%（n = 419） | 263.730 *** | 15.1%（n = 249） | 16.0%（n = 526） | .662 | 27.2%（n = 281） | 16.1%（n = 809） | 70.679 *** | 10.9%（n = 224） | 5.7%（n = 595） | 75.963 *** |
| 立法与监管 | 4.6%（n = 42） | 29.5%（n = 970） | 245.542 *** | 7.0%（n = 115） | 15.3%（n = 501） | 68.642 *** | 5.5%（n = 57） | 28.9%（n = 1451） | 251.433 *** | 5.3%（n = 109） | 3.8%（n = 394） | 10.440 ** |
| 科技伦理 | 3.3%（n = 30） | 23.1%（n = 759） | 186.021 *** | 4.3%（n = 70） | 18.4%（n = 602） | 184.729 *** | 2.2%（n = 23） | 32.0%（n = 1606） | 387.082 *** | 4.6%（n = 95） | 9.8%（n = 1021） | 56.042 *** |
| 经济效应 | 5.1%（n = 47） | 0.8%（n = 25） | 80.573 *** | 3.9%（n = 64） | 2.6%（n = 86） | 5.980 * | 4.0%（n = 41） | 2.2%（n = 108） | 11.695 ** | 6.3%（n = 130） | 2.5%（n = 264） | 81.178 *** |
| 社会议题 | 2.4%（n = 22） | 29.1%（n = 956） | 287.762 *** | 3.9%（n = 64） | 18.4%（n = 604） | 197.046 *** | 3.3%（n = 34） | 32.0%（n = 1602） | 356.988 *** | 7.5%（n = 155） | 17.9%（n = 1870） | 135.735 *** |
| 科学丑闻 | 6.0%（n = 55） | 64.9%（n = 2131） | 1000.339 *** | 7.6%（n = 125） | 47.8%（n = 1566） | 782.958 *** | 11.8%（n = 122） | 65.5%（n = 3286） | 1006.904 *** | 11.4%（n = 235） | 51.7%（n = 5399） | 1123.245 *** |
| 相关科学家 | 1.4%（n = 13） | 27.4%（n = 899） | 285.479 *** | 3.2%（n = 53） | 32.4%（n = 1062） | 531.616 *** | 1.7%（n = 18） | 43.7%（n = 2191） | 651.094 *** | 3.1%（n = 63） | 68.9%（n = 7197） | 3054.488 *** |
| 国际议题 | 13.1%（n = 121） | 5.3%（n = 174） | 67.765 *** | 22.0%（n = 361） | 13.0%（n = 426） | 65.554 *** | 18.0%（n = 186） | 9.2%（n = 459） | 70.175 *** | 21.2%（n = 436） | 3.4%（n = 358） | 913.574 *** |

备注：T1 为 2018 年 11 月 26 日之前（“基因编辑婴儿”事件爆发前），T2 为 2018 年 11 月 26 日之后（“基因编辑婴儿”事件爆发后）；* $p<0.05$，** $p<0.01$，*** $p<0.001$

0.01)更强;“基因编辑婴儿”事件发生后,媒体的议题属性网络与政府(β=0.820,p<0.001)和普通民众(β=0.205,p<0.05)存在显著正相关,而与科学家议题网络不存在显著相关(β=0.025,p>0.05)。(3)在“基因编辑婴儿”事件发生前,表5中的模型3表明,科学家的议题属性网络与媒体(β=1.478,p<0.001)、普通民众(β=0.368,p<0.001)正相关,而与政府呈显著负相关(β=-0.912,p<0.01);“基因编辑婴儿”事件发生后,科学家与媒体之间的议题属性网络存在显著相关性(β=0.1.459,p<0.001),科学家与政府之间的议题属性网络存在显著的负相关(β=-0.604,p<0.001),而科学家与普通民众之间的议题属性网络无显著相关性(参见表5,模型6)。

**表7 基于MRQAP的属性网络议程回归模型**

| 属性议题网络-因变量 | 属性议题网络-自变量 | B | β | Adjusted R2 |
|---|---|---|---|---|
| 模型1 | | | | |
| T1-普通民众 | T1-政府 | -0.287 | -0.231 | 0.907*** |
| | T1-科学家 | 1.186** | 1.162** | |
| | T1-媒体 | 0.086 | 0.064 | |
| 模型2 | | | | |
| T1-媒体 | T1-政府 | 0.646*** | 0.700*** | 0.992*** |
| | T1-科学家 | 0.292** | 0.353** | |
| | T1-普通民众 | 0.003 | 0.005 | |
| 模型3 | | | | |
| T1-科学家 | T1-政府 | -1.016** | -0.912** | 0.968*** |
| | T1-媒体 | 1.785*** | 1.478*** | |
| | T1-普通民众 | 0.329*** | 0.368*** | |
| 模型4 | | | | |
| T2-普通民众 | T2-政府 | -3.383*** | -1.443*** | 0.735*** |
| | T2-科学家 | 2.429** | 0.721** | |
| | T2-媒体 | 1.678** | 1.466** | |
| 模型5 | | | | |
| T2-媒体 | T2-政府 | 1.678*** | 0.820*** | 0.963*** |
| | T2-科学家 | 0.074 | 0.025 | |
| | T2-普通民众 | 0.179* | 0.205* | |
| 模型6 | | | | |
| T2-科学家 | T2-政府 | -0.252*** | -0.604*** | 0.965*** |
| | T2-媒体 | 0.346*** | 1.459*** | |
| | T2-普通民众 | 0.077 | 0.161 | |

## 七、结论与讨论

本研究通过搜集微博上有关“基因编辑”的文本并对其议题属性进行挖掘,并采用网络议程设置的分析方法,探讨“基因编辑婴儿”事件前后,中国社交媒体上关于“基因编辑”议题讨论的话语结构变化。此外,参与讨论的不同主体(政府、科学家、媒体和普通民众)有关此议题的属性议程网络之间的关系也在本文中进行了检验,并得出了以下几点结论:

1.科学危机重塑“基因编辑”的社会话语结构

贺建奎“基因编辑婴儿”这一事件,将“基因编辑”这一复杂而颇具专业知识门槛的科学话题,带至民间大众的日常讨论当中,从一个科学议题转化成一个社会议题,赋予其更为多元而复杂的内涵。有关“基因编辑”社交媒体讨论的话语结构也有了根本性的变化:1.事件发生后,微博上有关“基因编辑”科学的讨论,呈现出一个量级上的增长。尤其值得注意的是,媒体和普通民众在事件发生后参与这一议题的讨论上占据了更多的声量优势,改变了微博这一场域中基因编辑科学议题的话语结构;2.有关“基因编辑”这一科学议题讨论的话语也有一个颠覆性的变化,相较于事件前“科学进步与发展”框架占据主导地位,事件后“科学丑闻”“相关科学家”“科学伦理”“立法与监管”等框架逐渐凸显且平分秋色,有关“基因编辑”的讨论话语显得更加多元和综合。关于这一现象,可能的解释是“基因编辑婴儿”这一科学共同体内部爆发出来的危机,一定程度上激发了公众对于基因编辑科学的警惕,撕裂了社会各界在这一议题上的共识,消解了公众对于科学家、政府的信任及其原先对于基因编辑这一科学议题的话语主导权。

2.科学的“媒介化”

在我们的分析结果中可以看出,(1)媒体话语在微博上“基因编辑”议题中扮演着越来越重要的角色;(2)科学家类型用户在微博上有关“基因编辑”的议程网络,不论是在“基因编辑婴儿”事件发生之前,还是此事件之后,都受到媒体用户类型的正向影响,也就是说科学家关于此议题的网络议程持续地受到媒体的影响。此现象与“媒介化的科学”(Medialization of science)不谋而合:媒体对科学议题的日益关注,以及科学话语越来越受媒介逻辑的宰制(Rödder,2009),科学家和科学组织在交流科学时逐渐将媒体考虑在内,“媒体的逻辑”越来越影响科学共同体的话语(Rödder,2009)。这种现象的产生,与媒体报道成为公众赖以获取科学知识并形成科学技术观的重要渠道不无相关(Weingart,1998;Schäfer,2009)。媒体成为独特的科学和技术代表,并为公众对科学和技术的理解提供了广泛的框架。值得注意的是,“科学媒介化”在代表科学与技术时,不仅包括“科学逻辑”(基于科学研究的范式),还包括“媒体逻辑”,也就是基于记者角度和编辑选择的新闻标准(Plesner,2012),两种力量的博弈和平衡造成“科学媒介化”的独特景象。

3.“去科学化”的科学——后危机时代“基因编辑”议题的社会话语转换

我们的研究结果表明,贺建奎“基因编辑婴儿”事件的发生,将“基因编辑”议题框架,从事件前的“科学框架”主导(Scientific Frames Domination),其包括科学进步与发展、国际议题及科学风险,转向了事件后的“社会框架”主导(Social Frames Domination),其包括立法与监管、科技伦理、经济效应、社会议题、科学丑闻及相关科学家。这表明,“基因编辑婴儿”这一科学危机所带来的科学议题“去科学化”(De-scientization of Science)的趋势,也即科学传播中所言的“去科学化”现象。科学危机所带来的社会危机,将科学话题置于一个更加复杂和多元的语境,科学议题以一种更全面和多元的方式被解读,科学议题中科学框架从主导走向了边缘。其与媒体的逻辑联姻所带来的多元公众参与科学传播,不仅囊括了科学家的立场,而且融合了公众、政府和社会的观点,带来了科学的“去科学化”叙事(van Dijck,2006;Plesner,2012)。这种去科学化叙事一方面带来的是科学再次嵌入(embedded)社会话语结构之中,符合公众参与科学的题中之义,但是另一方面提出了一个非常重要的问题:如何处理科学与社会的关系?科学范式遵从于社会范式,抑或科学范式主导科学议题,前者将可能导致科学失去自己独立存在的核心价值而成为附属,从而带来科学的边缘化问题。

4.民间与官方话语的脱钩——科学危机下普通民众与政府的议程沟通失效

“基因编辑婴儿”事件前,政府类型微博用户对普通民众在“基因编辑”讨论上的议题属性网络并不存在显著的影响。而在这一事件之后,从结果我们可以看出,政府类型微博用户对普通民众存在显著消极的关系,也就是说,其议程设置的效果是负向的,政府和普通民众在“基因编辑”这一科学议题上的沟通更加趋于失效状态,官方和民间的话语趋于脱钩。尽管 Jin(2019)通过人民日报对基因编辑报道的内容分析指出,在“基因编辑婴儿”事件之后,官方调整了以往乐观的态度,在其议程中更多地提及科学伦理和法律监管。但是,从我们的研究来看,这已经不仅仅是 Stockmann(2010)所指的官方和公众在特定议题上龃龉的“舆论危机”(Public Opinion Crisis),而是更进一步指向了一种官方和民间在特定议题上的脱钩(Decoupling),其对话和沟通失去了公约数而趋于无效,而这种状态的极化使得政府的议程微调显得力不从心。然后需要指出的是,这种现象对公众参与科学是有所损害的。正如Price(1963)所言,从“小科学”(Little Science)到“大科学”(Big Science)时代,科学研究作为公器,其合理性和合法性都已然建立起来,在现代社会的体系中,我们每个人都与其不可分离。在基于民意协商的现代民主政体中,科学研究方向以及国家科研经费预算都需要在民主协商的基础上才能达成,对于与民众息息相关的应用性科学研究,公众话语及其接受度更应通过更具开放性、对等性和参与性的科学传播纳入国家科研规划作为重要考量(Rödder,2009)。

## 八、研究局限与展望

需要指出的是,本研究存在一定的不足。首先,微博数据的搜集不是实时的,因此有可能由于用户删除、设置为不公开和平台审查而难以获得,可能有损于数据集的完整性;其次,本文编码框架虽然尽可能地将主流的议题属性囊括进来,但是难免挂一漏万,利基议题属性(占比非常小)也有可能遗漏;再次,本研究没有考虑跨时段(Cross-lagged)不同主体间的议程网络关系,这部分是为了让本文的研究更加聚焦,但是也失去了一个研究议程设置的视角。尽管存在以上的不足,本研究对于理解科学危机背景下公众参与科学仍然具有一定的意义。通过对中国社交媒体上与争议性科学有关的文本挖掘,以微博为考察对象,勾勒出科学危机背景下社交媒体中有关“基因编辑”的议题沟通、话语结构及其演变路径,描绘了社交网络空间中公众参与科学的另类图景。在现代风险社会的“不确定性”沟通(陈刚,2014)背景下,对科学传播的新范式做了经验式的考察。

### 参考文献


陈安繁、罗晨、胡勇、徐永妍、徐靖杨,《中国社交媒体上转基因争论的网络议程研究》。《未来媒体》,2020年第27期,页8-20。

陈刚,《“不确定性”的沟通:“转基因论争”传播的议题竞争,话语秩序与媒介的知识再生产》。《新闻与传播研究》,2014年第7期,页17-34。

方舟子,《为什么要严禁制造“基因编辑婴儿”?》。《科学世界》,2019年第1期,页18。

金兼斌(2018),《科学传播:争议性科技的社会认知及其改变》。北京:清华大学出版社。

雷婷、肖斌、何咏茵等,《CRISPR/Cas9文库筛选技术的发展及在肿瘤研究中的应用》。Journal of Southern Medical University,2019,39(11):1381.

刘华杰,《科学传播的三种模型与三个阶段》。《科普研究》,2009年第4卷第2期,页10-18。

沈平、章秋艳、杨立桃等,《基因组编辑技术及其安全管理》。《中国农业科学》,2017 年第 50 卷第 8 期,页 1361-1369。

刘军(2014),《整体网分析:UCINET 软件实用指南》。上海:格致出版社,页 280-296。

吴文汐、乔秀宏,《社交媒体影像中的转基因:争议性科技的媒介再现与受众反馈》。《现代传播(中国传媒大学学报)》,2019 年第 41 卷第 4 期,页 69-75。

中国科学院(2009),《科技革命与中国的现代化——关于中国面向 2050 年科技发展战略的思考》。北京:科学出版社,2009。

Anderson A, Allan S, Petersen A, et al.The framing of nanotechnologies in the British newspaper press [J].Science communication, 2005, 27(2):200-220.

Bucchi M.Norms, competition and visibility in contemporary science: The legacy of Robert K. Merton [J].Journal of Classical Sociology, 2015, 15(3):233-252.

Burall S.Rethink public engagement for gene editing[J].Nature, 2018:438-439.

Burns T W, O' Connor D J, Stocklmayer S M.Science communication: a contemporary definition[J]. Public understanding of science, 2003, 12(2):183-202.

Calabrese C, Ding J, Millam B, et al.The uproar over gene-edited babies: A semantic network analysis of CRISPR on Twitter[J].Environmental Communication, 2019:1-17.

Carroll, C.E.(2015).Mapping the contours of the third level of agenda setting.In L.Guo & M.McCombs (Eds.), The Power of Information Networks: New Directions for Agenda Setting (pp.34-52).Londun, LO: Routledge.

Ceasar S A, Rajan V, Prykhozhij S V, et al.Insert, remove or replace: a highly advanced genome editing system using CRISPR/Cas9[J]. Biochimica et Biophysica Acta (BBA)-Molecular Cell Research, 2016, 1863(9):2333-2344.

Chen Z, Su C C, Chen A.Top-down or bottom-up? A Network agenda-setting study of Chinese nationalism on social media[J].Journal of Broadcasting & Electronic Media, 2019, 63(3):512-533.

Chen A, Zhang X. Changing Social Representations and Agenda Interactions of Gene Editing After Crises: A Network Agenda-Setting Study on Chinese Social Media[J]. Social Science Computer Review, 2021:0894439321998066.

Chen., L., Chen., A, Ng., A. & Yong., H. (2020, June). From Divergence to Convergence: A Longitudinal Network Agenda-Setting Study of GMO Discussions on Chinese Social

Cobb M D.Framing effects on public opinion about nanotechnology[J].Science communication, 2005, 27(2):221-239.

Communication, San Francisco.

Cui K, Shoemaker S P. Public perception of genetically-modified (GM) food: A Nationwide Chinese Consumer Study[J].npj Science of Food, 2018, 2(1):1-8.

Cyranoski D, Ledford H. Genome-edited baby claim provokes international outcry[J]. Nature, 2018, 563(7733): 607-608.

Cyranoski D. Chinese scientists to pioneer first human CRISPR trial[J]. Nature News, 2016, 535(7613): 476.

Cyranoski D. CRISPR-baby scientist fails to satisfy critics[J]. Nature, 2018, 564(7734): 13-15.

de Solla Price, D.J. (1963). Little science, big science (Vol.5). New York, NA: Columbia University Press.

deLisle, J., Goldstein, A.& Yang, G. (2016). The Internet, Social Media, and a Changing China. Philadelphia, PA: University of Pennsylvania Press.

Du L, Rachul C. Chinese newspaper coverage of genetically modified organisms[J]. BMC Public Health, 2012, 12(1): 326.

Entman R M. Framing: Toward clarification of a fractured paradigm[J]. Journal of Communication, 1993, 43(4), 51-58.

Fioravanti C H, Velho L. Let's follow the actors! Does Actor-Network Theory have anything to contribute to science journalism? [J]. Journal of Science Communication, 2010, 9(4): A02.

First Crispr Babies? The New York Times, Retrieved September, 20, from

Funk, C.& Hefferon, M. (2018). Public views of gene editing for babies depend on how it would be used. Washington, DC: Pew Research Center.

Gamson W A, Modigliani A. Media discourse and public opinion on nuclear power: A constructionist approach[J]. American journal of sociology, 1989, 95(1): 1-37.

Guo L, Chen Y N K, Vu H, et al. Coverage of the Iraq War in the United States, Mainland China, Taiwan and Poland: A transnational network agenda-setting study[J]. Journalism Studies, 2015, 16(3): 343-362.

Guo L. The application of social network analysis in agenda setting research: A methodological exploration[J]. Journal of Broadcasting & Electronic Media, 2012, 56(4): 616-631.

Guttinger S. Trust in science: CRISPR-Cas9 and the ban on human germline editing[J]. Science and engineering ethics, 2018, 24(4): 1077-1096.

Ho P, Vermeer E B, Zhao J H. Biotechnology and food safety in China: Consumers' acceptance or resistance? [J]. Development and change, 2006, 37(1): 227-254.

https://www.nytimes.com/2018/12/05/health/crispr-gene-editing-embryos.html

Huang J, Qiu H, Bai J, et al. Awareness, acceptance of and willingness to buy genetically modified foods in Urban China[J]. Appetite, 2006, 46(2): 144-151.

Hurlbut J B. Human genome editing: ask whether, not how[J]. Nature, 2019, 565(7738): 135-136.

Jin, S. (2019). Does Authoritarian Propaganda Ever Respond to Public Opinion?. https://polmeth.mit.

edu/sites/default/files/documents/Shuai_Jin.pdf

Kaplan S.Cognitive maps in perception and thought[J].Image and environment:Cognitive mapping and spatial behavior,1973:63-78.

Kofler N.Why were scientists silent over gene-edited babies? [J].Nature,2019,566(7745):427-428.

Kolata,G.& Belluck,P.(2018,December 5).Why Are Scientists So Upset About the

Larson C.China's bold push into genetically customized animals[J].Nature News,2015.

Latour,B.(2005),Reassembling the social:An introduction to Actor-Network Theory,Oxford,

Li J,Walker S,Nie J,et al.Experiments that led to the first gene-edited babies:the ethical failings and the urgent need for better governance[J].Journal of Zhejiang University-SCIENCE B,2019,20(1):32-38.

Li Q,Curtis K R,McCluskey J J,et al.Consumer attitudes toward genetically modified foods in Beijing, China[J].AgBioForum,2002,5(4):145-152.

Liang P,Xu Y,Zhang X,et al.CRISPR/Cas9-mediated gene editing in human tripronuclear zygotes [J].Protein & cell,2015,6(5):363-372.

Listerman T.Framing of science issues in opinion-leading news:international comparison of biotechnology issue coverage[J].Public Understanding of Science,2010,19(1):5-15.

Luokkanen M,Huttunen S,Hildén M.Geoengineering,news media and metaphors:Framing the controversial[J].Public Understanding of Science,2014,23(8):966-981.

Matthes J,Kohring M.The content analysis of media frames:Toward improving reliability and validity [J].Journal of communication,2008,58(2):258-279.

McCaughey T,Budden D M,Sanfilippo P G,et al.A need for better understanding is the major determinant for public perceptions of human gene editing[J].Human gene therapy,2019,30(1):36-43.

McCaughey T,Sanfilippo P G,Gooden G E C,et al.A global social media survey of attitudes to human genome editing[J].Cell stem cell,2016,18(5):569-572.

McCombs M F.New frontiers in agenda-setting:Agendas of attributes and frames (Paper presented at the annual convention of the Association for Education in Journalism and Mass Communication,Chicago) [J].Mass Communication Review,1997,24(1/2),32-52.

Media.Paper presented at the Association for Education in Journalism and Mass

National Academies of Sciences,Engineering,and Medicine.(2019).Second International Summit on Human Genome Editing: Continuing the Global Discussion; Proceedings of a Workshop-in Brief. Washington,DC:The National Academies Press.

Nisbet M C,Brossard D,Kroepsch A.Framing science:The stem cell controversy in an age of press/politics[J].Harvard International Journal of Press/Politics,2003,8(2):36-70.

Nisbet M C,Lewenstein B V.Biotechnology and the American media:The policy process and the elite press,1970 to 1999[J].Science communication,2002,23(4):359-391.

Petersen A. Biofantasies: genetics and medicine in the print news media [ J ]. Social Science & Medicine,2001,52(8):1255-1268.

Plesner U.The performativity of "media logic" in the mass mediation of science[J].Public Understanding of Science,2012,21(6):674-688.

Rauchfleisch A,Schäfer M S.Multiple public spheres of Weibo:A typology of forms and potentials of online public spheres in China[J].Information,Communication & Society,2015,18(2):139-155.

Regalado A.China's CRISPR babies:Read exclusive excerpts from the unseen original research[J]. MIT Technology Review,2019.

Rodríguez Estrada F C,Davis L S.Improving visual communication of science through the incorporation of graphic design theories and practices into science communication[J].Science Communication,2015,37 (1):140-148.

Ruan Y,Yang J,Jin J.One issue,different stories:The construction of GMO issues on Chinese,American and British mainstream media portals[J].Cultures of Science,2019,2(4):255-275.

Rödder S.Reassessing the concept of a medialization of science:A story from the "book of life" [J]. Public Understanding of Science,2009,18(4):452-463.

Schäfer M S.From public understanding to public engagement:An empirical assessment of changes in science coverage[J].Science Communication,2009,30(4):475-505.

Shan Q,Wang Y,Li J,et al.Targeted genome modification of crop plants using a CRISPR-Cas system [J].Nature biotechnology,2013,31(8):686-688.

Shen C,Chen A,Luo C,et al.Using Reports of Symptoms and Diagnoses on Social Media to Predict COVID-19 Case Counts in Mainland China: Observational Infoveillance Study [J]. Journal of Medical Internet Research,2020,22(5):e19421.

Stewart C O,Dickerson D L,Hotchkiss R.Beliefs about science and news frames in audience evaluations of embryonic and adult stem cell research[J].Science Communication,2009,30(4):427-452.

Stockmann D.Who believes propaganda? Media effects during the anti-Japanese protests in Beijing[J]. The China Quarterly,2010:269-289.

Tranter K.Biotechnology,media and law-making:Lessons from the cloning and stem cell controversy in Australia 1997-2002[J].Law,Innovation and Technology,2010,2(1):51-93.

UK:Oxford University Press,2005

Van Dijck J.Picturizing science:The science documentary as multimedia spectacle[J].International Journal of Cultural Studies,2006,9(1):5-24.

Vargo C J,Guo L,Amazeen M A.The agenda-setting power of fake news:A big data analysis of the online media landscape from 2014 to 2016[J].New media & society,2018,20(5):2028-2049.

Vargo C J,Guo L,McCombs M,et al.Network issue agendas on Twitter during the 2012 US presidential election[J].Journal of Communication,2014,64(2):296-316.

Vargo C J, Guo L. Networks, big data, and intermedia agenda setting: An analysis of traditional, partisan, and emerging online US news[J]. Journalism & Mass Communication Quarterly, 2017, 94(4): 1031-1055.

Wallis C. New media practices in China: Youth patterns, processes, and politics [J]. International Journal of Communication, 2011, 5:31.

Wang C, Zhai X, Zhang X, et al. Gene-edited babies: Chinese Academy of Medical Sciences' response and action[J]. The Lancet, 2019, 393(10166):25-26.

Weingart P. Science and the media[J]. Research policy, 1998, 27(8):869-879.

Wynne B. Public understanding of science[J]. Handbook of science and technology studies, 1995, 1: 361-388.

Yang J, Xu K, Rodriguez L. The rejection of science frames in the news coverage of the golden rice experiment in Hunan, China[J]. Health, risk & society, 2014, 16(4):339-354.

Zhang X, Chen A, Zhang W. Before and after the Chinese gene-edited human babies: Multiple discourses of gene editing on social media[J]. Public Understanding of Science, 2021:0963662520987754.

Zhao Y, Deng H, Yu C, et al. The Chinese public's awareness and attitudes toward genetically modified foods with different labeling[J]. NPJ science of food, 2019, 3(1):1-7.

Zhong F, Marchant M, Ding Y, et al. GM foods: A Nanjing case study of Chinese consumers' awareness and potential attitudes[J]. AgBioForum, 2002, 5(4):136-144.

# 研究论文

# 从“我—你关系”到“我—它连接”：社交媒体与亲密关系的转变*

田林楠**

**摘要**：情感亲密的形成有赖于个体在自我袒露—他人回应这一人际过程中感到被理解、支持和认同。个体在寻求情感支持时并不会把袒露对象局限在“核心讨论网络”，而是经常向陌生人进行自我袒露，社交媒体则让“亲密的陌生人”现象成为一种社会事实。本文利用参与观察和访谈资料对这一新型亲密进行研究。研究发现，人们利用社交媒体的技术可供性所形成的线上情感亲密具有亲密与关系相分离的规定性特征，这种无需以亲密关系为前提的情感亲密指示了亲密关系从“我—你关系”向“我—它连接”的转变方向。这种转变趋向与个体化进程中亲密关系日渐成为一种“破坏性共同体”密切相关。

**关键词**：社交媒体，亲密与关系的分离，我—你关系，我—它连接

## 一、问题的提出

亲密（intimacy）就其定义而言，通常可以与 closeness 互相替换，因此它指的是两个人之间的亲近、接近以及身体或情感距离的减小（Strong et al.，2011：139）。或者如莫利斯（2010：001）非常简明的定义，“亲密的意思就是接近”，这种接近既可以是身体性的接近如抚摸和性交，也可以是情感性的接近如互诉衷肠，在情感和心理上相互支撑。因此，亲密性可以分为两类：情感亲密（emotional intimacy）和身体亲密（physical intimacy），当然，这两者既可以同时存在于一段关系之中，也可以单独出现（Lewis，

* 基金项目：本研究受江苏省社会科学院青年课题“网络粉丝社群的社会心理机制与舆情引导策略研究（QN2020019）”资助。

** 田林楠，江苏省社会科学院社会学研究所助理研究员。

1978; Strong et al.,2011:139;Robison et al.,2017)。而本文所关注的便是一种由社交媒体作中介、身体不在场、身份不可知的情感亲密。

在当代社会,情感亲密的形成依赖于个体间的袒露与回应,成为一种所谓的“彰显性亲密”或“袒露性亲密”(disclosing intimacy),“亲密意味着袒露那些不可能容纳睽睽众目的内心情感和行为”(Giddens,1992:138)。曾经被角色、关系和规范设定为自然而然的亲密,如今必须通过个体间不断协商才能明确呈现(鲍曼,梅,2010:96)。这是因为在个体化或曰去传统化的进程中,亲密关系日益成为一种外在标准被解除的“纯粹关系”,这种关系的存在仅仅是因为人们能够从这一关系中获得某种好处(吉登斯,1998:6-7)。因此,现代亲密关系的规定性特征就在于它不再依靠外在的和固定的规范和价值系统,而是个体在日常生活中创造和不断协商的结果。在外在标准如传统规则阙如的情况下,自我袒露在将个体黏合为亲密关系中发挥着巨大的作用(Layder,2009:12)。就其具体生成机制而言,亲密的形成起始于个体向另一个人袒露与自我相关的信息、想法和感觉。同时,在个体袒露之后,倾听者必须以他/她的情感、行为或语言表达等,对袒露的内容进行支持性和关怀性回应。而当袒露者主观上感受到了被理解、被支持和被关怀也即被承认之后,情感性亲密也就由此产生。因此,情感性亲密需要在个体的交往互动中产生,其中最重要的互动过程就是“自我袒露”和“同伴回应”(Reis & Shaver,1988)。

那么,在寻求情感支持(emotional support)时,人们会向谁袒露自我,又会在情感上依赖谁?这个问题似乎有着显而易见的答案。如果用社会网络分析的术语来表达,答案就是“核心讨论网络”:过去三十年的相关研究,将具有情感重要性的强关系构成的“核心讨论网络”,视为个体获得情感和社会支持的最重要来源(Small,2013;Small et al.,2015)。但真的是这样吗?

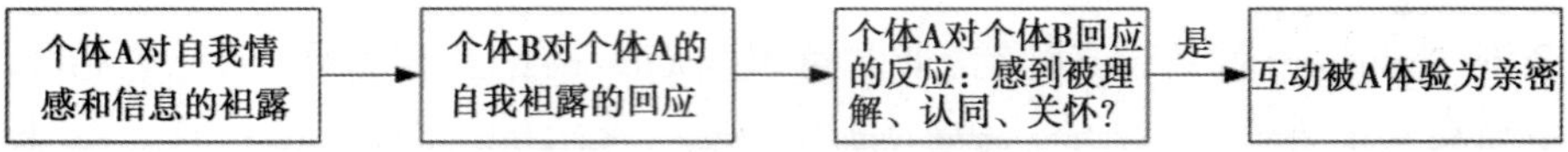


**图1 情感性亲密的人际过程模型**

(图片来源 Reis & Patrick,1988:375)

并不完全是。斯莫尔认为社会网络研究总是先具体指出一个人的社会网络,然后再探索人们如何利用这个网络,也即首先识别出生活中最重要的那些人,然后检测人们如何在这些人中选择袒露对象。但是这种方法忽略了那些不怎么重要但是也与之讨论了重要问题的人(Small,2017:X-XI)。在一项通过配额抽样所获得的样本量为2000人的研究中,斯莫尔发现,人们情感袒露对象中有45%的人是不重要,不亲密的人,例如普通同事,医生,甚至那些与自己没有任何情感纽带的人,也即人们并不一定是从强关系那里获得情感和社会支持,人们也会向弱关系袒露自我(Samll,2013)。

不仅如此,随着互联网尤其是社交媒体的出现,人们的袒露对象进一步拓展,不仅仅包括不重要的、没有情感纽带的人,甚至转向身体不在场、身份不可知的陌生人。正如鲍曼所言,Facebook 等社交媒体的出现,让我们进入了一个忏悔或告白的社会(confessional society),我们的私密信息,我们个人生活的秘密细节和苦恼痛楚,不再是与密友私下交谈,而是向陌生人和陌生人群公开展示(鲍曼,2013b:234)。换言之,我们的袒露和“告诉”对象,我们试图获得情感支持和认同的对象,已经很大程度上转向了社交媒体另一端的陌生人。心理学家的经验研究也发现,许多青年人如今从“赞”和他人对他所发帖子的回应中获得情感支持和肯定,既有的友谊关系在其中的作用反而正在下降①。换言之,人们如今越来越多地借由社交媒体而向陌生人袒露自我,寻找情感支持并进而建立情感亲密,“亲密的陌生人”(intimate strangers)正在成为一种社会事实(景军,2012;Bauman,2012:177)。

随着线上情感支持越来越成为一种“社会事实”,线上情感亲密与孤独的关系成为这一研究领域的关注重点,但是研究的结论莫衷一是,甚至相互抵牾(黄荣贵等,2013;特克尔,2014;Zhou et al.,2014;陈福平等,2018)。本文则“后退”一步,将关注的焦点放在这种线上情感亲密本身,从技术和社会两个角度对其进行解剖。因为只有真正理解了这种新型情感亲密是什么,对当代个体意味着什么,它所由以形成的技术进路与社会背景是怎样的,我们才能更好地评估它所可能产生的心理与社会后果。

## 二、研究思路与数据

### (一)研究思路

技术的广泛使用及其社会后果与人类主体和社会的“意向”(intension)密不可分(Williams,2003:7),技术并不能单独产生社会效应②。社交媒体中介下的情感亲密也

---

① We Are Social & Hootsuite.Digital 2021:Global Overview Report[R/OL].(2020-01)[2020-06-15].https://datareportal.com/reports/digital-2021-global-overview-report.

② 其典型便是计算机的发展。在 20 世纪 60 年代的美国,计算机被视为一项反人性的技术,被视为冷战中冷冰冰的技术专家治国象征的计算机通常被隐喻为负面的、集权的象征,但是到了 20 世纪 90 年代,“计算机反而把反主流文化运动时期曾提到的个人主义、协作社区以及精神共融的梦想变成了现实”(特纳,2013:VI)。这种转变当然部分原因是技术上的,如计算机的小型化。但更重要的是人们的“意向”,人们积极地开拓计算机作为集权象征之外的隐喻,“全球’网络的成员都通过他们的努力,使得信息及信息技术的政治含义发生了变化,并且把计算机变成了反主流文化的象征”(特纳,2013:258-259)。

并不是社交媒体作为唯一"自变量"所塑造的情感亲密,这种情感亲密的形成及其规定性特征,是社交媒体技术与个体在特定结构处境下的心理需要共同作用的产物。鲍曼(2013b:229-230)在评论Facebook时也指出,有且只有在最近几十年里扎克伯格才能产生他的灵感,也只有在最近几十年里这种灵感才能获得成功。正是因为"扎克伯格提供了他们曾苦苦寻找而又惨痛错失的工具,他们在机会面前欢呼雀跃",这才导致以Facebook为代表的社交媒体被当代个体热情拥抱。人们的意向、需要以及苦苦寻找而又惨痛错失的东西则来自(最近几十年里)社会结构背景所形塑的生存境遇。

同时,当人们深度投身于能够为他们提供满足自身需要的工具中时,又必然按照技术工具的特定技术架构来行动、互动和组织日常生活,在人们按照自身需要利用某一技术工具的过程中,技术工具的逻辑便进入人们的行动和互动模式之中。总结而言,就是"我们根据自己的观念和行动选择技术……同样关键的是,需要强调我们的文化并没有完全控制我们使用的技术……技术持续不断地塑造和重新塑造我们的身体、空间和身份,也根据我们的需求塑造"(库兹奈特,2016:28)。

因此,对于社交媒体与情感亲密的研究,我们必须兼顾社会的力量与技术的力量。根据以上分析,我们确定了如下分析思路:线上情感亲密是特定社会结构背景下个体特定生存境遇与具备特定技术架构的社交媒体交互作用的结果,只有当社交媒体回应了个体的境况与需要时,社交媒体才能被广泛使用,并以其特定技术逻辑改变人们的行动、互动和关系。换言之,在我们看来,是特定的结构性背景与个体生存境遇框定了情感亲密发生转变的范围与方向,而社交媒体这种技术工具以其特定的技术架构影响了情感亲密在此特定范围和方向内的具体转变,并赋予其具体形态。因此,我们在后文中将首先分析在社交媒体技术架构的作用下,情感亲密的具体形态、实践方式为何;其次,我们将对其规定性特征进行总结和界定,并指出情感亲密能够以这种方式进行实践的技术原因所在;最后,我们将从社会结构背景出发,对人们何以倾向于选择这种情感亲密实践方式进行分析。

### (二)研究数据

研究数据主要来自研究者2016—2018年所做的调查。主要包括两个方面:一是深度浸润社交媒体之中进行参与观察,主要包括男性为主的虎扑步行街和女性为主的"生活组"小组以及微博的各种"吐槽君"和微信群,这类群落虽然也有自身的旨趣,但并不像球迷群和某个明星的贴吧那么单一和聚焦,而是属于CNNIC和IResearch所界定的社区社交。在上述场所,用户会就其个人生活的各种涉及隐私的问题与陌生人进行交流,或者直接或者间接。在参与观察的过程中,既获得用户们的互动实录,也在此过程对参与这些互动的某些网友发信希望能够进行访谈。通过这种方式,我们完成了对 12 位被访者的访谈,其中虎扑 4 人,豆瓣小组 5 人,微信群 3 人,全部线上完成。另一方面,笔者还在笔者所加入的各个由陌生人所组成的微信群中发出访谈邀请并发红包请大家帮忙转发,访谈邀请内容为"嗨,大家好!我正在做一项有关社交媒体与亲密关系的研究,希望得到大家的帮助。有些私密事情或内心情感,我们以前会与朋友、家人或伴侣袒露、分享,但现在,有些人选择在网络上向陌生人袒露。如果你恰好是其中一员,无论是主动袒露,还是回应他人的袒露,无论是以发帖的形式还是一对一聊天的形式,都请与我联系。我想就此事与你聊聊,听听你的想法。每次聊天会有红包 66.6 元作为答谢!而且内容会完全保密。有意向者请加我的微信:XXXXXX"。通过此种方式,我们对 9 位被访者完成了访谈,2 人在线下进行,其余 7 人线上进行。根据所整理的访谈资料,最终剔除了其中 5 个访谈质量不佳的个案。因此,最终进入样本的是 16 个个案,除 3 人外,全部是线上访谈(详见表 1)。

**表 1　访谈对象基本情况**

| 编码 | 性别 | 年龄 | 教育程度 | 婚姻状况 | 访谈场所 |
|---|---|---|---|---|---|
| E-F-01 | 女 | 29 | 高中 | 已婚 | 线上 |
| E-F-02 | 女 | 31 | 专科 | 已婚 | 线上 |
| E-F-03 | 女 | 32 | 本科 | 未婚 | 线上 |
| E-F-04 | 女 | 29 | 研究生 | 未婚 | 线上 |
| E-F-05 | 女 | 26 | 研究生 | 未婚 | 线上 |
| E-F-06 | 女 | 28 | 本科 | 未婚 | 线上 |
| E-F-07 | 女 | 27 | 研究生 | 未婚 | 线下 |
| E-M-01 | 男 | 28 | 本科 | 未婚 | 线上 |
| E-M-02 | 男 | 36 | 专科 | 已婚 | 线上 |
| E-M-03 | 男 | 29 | 研究生 | 未婚 | 线下 |
| E-M-04 | 男 | 30 | 博士 | 未婚 | 线上 |
| E-M-05 | 男 | 28 | 研究生 | 未婚 | 线上 |
| E-M-06 | 男 | 28 | 本科 | 未婚 | 线上 |
| E-M-07 | 男 | 22 | 专科 | 未婚 | 线上 |
| E-M-08 | 男 | 27 | 本科 | 未婚 | 线上 |
| E-M-09 | 男 | 32 | 研究生 | 未婚 | 线下 |

## 三、网络化个人主义与部落化:社交媒体与情感亲密的新路径

在上文中,我们已经说明,对于情感亲密的形成而言,最重要的就是自我袒露—他人回应这一人际过程,而社交媒体的出现极大地改变了这一过程。那么,社交媒体的技术架构或曰可见性功能(affordances)为形成情感亲密的人际过程提供了何种新的实践路径?人们在此基础上又建立了何种情感亲密?

### (一)网络化个人主义

在《网络化:新的社会操作系统》(*Networked:The New Social Operating System*)中,两位追踪互联网20余年的作者直截了当地宣告:社交媒体所带来的是一种全新的社会交往模式或社会操作系统——网络化的个人主义(networked individualism),这一全新的社会交往模式意味着个体之间连接、互动和建立关系的全新方式。

在社交媒体的中介作用下,人们不再是嵌入于群体如家庭、班级、社区之中的成员,而是越来越作为一个以自己为中心的动态网络的个体,"当技术设备引入社会生活之后,人们已经改变了相互交往的方式。人们作为个人,越来越变得网络化了,而非嵌入群体之中"(雷尼,威尔曼,2015:10)。具体来说,以前的社会交往模式,无论是大如科层官僚机构,抑或小如家庭、社区和工作社区,它们都以是超个体的群体或组织为其成员提供安全网络和支持系统,并且这些成员之间具有确定的关系。但在网络化个体主义式的社会交往模式中,网络本身是动态的,网络中的个人除了与位于核心的那个个体有社会性关联之外,彼此之间大多数时候毫无关系,并且是以一种松散的、片段式的方式为位于核心的个体提供支持或帮助。

这种新的互动模式意味着人们的袒露对象以及袒露方式的变化,人们的袒露对象不必局限于既有的核心讨论网络如家人和制度化的袒露对象如心理医生,人们可以随机地在以自己为核心的网络里挑选袒露对象,此时双方的袒露—回应关系是偶然的和通过自身的努力建立的。

社交媒体所带来的这种可能性在现实中被实践为这样一种形态:访谈对象E-F-04和前男友的关系一直藕断丝连,某天,已经又有女朋友的摄影师前男友到她所在城市出差,相约见面,在她的住所为她拍了几组人体写真,当晚并没有住在一起。她说她"当时很糟心,完全不知道这是在做什么,虽然我们什么也没干",所以晚上失眠了,然后就随便在朋友圈发了个状态,有个男生就回复她怎么还没睡。这个男生是通过一个

相亲公众号认识的——也即其个人化网络之一员——但加了之后从未聊天过，偶尔会相互礼貌性地点赞。在对方回复之后，她就给他发了一张她当天刚拍的写真，他回复“很性感很好看”。E-F-04 直接开始了她的袒露，“我就直接把我和我前男友的事都跟他说了”，“后来就扯远了，越聊越多，他就安慰我还帮我分析我为什么会这样，最后都扯到了我和我妈的关系，还有我要不要整容”，“他可能为了安慰我，也说了他前女友的事”，“聊了很久很久，后来懒得打字直接开了语音”，再后来“就不聊这事了，跑老远，聊电影，聊人生，聊玩过的地方”，“后来实在太困了，就睡了。我跟他说，小伙子你得准备好，我以后不爽了都得来找你聊。等来 XX 了，姐姐请你吃好吃的”。

两个基本相互陌生的个体在没有任何铺垫的情况下，以一种压缩的方式完成了袒露——回应的互动过程，两者之间的情感距离由此迅速减小，亲近感不断增强，以至于 E-F-04 都预约了下次的互动，也即一旦心情再次低落，还需要在与这位陌生个体的互动中寻找被理解和被支持的感觉。

### （二）部落化

网络化个人主义意味着个体不再是嵌入群体的一员，而是以个人为中心和焦点进行网络化的互动，那么这些不再嵌入群体的个体聚集在一起的时候以何种形态进行交往互动呢？马菲索里给出的答案是“部落化”：“有线电视、电脑的电子布告牌可能创造了一个沟通的矩阵，在其中，群体某种程度上召回了民族或部落的古老结构”（Evans，1997），而社交媒体或社交网络的出现让新部落主义的趋势更为具体可见（Maffesoli，2016）。或者说，正是社交媒体把从家庭、社区等既定身份群体中脱离而出的个体重新聚合成一个个部落（田林楠，2018）。所谓部落，并不是民族学意义上真正的部落，而是对当下生活情境的一种隐喻，因此，马菲索里将其称为“新部落”（neo-tribes）或“后现代部落”（postmodern tribes）。它意指人们围绕着各自的表面角色而非身份认同构成了一个又一个的部落，个人的不同角色散落在多个部落之中，共享的兴趣、感觉和体验等取代了共享的地点构成部落聚集的黏合剂，其典型就是豆瓣的不同小组或微博的各种超话。

在民族学的视角中，部落就是游牧民们聚集在一起应对丛林中各种危险和困境，在社交媒体所隐喻的新部落中，人们所抵抗的则变成了个体化进程：新部落“可以被视为对筋疲力尽的个人主义的反应，和在后现代性时代重返社会交往的证明”，而且这些新部落虽然也并不稳定，可能随时中断，但能够“激发个体‘在一起’的集体情感”（Fish，2003）。因此，部落这一新的集聚形式虽然是偶然的和不稳定的，但是集聚在此的个体仍然希望从中获得情感支持来摆脱个人主义所带来的孤独。

社交媒体所带来的这种部落化式的交往方式也塑造了个体间袒露—回应的实践路径。就形式而言，其与网络化个人主义的袒露—回应最大的不同之处就在于，它是袒露者朝向众多陌生的部落成员的袒露。如果说网络化个人主义是明确的一对一的袒露，部落化则是一对多，并且袒露者事先并不知道这个"多"都会包括谁。这种部落化亲密的典型例子便是人们在豆瓣小组、虎扑步行街等"部落"中发帖（袒露），部落的其他成员在帖子里留言安慰或支持（回应）。在豆瓣"生活组"的名为《决定离婚了0306更新》[①]的帖子中，楼主自2018年1月10日开帖"袒露"她的家庭故事之后，不断更新最新进展，而众多陌生网友也在回复中对楼主做出了支持和回应，其结果正如楼主所说，"虽然我只是一个素不相识的网友，但是很多人像身边的朋友一样在认真帮我出主意、真的很感动"。在虎扑步行街一个名为《考研失利，父亲病重，家人们能和我说说话吗？》[②]的帖子中，楼主同样袒露了他生活中这一系列变故，希望这里的"家人们"[③]能和他说说话，在主帖中他直接说"家人们我现在很难受，一方面我不知道人生的路该怎么走，想寻求安慰"，而在回复中他表示"每一个回复我都有看，谢谢家人们，在医院陪床的地上哭蠢了"。按照本文开始所给出的模型，无论是"真的很感动"还是看回复"哭蠢了"都表明他们在袒露自我并获得众多支持、安慰和理解性的同伴回应之后，感到被理解、被支持和被关怀，也即体验到了情感性亲密。在这一情感性亲密的获得中，同伴回应并不是来自与自我进行一对一持续交流的个体，而是来自为数众多的进行自由发言的个体，而且基本没有和任何一个个体进行持续的交流，是众多个体回应的汇聚让自我体验到被理解和被关怀。

总之，上述分析表明社交媒体为个体间的袒露—回应行为提供了新的实践路径，一种从以个人为中心的松散网络中随机挑选陌生个体进行袒露，另一种则是在自身所暂时加入的部落中向着"想象的他人"进行公开的袒露。虽则有此表面形式的不同，但它们所展示出的规定性特征是一致的。正如我们在下一部分所呈现的，它们都体现为一种"没有亲密关系的情感亲密"。

---

① 冻柠去冰少糖. 决定离婚了［EB/OL］.（2018-2-12）［2019-7-12］. https://www.douban.com/group/topic/112654881/#sep.

② 幼鲨爆火花.考研失利，父亲病重，家人们能和我说说话吗［EB/OL］.（2017-3-21）［2018-12-21］.https://bbs.hupu.com/18782439_127164401155650.html.

③ "家人们"是虎扑用户对虎扑也即他们聚集而成的部落的所有成员的昵称，通常缩写为JRs，这个缩写既可以理解成家人们，有时候也意指相互调侃的"贱人们"。虽然有戏谑的成分在，但依然表达了网友们对他们所群聚而成的部落的一种情感亲密的期许和认同。

## 四、亲密与关系的分离：社交媒体中介下情感亲密的特征

社交媒体中介下的情感亲密，与传统情感亲密形成路径的最大不同就在于它们的袒露对象是完全的陌生人，大多数情况下不仅身体不可见，而且身份不可知，袒露—回应行为具有强烈的随机性和不稳定性。社交媒体所带来的袒露—回应行为的这种新路径深刻地影响了人们相互连接的方式，让人们能够跳出既有的亲密关系网络，超越面对面互动的局限，刷新亲密与孤单、亲密与陌生的边界。人们在身边空无一人，在与社交媒体另一端的个体互为陌生人的情况下，仍然可以被陪伴和慰藉，仍然可以获得对方对自己所袒露的私密自我的认同和支持性的回应。由此，社交媒体中介下的情感亲密便获得一种规定性特征：个体间的情感亲密是不以双方具有亲密关系为前提的，甚至恰恰是因为彼此间没有亲密关系的束缚和压力，才会产生情感亲密。这种没有亲密关系的情感亲密或曰亲密与关系的分离主要体现为以下四点：

### （一）交流与关系的分离

被访者 E-M-06 曾经因为替朋友贷款但朋友因生活变故连每年的利息都无法还上，身处巨大压力和精神痛苦中，他经常半夜打开微信“附近的人”和陌陌，甚至还发微信“漂流瓶”，想要获得情感和心理支持，“我也想找人说话，随便谁都行，失眠的时候有人听你说这些，会好很多，要不然你简直就想不开了”。豆瓣 ID 粒粒酱发过这样一个广播，“我常会收到一些私信，不管是想要我给出一些人生的建议还是只需要一个倾诉的对象，内容我都觉得好沉重”，有网友问，“他们……为什么会想到问你”，她回答说，“我也不知道啊，就是想要找个人倾诉吧”。因此我们可以看到，在社交媒体的中介作用下，个体在袒露自我的情感性和事实性信息时，不再需要以和袒露对象的既有关系作为前提，毫无关系的陌生人也可以通过虚拟接近成为袒露对象。这种交流与关系的分离机制，与社交媒体的拨离作用密切相关：以社交媒体为中介，所有个体都被拨离于特定的地点，在虚拟空间中重新相互连接（也即我们上文所说的网络化个人主义和部落化这一新的社会交往方式）。个体不再局限在特定的地点和特定的群体，而是以个人为焦点在赛博空间中与陌生人不断关联，并群聚而成陌生人群落。这就为自我袒露提供了大量的潜在倾听者，既可以通过具有 LBS 功能的社交软件寻找，还可以去豆瓣小组、虎扑步行街等部落发帖。因此，社交媒体的中介作用及其带来的虚拟接近（virtual proximity）取消了面对面互动中交流与关系的一体性，与之进行交流并袒

露自我的对象不必与自我在交流之前就身处某种关系之中。

### (二)高隔离度与高能见度

如果说社交媒体的中介性所导致的交流与关系的分离为个体的自我袒露准备了大量的潜在倾听对象,那么个体为什么会愿意向陌生人进行自我袒露,尤其是涉及核心自我的情感内容?这一方面是因为社交媒体本身就是一个以自我袒露为日常互动基本形式的空间,以及由此而带来的私人生活的公共剧场化(田林楠,2017)。另一方面更重要的则是社交媒体的中介性所带来的袒露者与其他人之间的高度隔离,为人们的袒露创造了一个安全区域。所谓的高隔离度主要包括两个方面的内容:一是自我与袒露对象之间的隔离,二是线上袒露与线下生活的隔离,这两种隔离都是社交媒体中介性交流中身体无需直接在场、身份匿名性的结果,而正是这两类隔离所创造的安全感让个体愿意向着陌生个体袒露自我,甚至是自我极为隐秘的、不曾向家人、朋友等亲密关系袒露的核心自我。

人们通常认为亲密和隐私是相互冲突的,"情感上的亲密和开放意味着丧失我们的一部分隐私,保有相当程度的隐私则阻止我们在情感上变得亲密和开放"(Ben-Ze'ev,2004:95),但是在社交媒体的中介下,人们能够在袒露核心自我的同时保证自己不因为隐私泄露而受伤害。事实上,在访谈中,几乎所有的被访者都明确地认识到社交媒体条件下袒露隐私的安全性才愿意与陌生人就自己的隐私展开互动。被访者E-F-02是笔者参与观察的微信群E2的一员,某一天的群聊中,她谈到了自己生活的不如意,甚至详细地描述了她与丈夫的性生活不和谐的事实,当我看到这些聊天记录之后就加了她好友,说明我想进行访谈的意愿并顺利地开始了访谈。我把她当时的聊天记录截图给她,问为什么会跟陌生人说这么隐秘的私事,她回答,"就是因为大家不认识彼此啊,现实生活中以后也不会有什么交集了。而且,这种事不是很想跟身边人说,因为以后(和丈夫)关系修复了,就觉得身边人对自己了解太多反而不舒服,没安全感。跟大家聊了这么久,三观都挺一致的,跟大家说说,我心里好受很多,跟我妈妈说反而老被她说我的不是"。因此,由社交媒体的中介下,个体间的高度隔离反而促成个体间的高度可见,Bargh及其同事的研究也发现,人们在日常生活交流中所表达的只是社会角色所要求的"现实自我"(actual self),以保护自己免受攻击,但是互联网的匿名性能让个体更为自由地表达"真实自我"(true self)(Bargh et al.,2002)。这种因为高隔离度而产生的高度可见也即核心自我的高度公开性对于情感性亲密十分重要,因为"自我的开放性程度越高,情感亲密性程度也就越高"(Ben-Ze'ev,2004:118)。

### (三)非义务驱使的习惯性回应

在传统的情感亲密中,身处袒露者"核心讨论网络"的个体面对他人的袒露,就规范和义务而言,被默认应该做出支持性和肯定性回应。那么,对于个人化网络以及部落中的成员而言,他们为什么要对与他毫无关系的陌生个体做出回应?

E-F-06 是在一个楼主袒露自己这几年的人生如何坎坷和失败,希望大家安慰她一下的帖子里写了几百字回复的豆瓣网友,在访谈中她在回答我"为什么要写这么多来安慰一个陌生的网友"的问题时,她说"我完全没想过这个问题。我每天上班的路上,午休时都在刷豆瓣,就是打发时间。我经常回复别人,就是有兴趣的,看着着急的,觉得发帖的人好惨啊,都会回,没什么理由。还有的时候就是很上火,想骂人。安慰一下也不费事,人家确实很惨,当时看着确定挺为她难过的。我以前也在上面说过自己的事,有人支持你,真的挺棒的,感觉会好很多"。

以上访谈中最重要的内容就是提醒我们,回应他人的袒露并不需要特别明确的动机,更多的只是一种社交媒体时代的习惯性动作。在《我爱偷窥:为何我们爱上自我暴露和窥视他人》一书中,作者就认为在互联网时代,尤其是以 Facebook 和 Twitter 为代表的社交媒体让自我暴露/自我袒露与窥视他人共同构成了我们的一种日常生活方式(涅兹维奇,2014)。换言之,观看、窥视他人所袒露的自我,然后评论、回应已经不再需要特别的动机,这就是我们社交媒体居民的日常。而在以往,在面对面互动中,我们面对他人的私密袒露,之所以需要做出回应,在很大程度上是因为我们与袒露者身处在某种关系之中,这种关系本身让回应成为一种义务。换言之,在社交媒体为中介的关系中,回应并不是义务性的,而是习惯性的,因此也是充满自由度的。但在传统的核心讨论网络中,关系一方的袒露可能会对另一方造成回应的压力。E-M-01 在访谈中谈及为什么要在网上发帖跟陌生网友而不是父母和朋友袒露他工作中的糟糕处境,"肯定不能跟父母说,他们会担心。朋友其实也不好开口,而且他不一定能安慰你。他只能小心翼翼地安慰你。有时候你就看那对话框一直在显示对方正在输入,但是很久也没回复,等信息发过来了,也就一两句话。他其实在纠结到底怎么说才好。这样真的对自己和朋友都是压力。真不如这里的网友无所顾忌地说话更能让你好受点。安慰的话都差不多,陌生人说起来没压力,你接受起来也没压力"。

因此,在社交媒体的中介作用下,在彼此高度隔离的安全区域内,人们习以为常地自我袒露并观看/窥视他人的袒露然后习惯性地做出回应,在这个过程中,许多人感受到来自陌生人的支持与理解。个体间的情感性亲密的产生变得更为快速和容易了。

但是,缺乏既有关系和特定制度作为支撑的情感亲密能够持续多久呢?

### (四)无疾而终的命运

“无疾而终”是大多数社交媒体为中介的情感性亲密的最终走向,换言之,它并不是明确可见的矛盾和冲突的结果,而是自然地断开连接。我们可能都还记得上文中的E-F-04对她的情感亲密对象所说的,“小伙子你得准备好,我以后不爽了都得来找你聊。等来XX了,姐姐请你吃好吃的”,但后续是第二天晚上这位男生主动问她今天心情是否好些了,她却完全丧失了互动的兴趣,只是以“嗯”“是的”之类的短语敷衍着。“就是很尴尬,很莫名其妙,不知道该怎么回答,他这么问好像我们很熟了一样,他在关心我”,(问:但是你们前一晚不是聊得很好,而且你最后还说得很热情啊。你最后说的那句话是真情实感,还是客套?)“网上客套不会那么认真,最多说谢谢。当时是真的觉得聊得好,郁闷扫走了一大半,但第二天不想再说话也是真的。可能天亮了,我就不需要他了吧”。他们后来的关系仍然保持着那次几乎彻夜畅聊之前的状态,偶尔互相点个赞,那天晚上在互相袒露和安慰中所产生的浓度极高的情感亲密没有任何后续。而且从其叙述中,我们可以发现,倾听者和回应者虽然是个具体的人,但对于她而言似乎只是一个一次性的工具性的存在。

E-F-04的故事都体现出这样一种固定轨迹:个人痛苦——(随机)找人倾诉——(迅速)情感亲密——痛苦缓解或消除——无疾而终。我们可以看到,在这一轨迹中,一旦袒露者的危机解除,双方的情感亲密也就走向了终结。换言之,这种情感亲密其实是建立在对方的“有用”的基础之上的,当自己的境遇发生变化,对方不再有用,情感性亲密也会就此消解。因此,通过压缩的方式太快速地形成的情感性亲密其实是缺乏支撑的,将以往形成这种关系所需要的互动步骤统统省略的结果就是这种关系的一次性甚至是工具性。

## 五、从“我—你关系”到“我—它连接”:亲密的转变方向

那么,如何理解社交媒体中介下所形成的这种没有亲密关系的情感亲密?这种亲密与关系的分离意味着亲密的何种转变?为此,我们需要引入一对概念:“我—你关系”(I-thou relationships)和“我—它连接”(I-it connections)。

这对概念源自犹太哲学家马丁·布伯的著作《我与你》。在他看来,人与人之间有两种原初关系:“我—你”(I-Thou)和“我—它”(I-It)。前者是一种没有中介的、所

有“前见”和预设都被抛弃的直接关系，“我”与“你”不是主客体二分的主体与客体，而是共同构成“之间”（between）。这种关系既不在“我”之中发生，也无法在“你”之中发现，而是在“我”与“你”的直接交融中存在。“‘你’与我相遇，我步入与‘你’的直接关系里”，因此，“与‘你’的关系直接无间。没有任何概念体系、天赋良知、梦幻想象横亘在‘我’与‘你’之间……一切中介皆为阻碍”（马丁·布伯，2002：9-10）。但是，“我—你”这种直接性的本源关系一旦被中介介入，就会退化成“我—它”关系，“在我们的世界中，每一个‘你’注定要演变成‘它’……虽然‘你’在直接无间之关系里现时地呈现，一旦关系枯竭或者有中介物深入其间，‘你’即刻沦为对象中之一的对象，它或许是其中最珍贵者，但仍隶属于对象”（同上，2002：14）。所谓中介是指一种达到目的的路径和手段，中介意味着“我”和“你”之间开始横亘着其他存在，“我”与“你”开始各自占据一个位置，“之间”的状态消失了。“我”和“你”变成了主体的“我”，你变成了客体的“它”，“‘我’趋近一切自为之‘它’，捕获它们，占有它们，与它们组成原初词‘我—它’”（同上，2002：25）。如果说“我—你”是一种交融和平等的关系，那么“我—它”则是一种对立和利用的“关系”，之所以打引号是因为马丁·布伯甚至并不将其视为一种真正的关系，“我—它”在布伯看来只是一种主体对客体的经验和利用，现代科学则把“我—它”趋势推向了极致，导致人对自然，甚至是人对人的过度利用（孙向晨，1998）。

以此为脚手架，我们可以发现我们前文刻画的“没有亲密关系的情感亲密”正是现代科技手段作中介下的“我”对“它”的利用之向亲密关系的扩散。亲密关系变成了一个功能体，一个满足自身需要的消费品。正如E-F-07所说的，“就是恰好在那个时间段，我需要找个人发泄一下，他恰好出现了，我俩恰好比较有话说。不过，我觉得如果换个人也差不多，我俩显得比较有话说，是因为我太需要有个人听我说了。我处境好些了，我俩也就没话说了。”亲密因此不再有任何超越功用性之上的理想和价值，而是沉降到理性化的地平面之上，甚至被进一步降维为一种消费品。此时，个体间的关系形态是“连接”（connecting）而非“关联”（relating），是“网络”（network）而非“伴侣”（partner），这种个体连接而成的网络，没有任何承诺、责任和长期性所带来的固态特性，因此可以随时开始和结束。“与关系/关联（relations）、亲属、伙伴或相似的概念使彼此之间的投身意味非常明显同时排除相反的意思不同，非投身性的网络是一个同时包含连接和非连接两个意思的矩阵。在一个网络中，连接和断开是具有同等合法性的选择，具备同样地位和重要性。在一个网络中，连接是一经要求即可进入，同时也可以随时结束”（Bauman，2003：xii），因此，这种网络式连接（connections），只是一种“虚拟的关系/关联”（visual relations）。

因此,我们可以认为社会媒体所中介的情感亲密不再是“我—你关系”(I-thou relationships),而是更接近于“我—它连接”(I-it connections),亲密对象成了工具性的“它”,一个达到目标的手段,一个智能社交机器人,一个可以便利地建立和断开连接的节点。在这一可以便利地建立和断开的连接中,人们并没有真正关心他人,而是将他人视为满足自身亲密需要的工具或者消费伙伴,人们建立这一“连接”也并不是要实现“人际满足”(interpersonal fulfillment),而只是通过连接来实现“个人需要”(personal needs)。正如2015年美国《名利场》(Vanity Fair)杂志的一篇深度报道中,一名被访者告诉作者,两性亲密关系在他看来“就像是点外卖,只不过你下单购买的是一个人罢了”。

## 六、破坏性共同体:一个可能的社会学解释

在《群体性孤独》中,特克尔不断追问,“为什么我们对科技期待更多,却不能对彼此更亲密”,她对当代个体与陌生人之间的中介性亲密十分担忧,“有时人们聊了好几个小时,却感觉不到任何意义。当他们对这种关系根本心不在焉的时候,却口口声声地说感受到了亲密无间”(特克尔,2014:13)。但是,我们的研究表明,感觉不到意义和心不在焉正是这种关系的吸引力所在,人们并不想也不需要与对方建立任何有意义的严肃的关系,人们所需要的只是简单地“聊了好几个小时”中的理解、陪伴和支持。相较于传统的“我—你关系”,“我—它连接”越来越多地被当代青年人群期待并实践。在本文看来,这种转变与当代社会结构背景下传统亲密关系越来越成为一种“破坏性共同体”(destructive gemeinschaft)密切相关。篇幅所限,我们在此只进行一种探索性的回答。

在传统的等级社会中,人们用大量的自由换取了制度性的确定性和安全感,“如果铁笼是监狱,那么它也可能变成心理的家园”(桑内特,2017:16)。但是在个体化或去传统化的进程,个体日益成为一种反思性自我,所有的事情都成了个体当下经营和抉择的结果,再也没有制度性的、确定性的人生和自我。“个人不能再倚赖既有的传统成规和例行公事,反而需要在每一刻都执行非常奋发而自觉的生活方式,主动积极地在自身的日常生活中反思判断。像这样日复一日的生活实践,当然会对亲密关系形成一定程度的冲击”(桑内特,2017:16)。这种冲击的一个重要方面,就是亲密关系背负了越来越多本来并不由它背负的东西,而成为一种“破坏性共同体”。

具体来说,在铁笼被拆除的过程中,人们的自我刻画、生活的安全感与确定性也不再拥有制度性的支持,而日益私人化和主观化,能够提供情感支持与承认的亲密关系由此也开始背负更多的压力,人们将之视为安顿个体精神生活、赋予其安全感和确定性的最重要资源,贝克夫妇甚至将其称为我们生活中的"主观立法者"和"世俗宗教"。其结果就是,人们为了解除束缚、获得自由而拆除了铁笼,但是在情感亲密中寻找承认与支持时,又再次将自己纳入束缚之中。因为人们都努力在另一方那里获得情感支持与认同,希望对方对自己的所有袒露做出真诚的回应,无论这种袒露会让对方多么不安。这就导致亲密关系成为一种"破坏性共同体",在这种关系里,"伴侣双方都只想着追求对于亲密关系的权利。这就意味着通过绝对的真诚,将自身向伴侣开放,分享对方内在生活的最为隐私的整体真相。在这种方式下,任何事情都无法隐匿,不管相关信息可能会让对方多么不安。其结果,对方肩上就会背上沉重的负担,因为他/她被要求对那些并不一定能激发热忱的事情表达赞同,并且还要以同等的真诚来回应"(鲍曼,梅,2010:87)。亲密关系中的这种对于亲密权的宣称,对于互惠性的要求,对于对方提供情感支持的强制性要求,让亲密关系不堪重负,也将亲密关系构造为一个新的铁笼,尤其是当"伙伴之间相互提出彼此都不能满足的(或不希望满足的,因为考虑到代价)要求,结果双方都痛苦,感到受折磨和受打击"(鲍曼,2013a:309)。

面对传统模式亲密关系的这种破坏性和束缚,人们产生了对它的功能性替代品的需求,也即"需要一种东西,它能行使爱的功能(即为内在体验提供肯定,首先要耐心地听取充分的坦白),而不需要互惠作为交换:即,一种东西,它可以清楚地承认并接受这种关系所固有的不对称性"(鲍曼,2013a:310)。正是这样一种对不对称的情感亲密的需要,让"我—它连接"越来越成为当代情感亲密的实践形式。当代个体既渴望亲密无间,又想避免亲密纽带的冲突和代价,既想获得情感支持,但又不想身陷破坏性共同体的亲密义务之中,社交媒体中介下的这种无需亲密关系的亲密为当代人这种矛盾的需要提供了一种暂时的答案。

**参考文献**


鲍曼(2013a),《现代性与矛盾性》。邵迎生译,北京:商务印书馆。

鲍曼(2013b),《此非日记》。杨渝东译,桂林:漓江出版社。

鲍曼、蒂姆·梅(2010),《社会学之思》。李康译,北京:社会科学文献出版社。

陈福平、李荣誉、陈敏璇(2018),《孤独地在一起?——互联网发展中的在线情感支持问题》。《社会科学文摘》,第7期。

黄荣贵、骆天珏、桂勇(2013),《互联网对社会资本的影响:一项基于上网活动的实证研究》。《江海学刊》,第1期。

吉登斯(1998),《现代性与自我认同》。赵旭东、方文、王铭铭译,北京:三联书店。

雷尼、威尔曼(2015),《超越孤独:移动互联网时代的生存之道》。杨伯溆、高崇等译,北京:中国传媒大学出版社。

景军等(2012),《亲密的陌生人:中国三个城市的男同性恋交友格局》。《开放时代》,第8期。

莫利斯(2010),《亲密行为》。何道宽译,上海:复旦大学出版社。

涅兹维奇(2014),《我爱偷窥:为何我们爱上自我暴露和窥视他人》。黄玉华译,北京:世界图书出版公司。

桑内特(2017),《新资本主义文化》。李继宏译,上海:上海译文出版社。

孙向晨(1998),《马丁·布伯的"关系本体论"》。《复旦学报(社会科学版)》,第4期。

特克尔(2014),《群体性孤独:为什么我们对科技期待更多,对彼此却不能更亲密》。周逵 、刘菁荆译,杭州:浙江人民出版社。

田林楠(2017),《网络情感是如何极化的》。《天府新论》,第2期。

田林楠(2018),《从朝圣者到游牧民:流动时代的新部落主义》。《山东社会科学》,第5期。

马丁·布伯(2002),《我与你》。陈维钢译,北京:三联书店。

Bargh et al.2002."Can You See the Real Me? Activation and Expression of the 'True Self' on the Internet".*Social Issues*,58(1):33-48.

Ben-Ze'ev Aaron.2004.*Love Online*:*Emotions on the Internet*.Cambridge:Cambridge University Press.

Evans.1997."MichelMaffesoli's sociology of modernity and postmodernity:an introduction and critical assessment",in Sociological Review,Vol.45.

Fish.2003."StjepanMeš trović and Michel Maffesoli 'implosive' defence of the Durkheimian tradition",in The Sociological Review,Vol.51

Giddens.1992.*The Consequences of Modernity*,Stanford:Stanford University Press

Layder .2009.*Intimacy and Power*:*The Dynamics of Personal Relationships in Modern Soceity*.London:Palgrave Macmillian.

Lewis.1978."Emotional Intimacy among Men."*Journal of Social Research* 34:108-121.

Maffesoli.1989."The Sociology of Everyday Life",*Current Sociology* 37(1).

——1988."Jeux DeMasques:Postmodern Tribalism",in *Designing the Immaterial Society*,Vol.4.

——1996.*The Time of The Tribes*.translated by Don Smith.London:Sage Publications.

Reis& Shaver.1988."Intimacy as an interpersonal process".In S.Duck (Ed.),*Handbook of personal relationships* ,pp.367-389.Chichester,England:Wiley.

Robinson et al.2017."TheBromance:Undergraduate Male Friendships and the Expansion of Contemporary Homosocial Boundaries."*Sex Roles*.78 :94-106

Small, Mario L.2009. "'How Many Cases Do I Need?' On Science and the Logic of Case Selection in Field Based Research." *Ethnography*.10(1):5-38.

——2013. "Weak Ties and the Core Discussion Network", *Social Networks* 35:470-483.

——2017. *Someone to Talk to*. New York: Oxford University Press.

Strong et al.2011. *The Marriage and Family Experience*. Belmont: WADSWORTH.

Zhou, Fong, Tan.2014. "Internet Use and Its Impact on Engagement in Leisure Activities in China." *Plos One*.9(2):1-11

# 谁是下一个崔雪莉？中国大学生眼中的网络欺凌

◎刘 柳*

**摘要**:随着网络使用的普及,网络欺凌逐渐发展成为一个普遍且严重的社会问题。不过,与网络欺凌的迅速蔓延所不相符的是,由于其出现时间尚短,社会大众以及学术界对其的认识依旧较为有限,且并未对这一现象形成完整而清晰的理解。基于此,本研究旨在探讨中国大学生们对于网络欺凌的看法与解读,并据此形成一个具有一定文化背景的关于网络欺凌的认识。在中国社会现实中,在校大学生是一个非常重要的互联网使用群体,且有较大的遭遇网络欺凌的可能。因此,本研究基于对25名大学生的半结构式访谈,详细解读了其对网络欺凌现象的理解和看法。研究发现,已有的关于网络欺凌的定义中所强调的伤害性、故意性、侵犯性以及反复性等要素在中国大学生对这一现象的看法中却少有提及。在他们看来,认定网络欺凌的标准首先来自对涉及事件真实性的判断,那些无事实依据的诽谤与流言会被认为是网络欺凌,而基于事实的批判不会。此外,针对明星或者追星族的指责和谩骂普遍被认为是一种典型的网络欺凌,而在参与网络游戏时玩家间所发生的相互攻击和指责行为并不会被看作网络欺凌。网络的匿名性被认为是网络欺凌产生的重要原因,并且,每一个网络使用者都被认为有可能成为网络欺凌的参与者与受害者。

**关键词**:网络欺凌,定义,原因,大学生

2019年10月14日,韩国艺人崔雪莉被发现于京畿道城南市的家里自杀身亡,其美丽的笑容与"饱受争议"的生活都永远定格在了二十五岁。崔雪莉自杀的消息在短时间内便引发韩国内外人们的极大关注与讨论,因为,网络欺凌(cyberbully)被普遍认为是逼迫这位年轻艺人走入绝境的元凶(王晓玲,2019)。在惋惜之余,大家也清楚地意识到,网络的力量原来这么强大,可以化身杀手而置人于死地。

---

* 刘柳,南京大学社会学院副教授,主要研究方向为犯罪学、社会工作、青少年越轨行为研究等。

## 一、网络欺凌现象及其相关研究

自从社会进入网络时代以来,因不良网络使用而导致的网络攻击行为就一直存在,而其中最为典型的一种网络攻击现象便是网络欺凌(Chan & Wong,2015)。随着网络使用的普及,网络欺凌也逐渐发展成为一个普遍且严重的社会问题,对社会中的每一个网络使用者都构成了潜在的威胁,从而引发了社会各界的极大关注(黄帅,2019;马嘉琪等,2020)。一些研究指出,全球范围内的网络欺凌发生率在10%到53%之间,而网络欺凌的受害率可能依据样本的不同在4%至72%范围内浮动(Guo,2016;Kowalski & Limber,2013)。联合国儿童基金会(UNICEF)于2019年9月发布的一份关于网络欺凌的研究报告则指出,在全球30个国家13至24岁超过17万名的调查参与者中,有近三分之一表示自己曾经是网络欺凌的受害者(联合国儿童基金会,2019)。许多研究均发现,网络欺凌会严重影响受害者的精神健康(例如抑郁),严重者可引发自杀等极端行为(Bauman,Toomey & Walker,2013;Chen,Ho & Lwin,2017;Englander,Donnerstein,Kowalski,Lin,Parti,2017;Hinduja & Patchin,2010;Kowalski,Giumetti,Schroeder & Lattanner,2014)。因此,网络欺凌应被视作一个应引起广泛重视的公共健康议题。

不过,值得关注的是,虽然学术界对网络欺凌问题的兴趣持续高涨,研究者们却并未对网络欺凌这一概念的定义达成共识(彭焕萍、刘念念,2019;Dooley,Pyzalski & Cross,2009;Görzig & Frumkin,2013;Zalaquett & Chatters,2014)。对网络欺凌的定义最早来源于加拿大研究者贝尔西(Belsey,2004),他将网络欺凌视作一种“个人或群体使用信息传播技术而实施的故意的、反复性的以及具有恶意的针对他人的伤害行为”。这一定义显然脱胎于挪威心理学家奥维斯(Olweus,1993)关于校园欺凌的经典定义,只不过加入了“网络”这一工具性要素,意味着网络欺凌的发生面更广,超越校园范围(Englander et al.,2017)。之后,大多数学者对网络欺凌的定义大都延续了贝尔西定义的某些要素,将其解读为一种通过网络和电子媒介来实施的(Juvonen & Gross,2008;Li,2008;Patchin & Hinduja,2006;Smith et al.,2008;Wolak,Mitchell & Finkelhor,2007)、对他人造成伤害的(Patchin & Hinduja,2006;Wolak et al.,2007)、有意为之的(Ojanen et al.,2015;Smith et al.,2008;Zalaquett & Chatters,2014)、具有侵犯性的(Smith et al.,2008)、重复性的行为(Patchin & Hinduja,2006;Smith et al.,2008)。定义中所指的网络和电子媒介包括邮件、聊天室、即时通讯、手机短消息等多种不同的形式(Guo,2016;Kowalski & Limber,2013;Zalaquett & Chatters,2014)。这些定义大多拥有不同的侧重点和关注角度,从而导致其在表述上不尽相同,以至于至今尚未有确定的、被广泛使用且毫无争议的定义。此外,不同学者在定义的某些要素上还颇有争议,其中最典型的就是关于“重复性”的探讨。虽然大部分学者都沿用了奥维斯关于校园欺凌的定义,将网络欺凌视为重复性的行为,然而也有学者强调,对于网络欺凌的界定而言,“重复性”并非必要,而故意性可能才是需要重点关注的要素(Langos,2012)。

随着科技的发展和互联网应用的普及,中国的网络欺凌现象也越来越值得关注。微软公司在调查了全球25个国家的8至17岁青少年之后发现,中国是网络欺凌问题较严重的国家,有70%的被调查者认为自己曾经遭受某种形式的网络欺凌,而25个国家的平均水平则为37%(Microsoft,2012)。中国国内学者的一些研究也证实了网络欺凌现象在中国网络使用者群体(尤其是青少年群体)中广泛存在,依据不同的样本和测量工具,受害者比例范围从不足5%至超过90%(江文、吴思仪、叶丽怡、周寿明,2015;汪耿夫等,2015;王文靖等,2017;袁龙云、陈露露、潘柳燕,2017;曾绯,2015;朱鹤等,2016;Li,2008)。正因如此,中国学术界近年来关注网络欺凌的研究越来越多,并着重强调网络欺凌对受害者所造成的负面健康影响(曹晓琪等,2020;王文靖等,2017;袁龙云、陈露露、潘柳燕,2017)。已有研究对于网络欺凌也并未有一个明确的定义,大多沿用西方已有的定义或测量工具来对网络欺凌的发生状况及其影响做出研究,或者仅将网络欺凌看作一种传统校园欺凌在网络空间的延伸(李静,2009;张盼,2014)。可见,与网络欺凌的迅速蔓延不相符的是,由于其出现时间尚短,社会大众以及学术界对其的认识依旧较为有限,且并未对这一现象形成完整而清晰的理解,大家在谈及网络欺凌的话题时也具有很大的随意性和不确定性,这在一定程度上也影响了社会对于网络欺凌问题的应对。

## 二、研究目的与研究方法

基于维持社会稳定、创造健康和谐网络环境的理由,讨论和研究网络欺凌是十分必要的。不过,只有在充分了解什么是网络欺凌以及人们对其的看法与态度的基础上,才有可能探索一条有针对性的、行之有效的综合治理网络欺凌的办法。事实上,在回顾崔雪莉等轰动一时的事件后便可以发现,尽管与传统校园欺凌类似,网络欺凌也大多被认为发生于青少年群体中,但它绝不应该“仅仅”是青少年阶段所独有的话题。事实上,网络欺凌与传统校园欺凌发生于完全不同的平台与社会环境,且运用了全新的技术与媒介,这使其拥有了自己独特的形态与特征,也可以说,它是一种与传统校园欺凌有很大不同的全新的欺凌种类(符婷婷、李鹏、叶婷,2020;彭焕萍、刘念念,2019;

Englander et al.,2017)。同时,由于社会文化背景的差异,人们对于欺凌的理解可能会随着语言、国别、文化甚至社群的不同而有所差异,简单使用西方关于网络欺凌的定义及测量标准来讨论中国的社会现象也可能会有所偏差。因此,本研究旨在探讨中国社会中人们对于网络欺凌的看法与解读,并据此形成一个具有一定文化背景的关于网络欺凌的认识。

传统校园欺凌研究多关注于中小学生,而延续这一习惯,现有的国内外关于网络欺凌的研究也大多聚焦于中小学生等青少年群体(马嘉琪等,2020;赵甜静等,2018;Zalaquett & Chatters,2014;Zhou et al.,2013)。然而,正如前文所述,由于网络欺凌发生于虚拟世界,其覆盖面和覆盖人群相较于传统校园欺凌要广得多(曹晓琪等,2020)。事实上,在中国社会现实中,在校大学生是一个非常重要的互联网使用群体(曹晓琪等,2020),且已有研究发现,大学生有较大的遭遇网络欺凌的可能、并已成为一个不容忽视的社会问题(李丹,2013;Chen et al.,2017)。而一些中小学生因课业压力等原因反而在网络使用方面有较大的局限性。因此,本研究选择以接触互联网较多、且使用互联网较为便捷的在校大学生作为研究对象。同时,依据研究目标,本研究选择采用质性研究方法,因其更加适合详细解读人们对特定社会现象的理解和观点。

具体而言,本研究通过方便抽样的方式,选择了25名于中国东部某高校就读的大学本科生,采用了一对一的半结构式访谈法(semi-structured interview)全面了解其对于网络欺凌的理解、感受、看法、态度与观点。这25位被访者中,有19位女生与6位男生,年龄介于18-22岁,包括大一至大四学生,但大多数来自大二及大三(20人),就读专业覆盖人文、社科、理科、工科等多个门类共18个专业。访谈均采用一对一面谈形式进行,并采用录音形式记录访谈内容。参与研究的所有学生均为自愿参加,录音亦在征得被访者的同意后进行。同时,研究者也根据保密原则对被访者的私人信息做了充分的匿名处理。

## 三、定义网络欺凌

在参与本研究的大学生眼中,在对网络欺凌作出认定或对其行为的特性展开探讨之前,首先需要关注的是行为所指向的事实本身。只有那些毫无事实依据的"无中生有"(雪[①],女,大二)、"污蔑"(丝,女,大三)或"恶意曲解"(萝,女,大一)才构成网络

① 出于保护被访者隐私的考量,本研究在使用被访者访谈记录时,均使用化名。

欺凌的基础,甚至有被访者直言:"(网络欺凌)基本上就是网友的断章取义或者理所当然。"(彤,女,大二)相反,那些针对"确有其事"的真实事件的公开指责与批判则并不会被认为是一种网络欺凌行为。对此,一位参与本研究的学生这样解释道:

如果一个人是真的在做什么不好的事情,那么我们是否有权利在网上声讨?我认为有。所以现在问题就来了,我们怎么能保护(我们的)权利而在网络上说一些真实的情况?有权利的话,那么我们说真话的时候,客观上还是把这个事告诉了所有人,还是曝光了,所有人都知道他干过这个坏事。如果这也被认为是(网络欺凌)的话,我就真的觉得很扯。他干过坏事,还要保护他?(我)知道,但是不能让别人知道,不然就是网络暴力①?我觉得这个很不合理。我又不是污蔑别人,我没有对谁去进行污蔑,我只是陈述事实。既然你有能力去(做坏事),那么为什么你不能承受你这样所作所为给你带来的后果?我的确把你的黑历史曝出来了,但你的确这么做了,那我算网络暴力吗?我觉得不算,毕竟你做的是事实。既然是事实,我觉得我说就没有任何问题,我骂也是可以的。所以我个人倾向就是对事不对人,只要你说实话其实没什么大问题。(堡,男,大二)

具体到网络欺凌本身的特征或形式时,被访者们普遍认为,如果出现了"人身攻击"(楠,女,大二)的状况,则可认定为网络欺凌现象。这种"人身攻击"首先可以表现为"辱骂"(旻,女,大二)、"诅咒"(灵,女,大一)等"言语攻击"(惠,女,大三)行为,正如一位被访者在谈及自己曾遭遇过的网络欺凌经历时所言:"(网友)一直骂,骂得很不堪入耳那种。"(蜜,女,大一)除此之外,"人身攻击"还可表现为"人肉搜索"(香,女,大二),而这也被大多数被访者认为是比言语攻击更加恶劣也更加可怕的一种网络欺凌形式。一位被访者详细给出了自己的看法和感受:

人肉搜索,我就很反感。就是通过一些蛛丝马迹,然后从一点点信息开始,直到扒出这一个人(全部信息),我觉得这很可怕。让人觉得在网络上很不安全,说不定你在哪留下一点什么信息,然后你这个人就完完全全地展现在了别人的眼里。保不准你在网上说了什么言论,然后引起了某些人的不舒

① 本研究在访谈过程中发现,许多被访者会混用"网络暴力"与"网络欺凌"的概念,其在提及这两个概念时的意指并没有很大的差别。因此,如无特别说明,本文被访者访谈记录中的"网络暴力"等同于"网络欺凌"。

服,他们就会把你的照片、真实姓名、住址翻出来,然后挂在网上辱骂。真的很可怕。(丝,女,大三)

如同本文开篇时所提及的崔雪莉事件一样,在本研究的被访者眼中,明星被认为是受网络欺凌的主要人群。甚至在谈及网络欺凌这一话题时,一些被访者便脱口而出"崔雪莉事件"(霞,女,大三);"网络暴力啊,那就是像崔雪莉(那样的事情)"(科,男,大三);"网络暴力的话,前段时间雪莉那种吧"(馨,女,大二)。除了崔雪莉之外,被访者也提及了其他一些明星所遭遇的"故事",并以此来说明自己对网络欺凌的认识,例如:"他们很多人黑张艺兴,黑蔡徐坤,我真的觉得他们太过分了"(旻,女,大二)。当然,也并非所有被访者都赞成针对明星的批评都是一种网络欺凌,正如一位被访者所言:

蔡徐坤被黑算(网络欺凌)吗?按公众的眼光非常算。但我觉得吧,你由公众渠道获得了影响,通过公众而获利,那么你必须承担由于你知名而可能产生的其他后果。(堡,男,大二)

另一位被访者在再次强调"基于事实的评价不算是网络欺凌"这一前提的基础上也给出了类似的观点:

我觉得首先既然他(明星)是一个公众人物,那就要做好被负面评价的准备,这种负面评价也不等同于网络暴力。比如很火的黑张艺兴的那个号,我觉得它不算是黑,它会把这个明星做过的事情原原本本地搬出来,然后评价这件事情,说觉得他做得不好,觉得他这件事就是值得我们嘲讽的。这样的话我觉得没有问题,它不是去故意抹黑或者去诽谤造谣人家。(丝,女,大三)

同时,与明星紧密相连的"饭圈(即追星族或明星的歌迷、影迷等粉丝群体所组成的团体)"也被看作一个网络欺凌的高发"领域"。一位被访者直言,因为是韩国某明星的"粉丝",她"天天都被网络暴力",在她看来,"饭韩圈的都没有人权,就是会经常会遭到(网络欺凌),真的都是脑残语言,真的感觉好多人没有心,也没有脑子"。(涵,女,大二)

与"饭圈"中的欺凌普遍被认同为欺凌相反,玩电子游戏时的激烈"互骂"却很少被认作是网络欺凌。对此,大多数被访者都认为,游戏时的骂战"性质没有那么恶劣”，因为“游戏打完了之后就算了”，“大部分人不会把这种情绪带很久”，所以不会造成很严重的后果（灵，女，大一）。显然，大学生们对在电子游戏娱乐中出现的情绪发泄与负面过激行为接受度更高，一位被访者甚至将这种发泄总结为一种临界于欺凌边缘的“微妙的状态”：

> 打游戏的时候出现什么问题，那自然就会有人开始骂你。有的时候（玩游戏的）队友之间发生矛盾或者好好说他不听反而开骂，那这样肯定要骂回去的。要说算不算（网络欺凌），嗯，我觉得其实就介于那么一个比较微妙的状态吧。如果说得严重一点的话，可能我觉得就是比较粗俗，但还是不太能算（欺凌）吧。因为打游戏嘛，可能有的时候打的过程中遇到一些冲突，这不是说因为个人思想观念之间发生冲突，而是因为在游戏当中利益受到了影响而发生冲突，这样的话可能就要骂了。其实我觉得也挺正常，就是发泄一下情绪吧。它的出现是挺正常的，虽然这个行为也确实不太好。（贞，女，大四）

## 四、对网络欺凌发生原因的解读

本研究的被访者们大都认同，因为网络世界的匿名性，使得人们在网络中的行为更少了约束性，因而有更多的可能发布“不当”言论。“（网络）真的是一层最好的保护色”，一位被访者这样表达了自己的看法，“他们（指欺凌者）就可以披着这种保护色随意在键盘背后乱说”（涵，女，大二）。甚至有被访者认为，在匿名性的互联网环境中，网络欺凌现象几乎是“不可避免的”：

> 这（指网络欺凌）是不可避免的。因为网络的这种匿名环境，使一些人（觉得）他们不用对自己的言论负责。另外，网络也不会直接看到伤害，然后要追责也可能比较困难。这种比较宽松的环境，我还是觉得可能其中每个人都有一种莫名的暴力冲动。所以不可避免（会产生网络欺凌的现象）。（桂，男，大二）

同时，也正因为这种匿名性，使得网络社会仿佛与现实社会产生了某种程度的脱离，以至于人们在网络中有时会采取与现实社会中完全不同的“行为模式”，因为每个人都“顶着一个网名，一个谁都不认识的 ID”（丝，女，大三）。在这种状态下，一些被访者认为，那些在现实生活中的不如意者便会采用一些“出格”的办法来引起大家的关注。例如，一位被访者这样说：

我觉得（网络欺凌者）可能很多都是在生活中属于没人关注的那种，然后他们就想在网络上寻找那种存在感。就是那种键盘侠吧，在生活当中可能有些不如意，然后他们就在网络上去发泄，让别人注意到他。（香，女，大二）

另一位被访者则将这一群体定义为“没有见过世面的愤青”：

还有一些愤青嘛，看什么都不满意，就在网上杠来杠去。因为他可能也没有经历过其他事情，没有见过其他世界，就在他自己那一方小世界里，感觉全世界都由他来定义的那种。他觉得不符合他的世界观，他就杠，就这样。我觉得网络暴力就这么来的。（彤，女，大二）

不过，也有一些被访者对网络欺凌这一行为持较为理性甚至中立的态度，在他们看来，意见相左或者价值观不同就很容易形成冲突，从而导致网络欺凌现象的产生。而那些价值观或者行为模式和社会大众的普遍期待有一定差距的人就更容易遭遇网络欺凌。一位被访者这样说：

大家都会批评那些和自己的价值观念不一致的行为吧。所以每个人都有可能遭受网络暴力，只要有人和你的观点不一样，就会来喷你。但是遭到大部分人的网络暴力，可能就是行为确实是和公众的一般观念不太一样。（彰，女，大二）

网络世界的另一个特性——传播的广泛性与便捷性使得这种观点的不一致和价值观的差异很容易发展成为“骂战”。正如一位被访者所言：“当两个人之间的观点发生冲突的时候，发生骂战是很正常的嘛。”（贞，女，大四）同时，缺乏现实社会交流中的语气、动作等非语言要素，也可能令一些本来并不那么严重的言语不合迅速严重化为充满恶意的伤害（李云心，2018）。其中一位被访者便提到，即便大家都知道网络欺凌是不应该的，却有时仍会身陷其中，成为攻击者：

网络暴力这种东西，就怎么说呢，反正我们大家从表面上来说，都是拒绝这个东西的，但是在无形中，在自己发表意见的过程中，不知不觉可能就会成为网络暴力的施加者。大家可能都没有感觉到，会觉得我就是在发表我自由的看法嘛，凭什么要禁止我的发言呢？但是事实上就是好多人都向一个发起攻击。可能发的人他自己也没有感觉到我是施暴者，但是又确实让那个人受到了一定程度的影响。（彰，女，大二）

正因为如此，就像前文所提及的一位被访者所言，社会中的每个人都可能成为网络欺凌的受害者，也都有可能为网络欺凌事件“摇旗呐喊”甚至“添砖加瓦”。对此，有几位被访者在谈及网络欺凌的原因时，便打趣地说，这是因为“作业不够多”“太闲了”（楠，女，大二），因为“闲得无聊”一直上网便在客观上增加了涉足网络欺凌事件的可能性。其中一位说：

作业太少了！这就是作业太少，就是如果你上网活跃时间更多的话，可能也会增加一些概率吧。那些一年不上一两次网的人，想被狂暴也无从下手。（丝，女，三年级）

## 五、讨论与结论

互联网为大学生的学习和生活带来了极大的便利，与此同时，大学生也接触到了互联网的另一面——网络欺凌。如前文所述，大多数已有的关于网络欺凌的定义都倾向于强调这一行为的伤害性、故意性、侵犯性以及反复性等特征（Belsey，2004；Smith et al.，2008）。不过，这些要素在中国大学生对于网络欺凌的定义中却少有提及。在他们眼中，认定网络欺凌的标准首先来自对涉及事件真实性的判断，那些无事实依据的诽谤与流言会被认为是网络欺凌，而基于事实的批判不会。那些“真的做了错事的人”即便在网络上遭遇到攻击，也普遍被大学生们认为是可以接受甚至是正当的。可见，在对网络欺凌下定义时，大学生们在讨论网络欺凌行为本身的特点和要素之前会首先强调这一行为的出发点——所涉事件是否是真实的，以及是否是“错误”的。对于已有的关于网络欺凌的定义而言，这一“标准”可算是一个新的维度，而这也许是今后学者们在讨论网络欺凌现象时值得关注的视角。同时，包括辱骂与“人肉搜索”的人身攻击则被认为是网络欺凌的重要形式。这些在一定程度上与前人研究中所提及的网络欺凌的形态——如网络论战、散布流言、诽谤等——有类似之处（Willard，2007）。

本研究另一个有趣的发现来自大学生对网络欺凌的定义会随所涉人群与环境发

生变化。一个典型的对比便是“饭圈”与“游戏圈”,很显然,本研究的被访大学生对“饭圈”中骂战的接受程度远远低于“游戏圈”。不仅是如崔雪莉一样的明星,明星的追随者——“粉丝”也被认为是处于网络欺凌漩涡中心的成员。不同明星的粉丝群体之间往往会因为各种不同的理由而出现“互撕(即互相攻击)”的局面,这些在被访者眼中都是显而易见的网络欺凌现象。甚至,近些年还出现了以嘲讽和辱骂明星为主要行为方式的“黑粉”群体,这些“粉丝”在用与众不同的方式追星的同时,也使得网络欺凌现象仿佛在“饭圈”中具有了一定的“合理性”(黄帅,2019)。正因为此,就如同本研究被访者所言,在一定程度上,人们提及网络欺凌时,首先想到的就是明星和围绕着明星的“饭圈”。相反,大学生们虽然也承认他们在进行电子游戏(尤其是组队进行的游戏)时也常会发生各种各样的谩骂与争吵,但这些大都被认为是“正常的”而并不会被看作一种网络欺凌。而产生这种差别的一个很重要的原因是,游戏时的相互指责大多数情况下仅限于玩游戏的当下,而“粉丝”群间或群内的“互撕”相对而言会持续较长时间。从这一角度而言,“饭圈”中的欺凌现象也更加符合前述研究者们关于网络欺凌定义的要素之一——重复性(Smith et al.,2008)。此外,依据奥维斯对传统校园欺凌的定义,“权力的不平等”是欺凌产生的一个重要因素,而在网络游戏场景中出现的“互骂”大多并不涉及不平等,相反,互骂双方一般处于势均力敌的状态,没有明显的“以大欺小”“恃强凌弱”的状况,而这也许是大学生们认为该情形不属于网络欺凌的原因。

网络欺凌发生的原因一直是相关研究领域的一个焦点。快速而匿名化的信息传播被认为是互联网世界与现实世界一个最大的差异,同时也被认为是网络欺凌发生的重要原因之一(Juvonen & Gross,2008)。现有研究认为,个体在匿名的网络环境中将更少受到社会规则和文化的约束,因而有更多可能自由表达自己的想法与观点(Ho & McLeod,2008)。并且,因为躲在网名背后,隐藏了自己的真实身份,个体也更少考虑自己会因言语不当而遭遇严重的代价与社会后果,从而增加了其参与或实施网络欺凌的可能性(杨鑫宇,2019;Chan & Wong,2015)。与这些研究的结果类似,本研究的被访者也普遍认为,互联网的匿名性是网络欺凌得以发生的最主要因素之一。在互联网中的交流除了可以隐藏自己的真实身份之外,互动的各方也避免了面对面的接触,而这种物理的间隔使得网络欺凌行为的当事者很难真切感受到其行为对受欺凌者造成的负面影响,从而也在一定程度上减少了他们可能的负罪感以及对自身行为的反思,而使得这一行为的心理成本显著降低(符婷婷、李鹏、叶婷,2020;李云心,2018;马嘉琪等,2020)。正因为此,那些在现实生活中并无“暴力倾向”甚至“老实”“内向”“唯唯诺诺”的个体在网络世界中会即刻变身成为“战斗力十足的骂霸”(杨鑫宇,2019)。

还有一些人会将现实生活中的负面情绪在网络世界中发泄出来,这也增加了网络空间戾气传播的可能(黄帅,2019)。甚至,如本研究的被访者所言,那些在实际生活中的不得意者因为“顶着网名”便仿佛瞬间变身,做出一些在现实生活中不会去做的出格之事以达到引起别人关注的目的。

谁会成为下一个崔雪莉?本研究的一些被访者给出的答案是——使用网络的每个人都有风险,然而那些经常上网、在网络平台中停留时间较长的使用者风险更高。正如已有的研究所发现的那样,个体涉足网络欺凌的可能性与其使用网络的时长密切相关(Akbulut, Sahin & Eristi, 2010; Zhou et al., 2013)。正因为互联网社交具有匿名性、信息快速传播性与便捷性等特点,网络欺凌的成本似乎比传统的校园欺凌或日常生活中的暴力事件要低很多。这也使网络欺凌突破了传统校园欺凌仅覆盖青少年群体的限制,扩散至成年人甚至所有的网络使用者(许莎、何晓丽,2019)。而大学生经历了高考压力重重的高中生活,在进入大学之后大多拥有了较宽裕的个人时间和较轻的学业压力,此时,他们也更加有可能长时间使用网络,而成为网络欺凌的主体。

在中国,网络欺凌已迅速发展成为严重的、可影响大量社会群体的社会问题。不过,正如本研究的发现所展示的那样,许多网络的使用者甚至网络欺凌的涉足者对这一行为都没有很明确的认知,对其持不同的态度与看法,这显然在一定程度上造成了网络欺凌现象的蔓延。基于此,希望本研究可起到抛砖引玉的作用,使更多的学术研究者能够关注网络欺凌议题,并开展更加多样化的研究,以不同的角度分析和阐释网络欺凌为社会所带来的危害,从而寻找更有效的应对方法。

## 参考文献

曹晓琪、田苗、宋雅琼、李甄娅、王庆文、王莉(2020),《大学生遭受网络欺凌与抑郁的相关性》。《中国学校卫生》,第 2 期,页 235-238。

曾绯(2015),《中学生网络欺侮行为的现状与治理研究》。南昌:南昌大学。

符婷婷、李鹏、叶婷(2020),《共情和网络欺凌:一个链式中介模型》。《心理技术与应用》,第 2 期,页 104-113。

黄帅(2019),《集体无意识让网络暴力“病毒式扩散”》。《中国青年报》,12 月 5 日第 002 版。

江文、吴思仪、叶丽怡、周寿明(2015),《地方高校大学生网络欺凌应对方式调查研究》。《东莞理工学院学报》,第 6 期,页 82-87。

李丹(2013),《高校大学生网络欺凌现象及其对策探析》。《辽宁师专学报(社会科学版)》,第 3 期,页 75-76。

李静(2009),《青少年网络欺凌问题及防范对策》。《中国青年研究》,第 8 期,页 25-28。

李云心(2018),《网络欺凌者的特点研究综述》。《教育社会论坛》,第 3 期,页 75-77。

联合国儿童基金会(2019),《联合国儿童基金会调查:30 个国家超过三分之一的年轻人称是网络欺凌的受害者》。《联合国新闻》,9 月 4 日。https://news.un.org/zh/story/2019/09/1040652。

马嘉琪、蔡果恬、魏可儿、张厶予、禹文乐、吴漾、夏嘉黛、赵立(2020),《孤独感对大学生网络欺凌行为的影响——自尊与社会支持感的中介作用》。《杭州师范大学学报(自然科学版)》,第 1 期,页 28-34,40。

彭焕萍、刘念念(2019),《"网络欺凌"的内涵延展与再界定》。《广西科技师范学院学报》,第 6 期,页 23-26。

汪耿夫、方玉、江流、周贵阳、袁姗姗、王秀秀、苏普玉(2015),《安徽省中学生网络欺凌与自杀相关心理行为的关联研究》。《卫生研究》,第 6 期,页 896-903。

王文靖、张志华、李一峰、吴晓爽、赵凤、杨必敬、刘希樵、孙业桓(2017),《安徽省部分职业院校青少年网络欺凌与自杀相关行为的关联性研究》。《中华疾病控制杂志》,第 6 期,页 611-614。

王晓玲(2019),《到底是谁"杀死"了崔雪莉》。《环球时报》,10 月 17 日第 014 版。

杨鑫宇(2019),《面具之下,唯唯诺诺者成为网络"骂霸"》。《中国青年报》,12 月 5 日第 002 版。

袁龙云、陈露露、潘柳燕(2017),《南宁大学生网络欺凌现状及其对自杀意念的影响》。《中国学校卫生》,第 6 期,页 945-947。

张盼(2014),《试论我国青少年网络欺凌及应对策略》。《预防青少年犯罪研究》,第 5 期,页 86-91。

朱鹤、石凡超、安澜、殷晓莎、付梅花、王昱丹、周艺林、杨芳、姚燕、张艳秋(2016),《中国部分大学生网络欺凌行为发生现状调查分析》。《吉林大学学报(医学版)》,第 3 期,页 605-611。

Akbulut, Y., Sahin, Y.L.& Eristi, B.(2010).Cyberbullying Victimization among Turkish Online Social Utility Members.Educational Technology & Society, 13(4), 192-201.

Bauman, S., Toomey, R.B.& Walker, J.L.(2013).Associations among bullying, cyberbullying, and suicide in high school students.Journal of Adolescence, 36(2), 341-350.

Belsey, B.(2004).The world's first definition of "Cyberbullying".Retrieved from Website: www.cyberbullying.ca.

Chan, H.C.O.& Wong, S.W.D.(2015).Traditional school bullying and cyberbullying in Chinese societies: Prevalence and a review of the whole-school intervention approach. Aggressionand Violent Behavior, 23, 98-108.

Chen, L., Ho, S. S. & Lwin, M. O.(2017). A meta-analysis of factors predicting cyberbullying perpetration and victimization: From the social cognitive and media effects approach.New Media & Society, 19(8), 1194-1213.

Dooley, J.J., Pyzalski, J.& Cross, D. (2009). Cyberbullying versus face-to-face bullying: A theoretical and conceptual review. Journal of Psychology, 217(4), 182-188.

Englander, E., Donnerstein, E., Kowalski, R., Lin, C.A., Parti, K. (2017). Defining cyberbullying. Pediatrics, 140(s2), e20161758.

Görzig, A.& Frumkin, L. (2013). Cyberbullying experiences on-the-go: When social media can become distressing. Cyberpsychology: Journal of Psychosocial Research on Cyberspace, 7(1), article 4. doi: 10.5817/CP2013-1-4.

Guo, S. (2016). A meta-analysis of the predictors of cyberbullying perpetration and victimization. Psychology in the Schools, 53(4), 432-453.

Hinduja, S.& Patchin, J.W. (2010). Bullying, cyberbullying, and suicide. Archives of Suicide Research, 14, 206-221.

Ho, S.S.& McLeod, D.M. (2008). Social-psychological influences on opinion expression in face-to-face and computer-mediated communication. Communication Research, 35(2), 190-207.

Juvonen, J. & Gross, E. F. (2008). Extending the school grounds? —Bullying experiences in cyberspace. Journal of School Health, 78(9), 496-505.

Juvoven, J.& Gross, E.F. (2008). Bullying experiences in cyberspace. The Journal of School Health, 78, 496-505.

Kowalski, R. M. & Limber, S. P. (2013). Psychological, physical, and academic correlates of cyberbullying and traditional bullying. Journal of Adolescent Health, 53, S13-S20.

Kowalski, R.M., Giumetti, G.W., Schroeder, A.N.& Lattanner, M.R. (2014). Bullying in the digital age: A critical review and meta-analysis of cyberbullying research among youth. Psychological Bulletin, 140(4), 1073-1137.

Langos, C. (2012). Cyberbullying: The challenge to define. Cyberpsychology, Behavior and Social Networking, 15(6), 285-289.

Li, Q. (2008). A cross-cultural comparison of adolescents' experience related to cyberbullying. Educational Research, 50, 223-234.

Microsoft. (2012). Online bullying among youth 8-17 years old-China (No. Q2-CY2012). Retrieved from: http://download. microsoft. com/download/E/8/4/E84BEEAB-7B92-4CF8-B5C7-7CC20D92B4F9/WW%20Online%20Bullying%20Survey%20-%20Executive%20Summary%20-%20China_Final.pdf.

Ojanen, T, T., Boonmongkon, P., Samakkeekarom, R., Samoh, N., Cholratana, M.& Guadamuz, T.E. (2015). Connections between online harassment and offline violence among youth in Central Thailand. Child Abuse and Neglect, 44, 159-169.

Olweus, D.1993. Bullying at school: What we know and what we can do. Oxford, UK: Blackwell.

Patchin, J.W.& Hinduja, S. (2006). Bullies move beyond the schoolyard: A preliminary look at cyberbullying.Youth Violence and Juvenile Justice,4,148-169.

Smith,P.K.,Mahdavi,J.,Carvalho,M.,Fisher,S.,Russell,S.& Tippett,N.(2008).Cyberbullying:Its nature and impact in secondary school pupils.Journal of Child Psychology and Psychiatry,49,376-385.

Willard,N.E.(2007).Cyberbullying and cyber threats:Responding to the challenge of online social aggression,threats,and distress.Champaign,IL:Research Press.

Wolak,J.,Mitchell,K.J.& Finkelhor,D.(2007).Does online harassment constitute bullying? An exploration of online harassment by known peers and online-only contacts.Journal of Adolescent Health Official Publication of the Society for Adolescent Medicine,41(1),51-8.

Zalaquett,C.P.& Chatters,S.J.(2014).Cyberbullying in college:Frequency,characteristics,and practical implications.SAGE Open,4(1).doi:10.1177/2158244014526721.

Zhou,Z.,Tang,H.,Tian,Y.,Wei,H.,Zhang,F.& Morrison,C.M.(2013).Cyberbullying and its risk factors among Chinese high school students.School Psychology International,34(6),630-647.

# “数字”的逻辑:从收视率到互联网流量*

◎左 敏 李 钢 李 宁**

**摘要:**在进入互联网时代后,层出不穷的新技术似乎让“收视造假”问题终结成为可能,但在实践中反而是收视逻辑在互联网领域衍生出“刷流量”的新问题,一段“假”史由此而来。本文通过综合运用口述史等多种方法采集史料,对自20世纪80年代以来的中国收视调查和节目评价实践进行了回溯和梳理,勾勒出收视率在中国开始实践以来,迅速成为电视业统治性话语,完成了权力化进程并成为行业底层逻辑之一的历史图景,揭示出围绕着收视和流量问题而存在的多元话语和巨大经济利益,以及阿拉伯数字的表达建构为最终价值和意义的运行逻辑。

**关键词:**收视造假,流量,大数据,综合评价

毋庸置疑,我们正在经历互联网时代,传统媒体的受众开始向基于互联网技术的网站、APP等各种新媒体平台迁移,内容的传播特点和受众的媒介接触行为都发生了巨大的变化,基于新兴媒体的受众测量手段和模式也层出不穷。一种乐观的观点认为,萦绕在受众测量上的一个痼疾——“收视造假”即将终结。在后来的实践中,基于大数据应用的技术确实成为行业热点,海量样本、实时收视率、跨屏收视率均成为一时目光所聚,在收视调查和媒体业都搅动了不小的波澜,但从实际效果来看,这些技术完全没有如预期那样解决“造假”的问题,反而是伴生着大数据的阴暗面——“流量造假”,以致在2010年之后的近十年,“造假”成为公共话语空间,原因当然纷繁芜杂,但在根本上要归因于收视率及其建构的表达体系和底层逻辑。

---

* 本文为国家广播电视总局部级社科研究项目“收视率源流与创新机制研究——兼论视听统计标准及制度设计”阶段性成果,课题编号GD1977。

本文在资料采集阶段访谈了CSM原总经理徐立军、陈若愚,CSM副总经理郑维东,中国传媒大学教授刘燕南等专家,得到各位专家的倾力相助。本文还访谈了部分业内人士,并直接采用他们的口述访谈内容,应被访者本人要求,对其作匿名处理。

** 左敏,南京财经大学外国语学院讲师、博士研究生。李钢,江苏省广播电视总台高级编辑、博士。李宁,南京大学新闻传播学院博士研究生。

## 一、收视建构:一个认知现实世界的隐喻

从建构社会的视角来看,收视率可以看作作为社会动物的我们认知现实世界的一个隐喻。作为概念的收视率,实质上是对观众的收视行为的记录,外化形式则是一个用以表述人数的数字或者百分比。但是在实际运作的过程中,收视率能发挥巨大的作用,与其自身的客观化、知识化、符号化、体系化是密切相关的。这四大特点也使得收视率从客观数据进而到建立指标系统,从而实现建立评估体系的可能性。

### (一)客观化

从研究收视率的角度,我们可以勾勒出一个观众、电视播出机构、政府管理机构、广告商、数据调查公司等各方面构成的以电视为中心的世界,收视率是至关重要的要素,在这个世界里,收视率首先是以客观标准的面貌出现,同时构建起各方的关系。彼得·伯格(Peter L.Berger)和托马斯·卢克曼(Thomas Luckman)(1966)在《现实的社会构建》一书中曾从知识社会学的角度探讨我们与社会的关系,我们何以以主观建构的方式建立起我们与世界的关系。因为"人类的表达是具有客观性的,也就是说,作为一种人类活动的产物,其所呈现的内容,对内容的生产者而言和对其他人,都具有共同世界的要素意义。"(Berger & Luckman,1966:49)当然,在这里伯格和卢克曼说的是主观意义的客体化。但是这种要素意义在很大程度上是由共识来进行解释,社会的成员在同样的标准下进行沟通。这种客观化在意义上区别于人为主观,可以在一定程度上被理解为客观性。

收视率作为客观指标,在不少从业人员看来,其意义正在于区别于主观指标的随意性,减少人为干预的因素。所以当2011年7月《中央电视台栏目综合评价体系优化方案暨年度品牌栏目评选方案》进入实施阶段时,就引起了一些议论。因为这个新方案降低收视率考核的权重,强化对社会效果的考核,权重设置为45%,以"引导力"和"影响力"两个指标作为考评主要指标。在栏目的收视率考核方面,以栏目收视目标完成率指标替代收视率绝对值指标,再次弱化收视率在考核中的作用,并且正式取消了末位淘汰制。这在当时的一些行业内的频道管理者看来,央视此次实施的新制度看似科学,但评价权从客观变为人本位,人为主导过多,并不适于市场化电视台(张君昌、吕鹏,2011)。

### （二）知识化，尤其是专业化知识

在对同一对象的主观意义进行了客观化的定义之后，接下来就是要产生新的关于不同的对象之间的知识。在我们上面已经勾勒出一个关于收视率的世界，在这个世界中，收视率不仅可以将受众的行为进行可视化、客体化的描述，同时对电视节目而言，收视率更像一种共通的语言，而且是一种生产知识的共通语言。收视率的知识化是如此成功，以至于“使得其成为一种不用解释的理所当然的存在”。（刘海龙，2013：19）

### （三）符号化

对收视率而言，我们当然可以说，科学化的面貌和专业化且符号化的知识是其能够自洽，并且进而能够成为符号宇宙重要力量的原因之一。如同卡西尔所说，人不再生活在一个单纯的物理宇宙之中，而是生活在一个符号宇宙之中。语言、神话、艺术和宗教则是这个符号宇宙的各部分，它们是织成符号之网的不同丝线，是人类经验的交织之网。人类在思想和经验之中取得的一切进步都使这符号之网更为精巧和牢固。人不再直接地面对实在，也不可能仿佛是面对面地直观实在了（卡西尔，1985）。卡西尔的这一宏观判断实际上是可以应用到人类的具体而微观的社会活动中去的，人就是一次又一次地编织着意义之网。这种意义之网，颇为形象地诉说着韦伯意义上的“铁笼”，符号化的收视率为其建构自身宇宙打下了基础。

### （四）体系化知识和解释系统

在很大程度上，收视率之所以能够成为广为接受的概念，成为一种话语体系，其原因正在于其体系化知识和解释系统。这种体系化知识和解释系统，一方面描述受众，一方面对接市场，并且具体用数字符号、柱状图、饼图等一系列符号来描述电视节目。其最终结果就是以收视率为核心的节目评估制度。从经验上来说，人类的存在应该发生在有序的、有方向的、稳定的背景下，但是这一经验上存在的稳定的人类秩序的出现、维持与转型的原因是什么呢？伯格和卢克曼（1966）认为，这必须从制度化角度进行分析。这种制度出现以后，就成为一个外在于节目的客观实体，成为有着自己发展历史、运作方式的客体。先于节目存在，框架节目发展，不管我们是否喜欢，它都持续地存在并规制着电视节目以及电视媒体本身。

收视率的指标体系就是其符号宇宙，收视率指标体系不但是其沟通方式，同时也是权力形式，收视率以肯定性的权力的形式，提倡了某些节目品味和节目生存方式。

在末位淘汰制出现之后，收视率权力又以超越主体的否定性权力的方式直接干预了节目的生存。

收视率指标的意义不仅在于客观化，同时在于其可测量性和可复制性，更在于其系统性和可解释性。以收视率为核心派生出的到达率、忠实度、观众构成、集中度的概念都用来解释节目和观众。收视率正是在这个意义上达到了卡西尔所说的符号宇宙，成为一套自洽的系统，言说有了言说的路数，评价有了进路。收视率自己会说话，并且表现得专业独到，言之成理。

## 二、数据主义："造假"的利益逻辑

收视率在实际上重构了围绕着整个电视的世界，在这个意义上，收视率的发展和壮大意味着我们建构和认知世界。当数据成为节目评价的最重要标准后，数据也就成为节目存在本身，在市场化的电视媒体在生产节目时完全以收视率为导向的情况下，最初寄托在收视率之上的科学测量、受众民主褪去色泽，消弭在金钱利益统治的框架下。

### （一）"收视造假"及其由来

在当下中国语境下的收视造假，可以分为几种。在20世纪80—90年代的收视调查初始阶段，收视率的"假"实际上可以分为两类：第一类其实是操作层面的失误。当时全国最大的收视调查网是由中央台领衔，联合全国52个地方电视台创立的，收视调查方法以日记卡为主。收视调查在当时存在大量不规范操作，如到时间随意找人填写日记卡等情况。第二类就是有意地利用抽样统计规则取样，按时或引导被调查者，甚至直接篡改数据。对于此种情况，陈若愚在1990年撰文着重强调组织者的态度，重点抨击了测量中的不道德行为，如抽样中故意选择对调查结果有利的样本；向被调查者暗示组织者希望得到某种结果的意图；在分析资料上，只披露于己有利的一部分事实，断章取义，篡改结论，或者作出引人误解的描述，用统计数字"撒谎"等。在中国的收视调查还没有进入专业化的阶段，收视率调查就已经受到各种因素的影响。

在收视调查进入专业公司主导之后，关于数据真假的声音变得更加激烈。1998年5月在上海举行的一次会议上，全国30多家省级电视台状告央视索福瑞公司，指责该公司有关省级电视台收视率的调查数据不准确。此后这种关于收视率数据是否准确真实，是否能反映当时当地收视市场的真实状况就成为电视台和索福瑞公司之间的

常态博弈。对专业调查公司索福瑞及其数据的质疑集中在几个方面:

首先是索福瑞的“央视”背景使得“自己在调查自己”“既做运动员又做裁判员”等言论纠缠着央视索福瑞公司,也纠缠着中国的收视率调查行业。

其次是索福瑞在取样的规模和代表性方面存在不足。索福瑞公司通过几千个样本户就确定了十几亿人口的收视喜好,这样的抽样统计可能造成数据的不精准。此外,由于取样的实际困难,索福瑞的样本户中,所谓的教育水平高、高收入的“高端人群”的比例较低,而且城市样本偏多而农村样本较少,实际的人口统计中则都是乡村人口超过城市人口,甚至操作中的极度变形,在本文的访谈中,一位业内人士曾介绍,他在覆盖推广过程中发现,在华东地区的某一个村,几百口人,密集了几十个样本户。

其三是对索福瑞的具体实施和操作的质疑,例如样本维护和更换。索福瑞公司公布的样本更换率为20%—25%,但业内很多人对这样的样本更换率并不信任。还有省级网的布点建网都有电视台的参与,这其实为后来的电视台污染样本户在一定程度上埋下了隐患。

由于传统收视率调查的样本户较少,使得污染样本的成本低,因而样本户极易被污染,造成的结果常常是几个样本户出现了异动,整体市场收视率就会发生很大变化,这是传统收视率调查存在问题的重要症结。

### (二)恶性竞争放大“收视造假”

唯收视率与恶性竞争是收视造假的主要诱因,缺乏第三方监督让造假有机可乘。从2010年7月1日开始,《人民日报》连续多日发表文章,用采访报道的形式向大众展示了样本户被干扰、收视率造假的混乱现象(曹玲娟、刘阳,2010;曹玲娟,2010)。在这一系列文章中,“地方卫视”成了不光彩的造假主角,卫视之间的竞争成了收视率造假的直接动因。CSM总经理陈若愚将利益问题归结到“四级办台”身上:根本原因在中国四级办台,频道太多,竞争太激烈。激烈的竞争环境下,什么鱼龙混杂、污染样本户的事情都能做出来。

从1997年开始的省级电视台的综合频道上星、产业化的全面铺开发展,到2005年《超级女声》为代表的省级卫视节目的全国火爆,省级卫视就已经作为最有活力的电视频道组团之一。原来中央电视台负责全国,城市台和省级台面向地方的竞争格局在进行着变革和重组。收视率成为这种格局变革的表征,同时也是格局变动的推动力量。所以,后来者在进入市场时的不规范行为就集中体现在效果最快、成本最低的“收视造假”之上。

### （三）分利集团固化"收视造假"

除了《人民日报》等媒体将收视造假指向地方卫视的原因外，另一个值得一提的背景需要就是2009年制播分离的重提。制播分离使得影视剧、娱乐节目制作行业内新增了利益主体，这些利益主体的出现使得行业内利益分配格局的天平又发生了晃动。

从利益分配的角度出发，在本文访谈中有被访人认为，收视率表面是利益分配，实质上是利益的均衡。当前中国电视以商业广告为基本盈利模式，电视广告总体量维持在千亿以上。千亿广告的蛋糕又是以收视率为标准进行分配。围绕着收视率又勾连起了电视台、广告商、制片方等多个主体，存在着显而易见的利益单元，也可以称为分利集团。这些分利集团之间的利益需要均衡，整个市场上的分利集团的体量也需要保持一定比例。在这个意义上，收视率就能很好发挥其在利益分配方面的工具性作用。

从利益分配的角度来看待社会结构，必然存在着各种分利集团。公共选择学派代表曼瑟·奥尔森（1996）在《集体行动的逻辑》一书中利用分利集团的概念来解释集体行动。他提出，在小集团中，为了集团中成员的共同目的很可能会有某些自愿的行为。对收视率相关的集团而言，正是这样的小集团，在适当的机制下，为了扩大自身利益的边界，造假成为一种最"经济"的行为。

作为一种利益分配工具的收视率具有公共性，它所要达到的理想状态是社会效益的最大化。如果将收视率看成一种利益分配标准，那么既有的利益分配格局就是目前已经产生的收视率产品所催生的利益分配方式。但围绕收视率而存在的"小集团"有着扩大自身利益边界的动机。之所以出现收视造假，其原因之一是出现新的分利集团，打破了原有的利益分配均衡。从这个意义上来说，收视造假反映的是对一种既有秩序的僭越。当然，收视造假也可以作为排挤原有分利集团，构建新秩序的工具。因为分利集团至少在达到了某一点之后，就会产生排挤新成员的动机（奥尔森，2007）。

此外，沿着分利集团的思路也可以较好地理解行业对收视率问题的解决方案，即提高监管和政治干预的程度。因为分利集团的存在也会提高官僚主义和对市场的政治干预（奥尔森，2007）。

另外，奥尔森（2007）认为分利集团为了达到它们的目标，必然会运用游说力量来影响政府政策，采用它们的组织力量来影响市场。这在客观上会使得收视率成为舆论场，各方言论在其中争夺话语权，进而使得其成为话语空间。

## 三、路径与反噬:从收视到流量的逻辑递进

至此,收视率问题得到更多的重视,讨论焦点将“收视造假”的原因溯至“唯收视率”,并且形成了当前一套正确的话语共识:既要重视收视率,又不能“唯收视率”,并在此基础上开始了解决问题的路径尝试。

### (一)修正“收视率”

#### 1.深挖现有收视率数据

在实际的操作过程中,所有的电视台都有相关的数据管理部门,对现有收视数据进行挖掘。同时,由于数据在市场调研以及广告营销上的广泛应用,商业调查公司、媒介研究机构以及高校和学术团体都从自身研究的角度对现有数据进行了二次分析和加工。此类数据加工和分析工作非常常见,也确实有能略微弥补单纯从收视率点数的高低来评价节目的可能性。有业内人士就分析指出,一些优秀的电视节目,收视率考察表现一般,说明收视率作为评估指标不能全面评估节目。要挖掘现有软件系统新价值,瞄准分众化趋势,拓展新的评估指标(南言、王钢,2008)。这种深挖现有数据的方式当然在一定程度上可以改变“数据歧视”和“大数法则”的情况。

#### 2.引入满意度调查

在2005年由于收视率受到集中的批判之后,很多业内人士和学者都将引入满意度调查作为解决收视率弊端的一种可能方法。收视率调查与满意度考察两方面的有机结合,是当前电视节目评估理性回归的必然选择(郑欣,2008)。

虽然满意度调查被寄予了较高的期望,但在实践中,满意度并没有如专家和业内人士期望的那样,成为收视率的补充和修正指标,而是处于一种有些尴尬的境地。愿意大规模尝试满意度调查的电视台和传媒机构数量有限,出现这种情况自然有商业、技术等多方面的原因,人的因素也至关重要。如同CSM副总经理郑维东所说,满意度主要中央台在用,这是中央台作为国家大台多重的功能定位属性要求,这也跟当年凤凰卫视采用观众满意度有关。

#### 3.构建“绿色收视率”

“绿色收视率”曾经是一个热门概念。在经历了三十年左右的经济高速发展之后,社会方方面面的问题开始凸显,环境问题、生态问题、社会阶层发展不平衡问题等

都被化约为和谐社会建设和科学发展、可持续发展问题。在这样的背景下,如同当时倡导经济发展过程的“绿色 GDP”一样,“绿色收视率”概念应运而生。

根据中央电视台广告部后来的解释,“绿色收视率”含义是讲收视率,但又不唯收视率,在满足受众不同需求的同时强调倡导先进文化以构建和谐社会为己任,追求较高的节目品质和社会影响力,是一种具有较高观众满意度、目标收视群稳定、不会对媒体品牌及客户资源造成伤害的收视率(白长虹、陈阳、童贤达,2006)。在这个解释当中,直接进行了满意度的表述。这也就意味着绿色率所想做的其实是一次收视率与满意度的尝试。作为这个概念的首提者,时任中央电视台台长的赵化勇(2006)认为,大力倡导“绿色收视率”,重视收视效果,但又不唯收视率,不片面追求收视率而降低节目品质,从而坚决抵制低俗之风。时统宇(2006)后来一言以蔽之,绿色收视率就是以强调媒体的社会责任来修正原有收视率概念造成的偏差与误区。在这个意义上,绿色收视率的本意是要达到两个统一:收视率与满意度的统一,社会效益和经济效益的统一。

从后来产生的效果来看,“绿色收视率”所达到的效果与满意度调查也有着共通的地方,即虽然提出的时候振聋发聩,描述得很美好,但所产生的实际效果非常有限,“绿色收视率”概念的出现更像一种对应于提出“万恶之源”的一个更系统化的解决方案的修辞。

### (二)纠正“收视率”:司法介入和加强监管遏制“收视造假”

曾任索福瑞总经理的徐立军曾说,在他任职索福瑞期间,经常要处理的最突出、最重要的问题,不是与客户和相关行业相关,而是与公安、检察院、法院这样的治安司法机关打交道。可见问题症结所在。

按照刘燕南(2012)的说法,收视造假成本低,处罚难度大。正因为如此,收视造假才会有愈演愈烈之势。更让人咂舌的是陈若愚在访谈中说的细节,因为利益驱动,2010 年之后,因为索福瑞的数据能左右巨大的经济利益,有些人为了左右收视率,经常会有一些威胁信息发给时任总经理的王兰柱,最后都知道车牌号、孩子学校的地址。在种种压力之下,王兰柱最终辞职。

由于收视率直接与金钱利益挂钩,所以收视造假直接指向的都是显然的利益。无论是污染样本户还是直接篡改数据都是为了真金白银。这样的行为显然违法,司法介入也比较清晰。但这种污染样本户以获得高收视率行为,在法律宣判过程中一般以“侵犯商业秘密罪”论处,据已知的处罚额度来看,多数都是处以几万至几十万不等的罚金。这样的处罚力度对污染收视率的机构来说,显然是不够的。

行业监管是个宽泛的问题。索福瑞公司在监管方面成立了用户委员会,中国广播电视协会也成立电视受众研究委员会。索福瑞的用户委员会用来服务客户,商业象征意义远大于监管意义。电视受众研究委员会本可以起到一定的作用,比如在2014年上升为国家标准的《电视收视率调查准则》就是出自电视研委会的推动,但《准则》的出现并没有遏制住造假行为。

### (三)新技术想象

从大数据在收视率调查市场上实际应用和发展的情况来看,存在三种应用场景,分别是海量样本、实时收视率和跨屏综合收视率。海量样本,最初被热议主要是因为这种技术被认为可以用来解决收视造假问题。实时收视率,反映的则是电视市场竞争激烈。从最初的日记卡到测量仪再到实时,数据从每周提供到隔日提供,再到实时发布。跨屏收视率本质上反映的是电视媒体的媒体融合困境。

#### 1.听起来很美好的海量样本

按照尼尔森网联首席执行官张余在个人微信朋友圈上的话来说:三年前他带着实时收视率这个产品跑了很多客户,基本上是泥牛入海,现在突然就火了。随着新技术的发展,互联网企业在2010年之后催生的“大数据”“云计算”成为热词。大数据被描绘成一种革命性的力量,可以改变我们当今社会的方方面面。大数据开启了一次重大的时代转型。就像望远镜让我们能感受宇宙,显微镜能让我们观测微观生物一样,大数据正在改变我们的生活以及理解世界的方式,成为新发明和新服务的源泉,而更多的改变正蓄势待发……(迈尔-舍恩伯格、库克耶,2013)所以,同样作为数据工作的收视率调查开始应用了大数据,海量样本正是实现所谓大数据的途径之一。

所谓“海量样本”,其实就是在现有监测仪技术基础上将样本规模进行翻倍扩大,从而降低数据误差,提高收视准确性的一种新技术。同时,“海量样本”基于在互动电视机顶盒中通过植入采集模块的方式采集样本户自然状态下收视行为的数据,相对更客观。但是收视调查公司对大数据和海量样本的应用存在一些问题。首先,其主打的“海量样本”是一个伪大数据概念。在《大数据时代》一书中,作者迈尔-舍恩伯格和库克耶(2013)对大数据作了三点论述:一是大数据时代样本趋近总体;二是大数据时代精确让位于模糊;三是大数据时代相关重于因果。这三点中第一要义是样本趋近总体。无论是尼尔森还是中数媒介研究,相对CSM的几百户样本确实能称得上海量了,但都很难说趋近总体。以尼尔森网联提供的东部某省会市网收视率数据为例,2014

年其收视调查是从 52.8 万互动机顶盒样本中以等距抽样的方式抽取 3000 户,而其市网的总体是 200 多万户,这 3000 户恐怕无论如何也称不上大数据。

其次是取样的问题。既然海量样本不是全样本,那么就必然要抽样,但是尼尔森等大数据所提供的产品不是真正意义上的概率抽样。尼尔森网联的"海量样本"虽然量大,但是存在样本结构上的明显问题:一是只覆盖了互动机顶盒,并未涉及很多城市仍大量存在的普通机顶盒用户;二是抽样方法比较随意,基于机顶盒 IP 地址的等距抽样,没有考虑到不同家庭在层次上的差别和成员的代表性;三是观众分布不均衡,比如以 2014 年北京地区高清互动机顶盒用户年龄和学历的分布为例,15—34 岁观众占比超过 80%,本科以上学历观众占到 64%,观众结构是够优质,但是显然与当前社会整体人群的分布有很大出入,这样的数据又怎能代表最广大观众的收视喜好?

其三是监测不准确。尼尔森网联目前采用的到人监测技术依然是传统监测仪的方法,这与 CSM 并无二致,因此 CSM 系统存在的问题在尼尔森网联同样会发生,而且它只是在互动机顶盒中抽取部分收视行为类似普通机顶盒的用户作为参照样本,这种模拟式的到人监测本身就很不准确。到人监测技术时机不成熟,"海量样本"的推广就会继续遭遇瓶颈和质疑。

第四是产品规范性不够,多家调查公司数据反差过大。由于实际的技术和当地情况等因素,海量样本在选择样本时的取样规模、取样方法不尽相同,导致出现的收视调查结果差异很大。

2. 实时收视率

实时收视率与海量样本收视率是相继出现的概念,在 2014 年之后大为火热了一段时间,并成为主流收视调查公司的标准化产品。这也充分反映了在移动互联网兴起和电视市场竞争日趋火热的时下,对数据的获取十分迫切。在 2014 年前后提供实时收视率产品的主要有四家公司:酷云互动、索福瑞、尼尔森网联、有泓安 VAV 发布的星红榜。实时收视率一度成为行业和市场追逐的热点,还有专门的研究者对 CSM-huan、尼尔森 ARGO、酷云 EYE 进行了比较(吴洪,2016)。行业对其表示总体认可的态度,但其后来的推广和商业化都存在一定程度的问题。

首先,实时收视率自身产品的标准化还存在值得改进和商榷的地方。行业内普遍有一个认知:酷云 EYE 的数据结构存在先天缺陷;CSM-huan 数据需要校准,与现行的索福瑞数据是两套未能融合的数据;尼尔森网联的 ARGO 客户端的数据应用方面也存在很多问题。总之,与既有的收视率相比,实时收视率显得没有那么成熟。

其次,实时收视率无法替代传统收视率,没有客户和广告商愿意为实时收视率产品买单。实时收视率存在诸多难以解决或者亟待解决的问题,并且可能会产生不可控的后果,所以郑维东说电视界的实时收视数据之爽其实难坏了收视率调查公司,因为实时监测报告收视率并不容易:方法要靠得住,数据还要和次日报告的标准收视率可比,挑战着实不小。毕竟,作为“通用货币”的收视率目前还是决定着广告投放市场的关键性指标。

第三,实时收视率在应用方面受制于现实的市场环境。电视台不可能根据实时收视率的反应来立刻直接调整节目编排和栏目计划,因此,其最大的价值和意义就大打折扣。

3.跨屏收视率

传统的收视调查只能反映观众收看直播频道节目的情况,对于现在越来越多用户的回看、点播等行为未能监测。另一方面,电视内容在视频网站、手机媒体上的收视表现也尚未与传统电视结合起来,单纯的直播频道显然未能反映电视节目的整体收视情况。在媒体融合的当下,跨屏收视率成为另一个热门话题。于是尼尔森网联提出了“广义收视率”,即要实现观众所有收看行为的整合,实际上也就是“跨屏收视率”。对内容生产者来说,如果能实现对跨屏同源数据的测量,非常有利于在行业内形成秩序,因此“跨屏收视率”成为一个重要概念,具有巨大优势。

跨屏收视率理论上可以展现一个多屏互动的视频生产和传播生态。不难发现,当前的电视观众(尤其是年轻人)已经不习惯老老实实待在电视机前面看电视了。多种媒体的同时接触带来了庞大的数据流,而所谓的“多屏互动”正是基于此。多屏互动主要是指电视内容在 PC 以及移动媒体上引发观众互动、关注、讨论的情况。评价节目影响力,除了要看它的收视情况,更要看它在话题方面的引导力和引发集体关注的能力。尼尔森美国已经宣布将与 Twitter 合作推出收视率调查服务,测量在 Twitter 上面讨论某部剧集的用户人数,以及哪些用户被暴露于这些聊天内容中。索福瑞也相应推出“电视微博指数”,对观众在网络上进行的特定内容的讨论开展实时监测和研究。

由于技术的发展和数据采集技术的进步,跨屏收视率当然是个趋势,但是跨屏同源测量难度很大。所以按一些业内人士的话来说,跨屏收视率正在一步步地迈出步伐,目前正在整合 IPTV 和 OTT 的数据。显然,这是一条漫漫长路,可谓知易行难。

传统的收视率调查中,以索福瑞和尼尔森为代表的专业调查公司提供数据产品,进行客户销售,已经非常成熟。但因互联网信息技术时代的到来,整个数据调查行业有了重构的可能性。就如同上文所提到的海量样本、多屏同源都是因为互联网新技术所产生的一种新的测量的可能性。

正是在互联网这种新的场景下，数据市场也变得更加复杂，一方面，新的技术手段革新了受众调查的方式，冲击现有调查格局和调查方式，拓展了原有收视调查的众多可能性。在商业包装和市场营销的力量下，一些初始阶段仍待完善的数据急不可耐地进入了数据市场，多家收视调查公司免费发布收视率数据，一家独大的收视调查公司格局悄然改变。另一方面，新技术又展现了一幅更加完备的受众测量工具手段或者工具体系图景，展现了一种类似数据乌托邦的未来景观。

在新技术的撬动下，数据公司层出不穷，但就实际的产品和测量方式而言，并没有对传统的收视调查数据进行革命性的挑战，同时更为重要的是，这些新的数据公司仍旧延续着收视率商品的逻辑，遵循着受众的可测量和流量变现的逻辑。

### （四）大数据“反噬”：流量造假

随着观众向互联网的迁移和视频网站的崛起，一个老话题以全新的形式呈现：流量造假。如果我们说流量造假可以与收视造假在一定程度上共通的话，就是它们存在最粗暴的底层逻辑：金钱利益至上。

由于视频网站的计量单位是点击量，就经常可以看到点击量破亿、百亿的视频节目。在猫眼平台上，2017 年点击量破百亿的影视剧就有 12 个，最高的《楚乔传》年内播放量甚至高达 457.9 亿。此外，流量造假已经不仅仅局限在收看流量造假、微博刷排名、外网刷排行榜，造假已经隐隐有了构造流量场的态势。这些看起来夸张的数据是否真实，背后是否存在猫腻，看来答案是肯定的。

视频网站爱奇艺就曾经在 2018 年 9 月宣布正式关闭全站前台播放量，今后将逐步以内容热度代替原有播放量。爱奇艺解释说，“唯播放量论”盛行播放量攀比所引发的负面效应正在日益凸显。接下来就是“流量造假”问题在公众舆论场上的暴露和引起一致挞伐。首先将流量造假问题暴露在公共舆论场上是《光明日报》和《人民日报》。2019 年 1 月 2 日，《光明日报》发表了《流量造假只会透支信誉》。在《光明日报》发声两天之后，《人民日报》发表了《谁在给流量数据造假打造温床》。文章认为流量思维兴起，行业乱象显现，并进一步指出，在这种情况下，因为浮躁心态作祟，艺术质量堪忧。2 月中央台以《惊人的数据秘密》为题进行报道，比如在爱奇艺刷流量 40 元 1 万条，在某门户视频为 15 元 1 万条。这些都已经成为某“水军公司”报价表上的常规项目。“刷流量”也如同“收视造假”一样在公共舆论场中形成话题，受到社会的广泛关注。整个过程与收视造假的情况如出一辙。

比之收视造假问题，司法更快介入流量造假。2018 年 8 月 24 日，国内首例视频网站“刷流量”案在上海宣判。此案的原告方是爱奇艺，被告是杭州的一家专门从事视频刷量业务的公司，该公司用四个月的时间在爱奇艺平台刷出了9.5亿播放量。最终，法院判定刷量公司构成不正当竞争，向爱奇艺赔偿50万元。

流量造假也并不是独一份的中国问题。不仅是中国的互联网站，美国的Twitter、Instagram等平台上都同样存在大量的流量造假。有人就曾经戏谑地称之为“人有多大胆，流量多高产”。

因为从行业的角度来看，数据造假给片方带来直接的经济利益，也可以提高剧中演员的身价，粉丝和水军也能从中获得虚假的满足感，看起来也是一个多方共赢的局面。但这种存在造假产业链的流量造假机制，最终必然会导致出现“劣币驱逐良币”的现象，从根本上损害整个行业。

更为严重的是，流量造假已经突破了金钱利益的边界。从实际操作的情况来看，流量造假必然掺杂着对舆论场的操控和利益冲突，通过发动话题、挑拨粉丝，从而引起不必要的争端，引发一次次不大又不小的社会对立。这种从金钱逻辑演绎的动力最终形成了不良舆论生态，恰似柏拉图（1997：322）在《理想国》中曾经警告过我们的：“一个国家里尊重了钱财，尊重了有钱财的人，善德与善人便不受尊重了……于是终于，好胜爱荣誉的人变成了爱钱财的人，他们歌颂富人，让富人掌权，而鄙视穷人。”

## 四、数据实践：走向未来的历史问题

之所以说时至今日的收视率问题仍旧是一个值得探讨并有待解决的重大问题，正是因为收视率如何应用，满意度调查如何进行，综合评价体系如何建立等都是仍旧在持续和悬而未决的问题。所谓发掘数据本身的价值，配合满意度等受众调查，包括曾经热门的绿色收视率，最后都化约在建立科学全面的节目综合评价体系的官方话语中。

### （一）节目综合评价体系建设永远在路上

事实上，收视率最初引起了巨大争议并进入社会公众舆论，在很大程度上是因为央视在2002年最终建立的包含“末位淘汰制”的节目综合评价体系。后来对节目综合评价体系的建设要求中，都有一个基本思路：限制收视率在评价指标中的权重。最终化约为“既要重视收视率，又不能唯收视率”这样一句知易行难的正确话语。刘燕南对这个问题的看法则更直接，她认为，综合评价体系是有些尴尬的，一开始的评价体系都是综合的,但是其中设置其他指标要么是为了领导的需求,要么是为了意识形态的实际考量,真正能起到作用的反而仍旧是收视率这样具有可操作性、数量值能拉开差距的客观指标。

在这场建设节目评估体系的动员中,收视率显然成为众矢之的。根据刘燕南等人在 2014 年对 8 家省级以上电视台的调查,发现在 2011 年到 2013 年之间,中央台以及北京、上海等省级台都建立了自身的节目评价系统,共同的特点是在指标体系中弱化了收视率的比重(刘燕南、张渤、刘双,2015)。

在除了收视率这样的硬性指标之外,其与满意度调查、专家打分等主观指标都在不同程度上体现着区分度不够的情况。这种情况下,在评价指标系统中,主观指标因为没有区分度使其不能很好地履行评价系统中变量的作用,而是在一定程度上趋向于“常数”。这也成为设置了多项指标的节目评价体系名为综合评价系统,却“唯收视率”的原因所在。所以要解决这个问题,不能仅仅盯着“唯收视率”,要切实解决的是除收视率之外的评价指标能产生区隔度,从而真正发挥作用。在现有电视节目的运行模式下,综合评价方案已经是最为正确且切实可行的方法了。因此,节目综合评价也一直在尝试和推进。

2018 年 12 月 26 日,国家广播电视总局宣布广播电视节目收视综合评价大数据系统基本建成并开通试运行。根据广电总局官方数据,此次开通试运行的广播电视节目收视综合评价大数据系统,主要通过建立与网络传输机构之间的安全通道,汇聚大样本用户收视行为数据,经清洗、转换、分析与挖掘,输出开机用户数、观看用户数、收视率、市场占有率等 30 项核心指标。此次的数据评价系统由官方发布,运用大数据等技术,愿景一样美好,但前途如何,未有定论,只得拭目以待。

在 2019 年 5 月 29 日的中央全面深化改革委员会第八次会议上,讨论了影视业改革,强调了规范影视企业经营行为、健全影视评价体系。所以,建立综合评价体系一直在路上,并且看起来是唯一正确的道路。但正因为寄托如此重任,节目综合评价体系的建立任重而道远。

### (二)作为未来问题的收视率逻辑

传统电视行业本身在新媒体的冲击下,情势用每况愈下来形容也不为过,传统电视的广告赢利模式正在受到釜底抽薪式的攻击。依附于电视产业的收视率调查业当然也会因此受到牵连,或者电视业的销售模式被颠覆了,那么商品化收视率调查自然也失去了存在基础。

同时,技术存在重构整个既有收视调查行业的可能性。大数据可能是如今的互联网时代炙手可热的概念之一，在现有的实践中，各种各样的海量样本，大样本均来自对大数据概念的拓展。虽然目前的所谓大数据仍然存在各种各样的问题，但是技术重构整个收视调查行业的可能性始终存在，这也让作为标准化产品的传统的收视调查商品总是存在着生存的危机。再者，收视造假等问题的丛生，使得国家广电总局的行政权力已然强势介入，因而商品化收视调查何去何从仍旧是前路踯躅未定。

虽然商品化的收视率调查始终存在着各种的危机和不确定因素，但有两点确实可以明确。其一，从既有的各种问题来看，标准化的收视率产品必然会不断受到技术、秩序、政治权力等各种外在因素的冲击，但这个冲击过程必然是漫长的，至于是收视率产品会被完全取代还是收视率产品因受到冲击而不断自我革新则是一个两可的选择。

其二，作为一项已经存在了百年左右，并且在中国起源实践了三十多年的测量技术，收视率本身的逻辑断难轻易改变。一方面因为现代社会所要求的一切可测量、可计算的现代性逻辑不会变，另一方面商品化收视率生存的商业利益模式不会改变，从收视率造假到流量造假所展示的金钱逻辑之下的迷狂，则充分证明了无论技术如何改变，其后的资本和结构才是原始动力。

更重要的是商品化的收视率可能会不存在，但是符号化的表达断然不会消失。如同卡西尔(1985)说的，符号化的思维和符号化的行为是人类生活中最富代表性的特征，并且人类文化的全部发展都依赖于这些条件，因为说到底，人类是创造符号的动物。

在我们的时代，一切坚固的东西都不曾烟消云散。所以如果商品化收视率产品生产的底层逻辑依然牢固，其符号化表达又是一种必然，那么，既有的收视率系统有什么理由会突然消失呢？或者说出现一种全新的替代者的可能性又有多大呢？实际上，在视频新媒体冲击之下，互联网、大数据、点击率等概念或技术都曾经让行业内产生是否会有新的测量方法取代收视率产品的疑惑。但是，作为利益逻辑和技术实现的收视逻辑在流量的问题上得到更加直接和赤裸的诠释，正因为“流量”问题，我们可以更加清楚地看到问题的实质。在作为技术产品的呈现上，收视率产品是需要通过外加于之的测量行为来实现的，这种对于受众的测量成本不菲，使得收视率产品要在特定的框架内运行，这样才能确保资本为其买单。但基于互联网技术的流量是与生俱来的网络痕迹，在一定意义上是不需要外加于之的测量行为的，数据是一种副产品。但正是由于这种“天然”副产品，才让互联网点击率从甫一进入行业视野，“刷流量”就如影随形，在这个意义上，流量是互联网时代的本质特征，也成为互联网时代商业和市场逻辑的表现形式，成为互联网时代的商业产品甚至明星的重要存在方式之一。

因此在时代和技术语境下，“刷流量”所带来的造假问题一方面使得“造假”并不是关注焦点，舆论只是集中在这种造假形成的奇观上，但实际上这种“流量造假”的底层逻辑无非是“收视造假”逻辑的另一种演绎。就收视率而言，在某些时刻和特定的区域，收视率的数字高低并不代表节目品质高低，甚至有些时候也不是特定数据的客观呈现，而是要在资本、广告等大框架内运行。特定资本的投入需要特定的回报，这种回报最终会以数据的形式进行利润的分配，这一点在流量时代表现得特别明显。互联网时代许多的流量奇迹，到后来无非被证明为资本能力的神通广大。

作为一种技术，无论收视率技术还是流量技术，其意义并不在于成为技术工具本身，而是在于技术会成为一种存在方式，正所谓“身怀利器，杀心顿起”，一般性工具甚至杀伤性武器本身不会必然导致凶案，但是一个经常带武器的人，难免会让武器成为问题的解决方式，流量和收视率亦如此。

**参考文献**


白长虹、陈阳、童贤达(2006)，《电视媒体的绿色化经营及其评估——CCTV 的探索与实践》。《广告研究(理论版)》，2006 年 04 期，页 91-92。

柏拉图(1997)，《理想国》。郭斌和、张竹明译，北京：商务印书馆。

曹玲娟、刘阳(2010 年 7 月 1 日)，《电视收视率发现造假行为》。《人民日报》，第 15 版。

曹玲娟(2010 年 7 月 5 日)，《我是如何“配合”电视台的》。《人民日报》，第 12 版。

陈若愚(1990)，《收视率测量的科学性研究》。《中国广播电视学刊》，1990 年 06 期，页 34-38。

恩斯特·卡西尔(1985)，《人论》。甘阳译，上海：上海译文出版社。

国家广播电视总局(2018 年 12 月 26 日)，《国家广播电视总局广播电视节目收视综合评价大数据系统开通试运行》。引自 http://www.nrta.gov.cn/art/2018/12/26/art_114_40072.html。

刘海龙(2013)，《宣传：观念、话语及其正当化》。北京：中国大百科全书出版社。

刘燕南(2005)，《欣赏指数调查：香港经验及其思考》。《中国广播电视学刊》，2001 年第 5 期，页 43-46。

刘燕南(2012)，《再谈收视率造假：缘起、技术与监管》。《现代传播(中国传媒大学学报)》，第 195 期，页 1-6。

刘燕南、张渤、刘双(2015)，《电视评估体系的顶层设计与基层实践——来自电视台一线的报告及思考》。《现代传播》，第 229 期，页 1-6。

曼瑟·奥尔森(1996)，《集体行动的逻辑》。陈郁、郭宇峰、李崇新译，上海：上海人民出版社。

曼瑟·奥尔森(2007)，《国家的兴衰：经济增长、滞胀和社会僵化》。李增刚译，上海：上海人民出版社。

邵伟(2005)，《收视率与满意度》。《当代电视》，2005 年第 3 期，页 67。

余贤君(2006)，《不满意电视满意度调查》。《广告大观(媒介版)》，2006 年第 4 期，页 3。

时统宇(2006),《绿色收视率与媒体的社会责任》。《中国广播电视学刊》,2006 年第 3 期,页 5。

王萃文、李瑾(2001),《应科学地看待收视率与满意度》。《新闻传播》,2001 年第 4 期,页 40。

维克托·迈尔-舍恩伯格、肯尼思·库克耶(2013),《大数据时代》。盛杨燕、周涛译,杭州:浙江人民出版社。

吴洪(2016),《实时收视率,谁更靠谱?——三款实时收视率产品横向测评报告》。《视听界(广播电视技术)》,2016 年第 5 期,页 118-125。

尹同亮、张蔚黎(2002),《从收视率到满意度——中小城市电视台节目评估体系构建浅谈》。《中国广播电视学刊》,2002 年第 11 期,页 74,77。

张君昌、吕鹏(2011 年 9 月 6 日),《广播电视节目评估体系的前世今生》。《中国新闻出版报》,第 7 版。

赵化勇(2006),《倡导绿色收视率 提高品牌竞争力》。《电视研究·主编寄语》,2006 年第 1 期。

郑欣(2008),《电视节目评估:从量化分析走向质的研究》。《南京师大学报(社会科学版)》,2008 年第 4 期,页 45-51。

中央电视台(2011),《2011 中央电视台栏目综合评价暨年度品牌栏目评选方案》。

Berger, P.L.& Thomas Luckman, T. (1966). *The Social Construction of Reality*. London: Penguin Books.

**图书在版编目(CIP)数据**

中国网络传播研究. 互联网法治与科学传播 / 夏倩芳主编. -- 北京: 中国传媒大学出版社, 2021.6

ISBN 978-7-5657-2963-8

Ⅰ. ①中… Ⅱ. ①夏… Ⅲ. ①网络传播—中国—文集 Ⅳ. ①G206.2-53

中国版本图书馆 CIP 数据核字(2021)第 114759 号

**中国网络传播研究:互联网法治与科学传播**

**ZHONGGUO WANGLUO CHUANBO YANJIU:HULIANWANG FAZHI YU KEXUE CHUANBO**

| | | | |
|---|---|---|---|
| **主　　编** | 夏倩芳 | | |
| **责任编辑** | 张毓强 | | |
| **特约编辑** | 井彩霞 | | |
| **封面设计** | 宇宙尺度 | | |
| **责任印制** | 李志鹏 | | |
| **出版发行** | 中国传媒大学出版社 | | |
| **社　　址** | 北京市朝阳区定福庄东街 1 号 | **邮　　编** | 100024 |
| **电　　话** | 86-10-65450528　65450532 | **传　　真** | 65779405 |
| **网　　址** | http://cucp.cuc.edu.cn | | |
| **经　　销** | 全国新华书店 | | |
| **印　　刷** | 艺堂印刷(天津)有限公司 | | |
| **开　　本** | 787mm×1092mm　1/16 | | |
| **印　　张** | 15.25 | | |
| **字　　数** | 300 千字 | | |
| **版　　次** | 2021 年 6 月第 1 版 | | |
| **印　　次** | 2021 年 6 月第 1 次印刷 | | |
| **书　　号** | ISBN 978-7-5657-2963-8/G·2963 | **定　　价** | 70.00 元 |

**本社法律顾问:北京李伟斌律师事务所　郭建平**